# 부정을 부정하라

부정적인 생각에 끌려가지 않는 감정 훈련법

Anthony Iannarino

THE NEGATIVITY FAST: Proven Techniques to Increase Positivity, Reduce Fear, and Boost Success Copyright ⓒ 2024 by Samuel Anthony Iannarino.
All Rights Reserved.

Korean translation copyright ⓒ 2025 by HAUM
This translation published under license with John Wiley & Sons, Inc. through EYA Co., Ltd.

이 책의 한국어 판 저작권은 EYA Co., Ltd. 를 통한
John Wiley & Sons, Inc. 사와의 독점계약으로
(주)하움출판사가 소유합니다.
저작권법에 따라 한국 내에서 보호를 받는 저작물이므로
무단전재 및 복제를 금합니다.

## 부정을 부정하라

부정적인 생각에 끌려가지 않는 감정 훈련법

오픈도어북스는 (주)하움출판사의 임프린트 브랜드입니다.

초판 1쇄 발행 25년 8월 20일

지은이 | 앤서니 이아나리노
옮긴이 | 김하린

발행인 | 문현광
책임 편집 | 남상묵
교정·교열 | 신선미 주현강 이건민 황윤
디자인 | 양보람
마케팅 | 박현서 김다현
업무지원 | 이창민

펴낸곳 | (주)하움출판사
본사 | 전북 군산시 수송로 315, 3층 하움출판사
지사 | 광주광역시 북구 첨단연신로 261 (신용동) 광해빌딩 6층 601호, 602호
ISBN | 979-11-131-9(03190)
정가 | 19,800원

이 책의 전부 또는 일부 내용을 재사용하려면 사전에 저작권사
(주)하움출판사의 동의를 받아야 합니다.
오픈도어북스는 참신한 아이디어와 지혜를 세상에 전달하려고 합니다.
아이디어와 원고가 있으신 분은 연락처와 함께 open150@naver.com으로 보내 주세요.

# 부정을 부정하라

부정적인 생각에 끌려가지 않는 감정 훈련법

앤서니 이아나리노 지음
김하린 옮김

## 목차

**서문** 긍정으로 부정 파헤치기     014
**감사의 글**     020

### 제1장
# 부정의 다양한 요인

부정의 과학     026
진화론으로 보는 부정     028
ACDC 환경: 갖가지 모습으로 꾸준히 오는 스트레스     032
부정의 생물학     037
부정의 심리학     039
부정의 사회학     042
우리의 일부인 부정     046

### 제2장
## 부정적으로 말하는 모습

| | |
|---|---|
| 두려움 이해하기 | 053 |
| 부정적인 목소리의 공존 | 054 |
| 인지 행동 치료 전략 | 060 |
| 부정에서 나를 구하는 말하기 | 062 |
| 내적 대화로 키우는 긍정성 | 067 |

### 제3장
## 공감능력을 키워야 하는 이유

| | |
|---|---|
| 문제는 우리가 생각하기 나름이다 | 072 |
| 알고서 공감하기 | 075 |
| 앨버트 엘리스의 ABC | 078 |
| 관점 넓히기 | 081 |
| 근본적 수용 | 085 |
| 경계 설정하는 방법 | 088 |
| 거리두기 | 089 |
| 인생은 짧다 | 090 |
| 공감의 효과 | 092 |

## 제4장
## 불평을 다루는 방법

| | |
|---|---|
| 좋은 것이 없는 불평 | 100 |
| 직장에서 하는 불평 | 102 |
| 불평하면 문제 해결력이 떨어진다 | 104 |
| 월요병에서 탈출하기 | 104 |
| 스토아 철학으로 해결하기 | 106 |
| 불평을 멈추는 방법 | 108 |
| 직장에서 불만 해결하기 | 113 |
| 양질의 삶 | 115 |
| 불평에 비춘 과학 | 115 |
| 바르게 작동하는 불평 | 117 |

## 제5장
## 감사하는 마음이 주는 이점

| | |
|---|---|
| 감사와 태도 | 121 |
| 감사를 실천하는 첫걸음 | 124 |
| 불만 일기 활용법 | 131 |
| 방화벽 구축하기 | 133 |
| 감사하다는 말에 담긴 힘 | 136 |
| 중요한 것에 집중하라 | 138 |
| 불행하기 쉬운 시대 | 139 |
| 감사의 효과 | 141 |

## 제6장
## 부정을 긍정으로 바꾸는 방법

| | |
|---|---|
| 일생일대의 사건 | 145 |
| 큰 사건으로 얻은 교훈 | 148 |
| 프로이트와 아들러 | 151 |
| 상실의 재해석 | 154 |
| 상처를 어떻게 볼 것인가 | 156 |
| 히드라가 되는 법 | 158 |
| 외상 후 성장 | 160 |

## 제7장
## 정치적 분열에서 나의 행복 지키기

어쩌다 지금의 상황에 이르게 되었나     166

외부와 나 사이     169

밈에 물들다     170

다들 엔리코 삼촌의 옆자리를 꺼리는 이유     172

내러티브의 해악     174

리미널 씽킹     175

당연한 다름     178

부정이 만연한 정치 예방하기     179

## 제8장
# 부정을 확대하는 소셜미디어

| | |
|---|---|
| SNS 폭력 | 191 |
| 부정 확산의 주범 소셜미디어 | 193 |
| 더 긍정적으로 생각하기 | 195 |
| 관계의 규모 | 197 |
| 팔아먹은 집중력 | 199 |
| 소셜미디어 사용의 대가 | 200 |
| 현실에 살자 | 201 |
| 긍정적 소셜미디어 만들기 | 202 |
| 소셜미디어가 끼치는 악영향 | 205 |

## 제9장
# 내가 만드는 기분

| | |
|---|---|
| 운동으로 부정에서 달아나기 | 211 |
| 영양과 수분 공급 | 212 |
| 호흡하기 | 213 |
| 다른 사람들에게 털어놓기 | 213 |
| 음악 활용하기 | 214 |
| 감사 일기 쓰기 | 215 |
| 긍정 확언 | 215 |
| 요가 | 216 |
| 자연 요법 | 216 |
| 친절 베풀기 | 217 |
| 알코올과 약물 피하기 | 217 |
| 웃음의 진화 | 217 |
| 경혈 두드리기 | 218 |
| 반려동물과 지내기 | 219 |
| 낮잠 | 220 |
| 스스로 돌보기 | 220 |
| 낙관주의자가 되는 법 | 223 |
| 선택하는 긍정성 | 227 |
| 낙관이 가져오는 이점 | 228 |

## 제10장 마음을 챙기자

| | |
|---|---|
| 마음 챙김 실천하기 | 233 |
| 술 취한 원숭이 길들이기 | 234 |
| 일상에서 마음 챙기기 | 236 |
| 챙겨야 하는 마음 | 238 |
| 마음을 챙기는 유용한 방법 | 241 |
| 확실한 마음 챙김 | 244 |

## 제11장 도움의 효과

| | |
|---|---|
| 반려동물 입양하는 특별한 방법 | 248 |
| 노숙인에게 호의를 베푸는 이유 | 249 |
| 헬퍼스 하이 | 252 |
| 사회에서 이타주의의 중요성 | 256 |
| 결국엔 나를 돕는 것 | 258 |

## 제12장
## 부정 단식

부정의 여러 원천     262
부정적인 사람들     271
긍정성 구성하기     273
기록으로 시작해 변화하기     276
말에서 떨어졌을 때 대처하는 법     278
경로에 계속 머무르며 지속하기     278

**참고문헌 및 출처**     280

# 서문

## 긍정으로 부정 파헤치기

　부정 단식의 안내자로서 내 목표는 여러분이 부정적인 상태로 보내는 시간을 줄이고 긍정적으로 보내는 시간을 늘리는 것이다. 한때 나는 심각하리만치 부정적인 상태였다. 따라서 나는 삶의 질을 높이고자 내 사고방식을 비롯한 부정의 원천을 제거하기로 마음먹었다. 그 덕에 전보다 기분이 나아졌고, 삶을 바라보는 관점 또한 바람직한 방향으로 변화했다. 나는 이 과정을 가리켜 '부정 단식 Negativity Fast'이라고 명명했다.

　나는 부정 단식에 성공했지만, 그 과정에서 이것저것 실수를 저지르는 바람에 접근 방식을 몇 번 수정해야 했다. 부정 단식 기간을 너무 짧게 잡은 적도 있고, 부정에 긍정으로 대응하지 못한 적도 있었으며, 매 순간 부정적인 것만 아니면 가끔은 부정적이어도 괜찮다는 사실을 미처 깨닫지 못하기도 했다. 그때부터 나는 누구나 90일 동안 부정 단식을 실천할 수 있도록 더욱 체계적인 접근 방식을 개발했다.

　나는 이 책을 쓰고 싶은 마음을 오래도록 품고 있었다. 그러던 중 팬데믹이 세계를 덮치자, 사람들이 갈수록 긍정적이기보다는 부정적으로 변해간다는 사실을 눈치챈 이들을 위해 이 책을 꼭 써야겠다는 결심이 섰다. 팬데믹이라는 격동의 기간을 거치며 사회에 퍼진 스트레스와 불안은 여전히 건재한 듯 보인다. 부정은 어쩌면 늘 이렇게 존재해 왔으나 단지 오늘날 부정이 얼마나 만연한지를 겉으로 드러내어 보여줄 계기가 하나 필요했을 뿐인지도 모르겠다.

우리가 지구에 머무르는 시간은 찰나이고, 그 짧은 시간을 부정적으로 살면서 낭비하고 싶은 사람은 없을 것이다. 부정은 우리의 정신 건강, 신체 건강, 인간관계에 악영향을 미친다. 실제로 우리는 주변 사람과 사랑하는 사람에게 부정을 퍼뜨려 그들을 부정으로 물들이기도 한다.

인간이 느끼는 7대 감정은 분노, 경멸, 두려움, 혐오, 행복, 슬픔, 놀라움이다. 이 중 확실히 긍정적인 감정인 행복과 긍정적일 가능성이 있는 감정인 놀라움을 제외하면 무려 다섯 가지가 부정적인 감정에 해당한다. 집이나 일터 혹은 동네 식당에서 주변을 유심히 살펴보라. 특히 정치 이야기를 할 때, 많은 이들이 화가 났거나 누군가를 벌레 보듯 경멸하기도 한다. 아니면 겁에 질렸거나 슬퍼하고 있을 것이다. 어쩌면 여러분 자신도 예전과 비교해 부정적으로 변했을 수 있다.

부정 단식에 들어가려면 먼저 부정 단식에 성공하는 전략을 배워야 한다. 부정 단식 방법을 설명하는 이 책의 마지막 장을 읽기에 앞서 앞 장의 내용을 읽지 않으면 부정을 덜고 긍정성을 채우는 작업이 더 까다로워질 것이다. 각 장은 부정을 제거하는 실용적이고 전술적인 전략을 제시한다. 장마다 여러 가지 전략을 제시하는 이유는 사람마다 잘 맞는 방법이 다르기 때문이다. 각자 자신에게 더 효과적인 접근법이 있을 것이다.

다만 나는 의학 전문가가 아니므로, 이 책에서 제시하는 방법은 의학적 조언이 아님을 밝혀 둔다. 대신 이 책에서는 기분을 개선하는 실질적이고 실행 가능한 방법을 배울 수 있을 것이다. 여기서 제안하는 모든 전략은 과학적 근거에 기반한 내용이다. 나는 기분을 개선하고, 긍정적으로 바꾸고자 해당 전략을 연구하고 적용했다. 그리고 이제 그 전략을 독자 여러분과 나누려고 한다.

**나로부터 시작하여 우리를 바라보자**

비행기가 이륙 준비를 할 때, 유사시에 기내 기압이 변할 때 동승자를 돕기 전에 본인의 산소마스크부터 착용하라고 안내하는 승무원의 음성이 흘러나온다. 자기를 먼저 돌보지 않는 사람은 남도 도울 수 없다. 다만 우리가 서로 도와야 할 순간이 있다면 바로 지금이다.

많은 이들이 부정에 파묻혀 허우적대는 지금의 상황을 개선하려면 우리에게는 서로가 필요하다. 우리가 부정을 줄이고 그 자리에 긍정을 채워 넣을수록 주변 사람에게 드리운 부정의 먹구름도 한결 쉽게 걷힐 것이다. 이 책의 개요는 다음과 같다.

* **제1장 부정의 다양한 요인**
  우리가 부정적인 이유와 지금의 환경이 우리를 더 부정적으로 몰아가는 원리를 과학적으로 살펴본다. 다만 지나치게 깊이 들어가지는 않을 것이다.

* **제2장 부정적으로 말하는 모습**
  자신을 부정적인 상태에 빠져들게 하는 말하기와 부정적인 상태에서 벗어나게 하는 말하기를 알아본다. 내면에서 들려오는 목소리가 언제나 유익한 것은 아니다.

* **제3장 공감능력을 키워야 하는 이유**

부정 가운데서도 특히 타인을 향한 부정을 제거하기 위해 자신을 속이는 법을 배운다.

* **제4장 불평을 다루는 방법**

좋은 기분을 더 오래 유지하려면 불평하지 않는 훈련을 해야 한다. 나 같은 사람도 해냈으니 여러분도 당연히 할 수 있다.

* **제5장 감사하는 마음이 주는 이점**

감사를 실천하면 우울증 완화에 도움이 된다. 다만 내 말만 곧이곧대로 믿지 말고, 긍정 심리학의 아버지를 본보기 삼아 따라가 보자.

* **제6장 부정을 긍정으로 바꾸는 방법**

우리가 겪은 부정적인 사건을 재구성하면 우리를 쥐고 흔드는 부정의 영향력을 줄일 수 있다. 아무리 부정적인 일이라도 거기서 무언가 교훈을 얻었다면 긍정적인 일로 재해석할 수 있지 않겠는가?

* **제7장 정치적 분열에서 나의 행복 지키기**

과거에 나는 정치 때문에 부정적으로 변했었다. 다른 이들도 정치 때문에 불행해지는 경우가 수두룩하다. 여기서는 어느 당을 지지하든 관계없이 극심한 정치적 분열에서도 긍정성을 잃지 않는 법을 배운다.

* **제8장 부정을 확대하는 소셜미디어**
  이 장의 원고를 집필한 후 나는 휴대전화에서 소셜미디어 애플리케이션을 삭제했다. 이 장은 특히 10대 자녀와 함께 읽으면 좋다.

* **제9장 내가 만드는 기분**
  부정적인 기분을 긍정적 또는 중립적인 상태로 전환하기 위해 시도할 방법은 차고 넘친다. 우리의 기분은 우리가 하기 나름이다.

* **제10장 마음을 챙기자**
  비교적 짤막한 이 장에서는 내가 두 스승에게서 배운 마음 챙김의 이점과 이를 실천하는 방법을 소개한다.

* **제11장 도움의 효과**
  기분을 빠르게 개선하는 가장 쉬운 방법은 다른 사람을 돕는 것이다. 타인을 도우면 일명 '헬퍼스 하이 helper's high'라 불리는 행복감이 찾아든다.

* **제12장 부정 단식**
  우리의 부정을 촉발하는 자극을 찾아 최대한 제거하고 빈자리에 긍정성을 채워 넣을 것이다.

# 감사의 글

먼저 내 아내이자 절친한 친구인 셰르에게 감사한다. 셰르는 내가 힘든 시기를 거쳐 부정의 원천을 제거하려고 나서기 전까지 부정과 화에 잠식된 나를 몇 년 동안이나 참아 주었다. 셰르만큼 나를 든든히 지지해 주는 사람은 없다.

아들 에이든에게는 불평을 가르친 못난 아버지가 되어 미안한 마음을 전한다. 부디 이 책을 통해 내가 에이든에게 끼친 악영향을 돌이킬 수 있기를 바란다. 에이든은 아직 어리지만, 아버지인 나보다 성숙하고 좋은 사람이다. 쌍둥이 자매 미아와 에이바는 둘 다 무척 긍정적이다. 나보다는 아내에게서 좋은 영향을 듬뿍 받은 덕택이다.

또한 나를 끝까지 포기하지 않고 붙들어 주신 어머니께 감사하다. 어머니는 정말 멋진 분이다. 비록 어머니의 수준에는 절대 미치지 못하겠지만, 나 역시 어머니를 본받아 다른 사람을 돕고 돌아보려고 최선을 다하고 있다. 부모님은 내가 어린 나이에 술집에서 로큰롤을 연주하던 10대 시절부터 이 책을 쓰는 지금에 이르기까지 변함없이 나를 지지해 주셨다.

나는 무언가를 하면 안 된다는 말을 들은 적이 없었고, 설령 누가 하지 말라고 해도 기필코 하고야 마는 사람이었다. 또 우리 형제자매인 마이크와 레이첼, 테다와 리치와 조시, 몰리와 잭과 맥스, 타라와 린디와 애비게일에게도 감사하다. 특히 제이슨에게는 제3장을 쓸 때 많은 도움을 주어 고맙다는 인사를 전한다.

일자리가 필요한 사람들을 돕는 페그 매티비 Peg Mativi 와 맷 우들랜드 Matt Woodland 등 우리 솔루션스 스태핑 Solutions Staffing 가족들, 제프 풀렌 Geoff Fullen 과 브랜디 톰슨 Brandy Thompson 을 비롯한 이아나리노 풀렌 그룹 Iannarino Fullen Group 사람들에게 감사의 마음을 전한다.

또한 내가 이 책을 소개한 제일 큰 영업 무대인 아웃바운드 콘퍼런스 OutBound Conference 에서 파트너로 수고해 준 젭 블라운트 Jeb Blount , 내가 연설을 더 잘할 수 있게 도와주고 성가시게 구는 나를 받아 준 빅터 앤토니오 Victor Antonio 에게도 고맙다는 말을 전한다.

그리고 내 친구 베스 매스터 Beth Mastre , 나와 우정을 나눈 마이크 와인버그 Mike Weinberg , 언제나 곁에 있어 준 마크 헌터 Mark Hunter , 훌륭한 사상가이자 팟캐스트 진행자로서 애써 준 앤디 폴 Andy Paul , 내게 우정과 영향력을 나눠 주고 뛰어난 본을 보여 준 세스 고딘 Seth Godin 에게 이 기회를 빌려 감사를 표한다.

와일리 Wiley 출판사의 섀넌 바고 Shannon Vargo 가 나를 저자로 받아 주었을 때, 나는 섀넌에게 《부정을 부정하라》를 홍보했다. 섀넌은 내가 영업, 리더십, 비즈니스 이외의 주제로 책을 쓰는 것을 허락해 주었다. 원고 마감 기한을 맞추지 못한 나를 섀넌이 부디 용서해 주기를 바라는 마음으로 변명을 보태자면, 어떤 책은 세상에 나오기가 유독 어려운 법이다. 게다가 저자가 지나치게 일에 치여 산다면 더 말할 것도 없다.

크리스티나 베리건 Christina Verigan 은 내 글을 바로잡아 독자에게 더 명확히 읽히는 글을 쓸 수 있게 도와주었다. 크리스티나 덕분에 나는 더

실력 있는 작가가 될 수 있었다.

   이 외에 와일리 출판사와 함께 제작을 맡은 데보라 쉰들러 Deborah Schindlar 는 친절하게도 내가 제시간에 작업을 마무리할 수 있도록 독려해 주었다. 《엘리트 영업 전략 Elite Sales Strategies 》, 《성장을 리드하라 Leading Growth 》에 이어 《부정을 부정하라》의 마케팅을 맡아 준 마이클 프리드버그 Michael Friedberg 에게도 감사한 마음을 전한다. 존 애커 John Acker 는 내가 와일리 출판사에서 펴낸 모든 책의 편집을 맡아 주었다. 존은 나만큼이나 격식을 따지지 않고 장난기가 많은 친구다.

   무엇보다 더 긍정적인 사람으로 거듭나고자 《부정을 부정하라》를 집어 든 독자 여러분에게 가장 감사하다는 말씀을 전한다.

# 제1장
# 부정의 다양한 요인

여러분만 부정적인 것이 아니다. 지난 25년간 깊은 잠에 빠져 있던 사람이 아니고서야 누구나 사람들이 대부분 부정적이고, 툭하면 투덜거리고, 화가 나 있고, 때로는 난폭해진다는 사실을 분명히 느꼈을 것이다. 어쩌면 여러분도 나처럼 지금보다 사람들이 긍정적이었던 수십 년 전을 기억할지도 모르겠다.

그러나 이제 주위를 둘러보면 다들 예전보다 훨씬 냉소적이고 회의적으로 변한 듯하다. 심지어 화가 머리끝까지 나서 어쩔 줄 모르는 사람도 있다. 대체 무슨 일이 벌어진 것일까?

일부는 역사에서 기인한다. 21세기는 테러리스트가 미국을 공격하면서 시작되었다. 9.11 테러가 20년에 걸친 미국-아프가니스탄 전쟁을 촉발했고, 이후 닷컴 버블 붕괴, 경기 대침체, 정치적 분열 첨예화, 코로나19 대유행, 공급망 위기, 유럽에서 무력 전쟁 발발, 기록적인 인플레이션, 최악으로는 리얼리티 프로그램 사태[01]가 뒤를 이었다. 그러니 다들 어딘지 모르게 괴팍해진 것도 무리는 아니다.

우리가 부정적인 이유를 이해하고 부정에 적절히 대처할 방안을 찾

---

01 미국에서 리얼리티 프로그램에 출연한 일반인들이 제작사와 방송사의 부당한 처우에 반발하여 잇따라 법정 소송을 제기했다. 옮긴이.

으려면 과학을 통해 부정 이면에 있는 생물학적, 심리학적 기전을 들여다봐야 한다. 이 책에서는 또 사회가 급속히 변화할 미래를 정확히 예측한 20세기 미래학자들의 시각을 통해 현상을 파헤칠 것이다. 하지만 만일 부정이 어떤 면에서든 조금이나마 유용하지 않았다면 애초에 존재하지도 않았을 것이다.

## 부정의 과학

최근 마스크 착용, 백신 접종, 봉쇄 조치 등을 둘러싼 논쟁을 겪은 뒤로는 '과학'에 관한 이야기를 꺼내기가 망설여진다. 그러나 우리는 인간이 왜 부정을 띠도록 설계되었는지 알아야 한다. 먼저 심리학에서 말하는 부정 편향 negativity bias 개념을 살펴보려고 한다. 우리가 알아야 할 부정 편향의 구성 요소는 총 네 가지다. 그렇다고 이 장의 끄트머리에 퀴즈를 내지는 않을 테니, 걱정은 접어 두기를 바란다.

❶ **부정의 영향력**
부정적 감정은 긍정적 감정보다 강렬하다. 긍정적인 감정보다 부정적인 감정이 오래 지속되는 이유가 바로 이 때문이다.

❷ **부정의 가파른 기울기**
어쩐지 무시무시해 보이는 이 용어는 단지 부정적인 사건이 가까이 다

가올수록 이 사건에 대한 우리의 부정이 더욱 빠르게 커진다는 의미이다. 지금 불안함을 느낀다면 미래에 일어날지 모를 부정적인 사건에 집중하고 있을 가능성이 크다. 이상하게도 긍정적인 사건에는 이러한 변화가 그리 급격하지는 않다.

### ❸ 부정의 우위

부정적인 사건과 긍정적인 사건이 모두 일어났을 때 우리는 그 두 가지를 합한 결괏값을 논리적으로 혹은 정당하게 계산한 값보다 부정적으로 평가한다. 예를 들어 우리가 100달러를 잃었다고 생각해 보자. 그런데 다시 150달러를 얻었다면? 그래도 여러분은 아마 한숨을 푹 쉴 것이다. 결과적으로 50달러의 이익을 얻었다고 해도 사람들은 얻은 것을 기뻐하기보다 잃은 것을 속상해하기 때문이다.

### ❹ 부정의 차별화

현실 세계에서 부정적 사건은 긍정적 사건보다 다양하고 복잡하게 일어난다. 뇌는 부정적 사건을 생각하고, 반추하고, 처리하기 위해 더 많은 자원을 쓴다. 이에 따라 우리가 부정적 사건을 묘사할 때 사용하는 언어와 부정적 사건을 처리하고, 기억하고, 이로부터 교훈을 얻는 방식에 차이가 생긴다.

위 네 가지 요소가 함께 작동함에 따라 모든 인간에게는 부정 편향이 존재한다. 물론 다른 사람과 비교해 유독 부정에 심하게 젖어 있는 사람이 몇몇 있기는 하다. 그러나 심리학자 로버트 L. 레이히 Robert L. Leahy

는 진화가 생존에 도움이 되지 않는 특질을 선호하지는 않았을 것이라고 본다. 즉 부정은 하나의 특징일 뿐 오류가 아니라는 것이다.

음양의 원리처럼 인간에게는 부정 편향과 더불어 긍정 편향도 존재한다. 음과 양은 혼돈과 질서, 어두움과 빛, 차가움과 뜨거움, 아래와 위처럼 서로 대립하며 공존한다. 비록 부정이 조금 더 우세하지만, 긍정성은 사람이 목표를 향해 꾸준히 나아갈 원동력을 준다.

## 진화론으로 보는 부정

우리가 수만 년 전 동굴에 살던 원시인이라고 가정해 보자. 우리가 함께 이곳저곳 돌아다니던 어느 날 여러분이 내게 이런 제안을 내놓는다.

"우리에게 심각한 문제를 초래할 수 있는 위험 요소를 모두 정리해서 목록으로 만들면 어떨까?"

나는 그 의견이 제법 마음에 든다. 늘 이렇게 새로운 놀이를 개발해 내다니 역시 내 단짝 친구답다. 내가 선선히 고개를 끄덕이자 여러분이 말한다.

"좋아. 그럼 첫 번째 질문, 나를 죽게 할 가능성이 있는 것은?"

나는 그렇게 분류하기에는 범주가 너무 광범위하다고 지적한다. 원시 환경에서는 거의 모든 것이 우리를 죽게 할 수 있을 만큼 곳곳에 위험 요소가 도사리고 있기 때문이다. 기회만 있다면 우리가 잡아먹는 대상의 절반이 도리어 우리를 잡아먹었을 것이다.

그렇다고는 해도 이것이 매우 중대한 질문인 것은 사실이다. 어떻게 해야 우리를 조기에 사망하게 하는 위험 요소를 피해 살아남을 수 있을까? 그래서 나는 조금 더 구체적인 질문을 제시한다.

"먹으면 죽는 것은?"

선사시대에 흔치 않은 탄수화물을 차치하더라도 식량을 구하기 힘들다는 데는 여러분도 동의한다. 나는 우리 부족민 중 아홉 명이 물가에서 자라는 탐스러운 붉은색 열매를 먹었다가 죽었다는 이야기를 들려준다.

이제 붉은 열매가 문제라는 사실을 알았으니, 여러분은 가족과 친구들에게 경고하는 의미로 독이 있는 식물의 생김새를 동굴 벽에 그림으로 그려두면 어떻겠냐고 제의한다. 그러자 나는 처음 아홉 명이 목숨을 잃은 뒤에도 부족민 다섯 명이 같은 열매를 먹었다고 일러 준다. 자칫 잘못하면 부족 사람들이 동굴 벽화를 보고 독초를 오히려 먹을 수 있는 식물로 착각할지도 모른다는 데 생각이 미치자 우리는 이 열매를 더는 널리 알리지 않기로 한다. 그래도 먹는 것은 반드시 조심해야 할 것이다.

다음으로 여러분이 이렇게 질문한다.

"누가 우리를 지배하려고 할까?"

우리 근처 동굴에 사는 사람들은 대부분 진짜 야만인이다. 어떤 사람들은 자기가 잡아먹은 짐승의 털가죽이 뻔히 있는데도 이를 몸에 걸치지 않고, 그렇다고 아담과 이브처럼 나뭇잎을 엮어 몸을 가리지도 않는다. 나와 여러분은 이 야만인들보다는 문명화된 인간이고 패션 감각도 나은 편이다. 그간 고기를 먹은 덕분인지 비록 그 효과가 부족 전체에 고르게 퍼지지는 않았어도 우리 뇌는 확장되고 있다.

근처에 사는 야만인 이야기를 하던 여러분의 말을 끊고 내가 불쑥 끼어든다.

"이웃에 사는 야만인들이 우리를 찾아왔을 때, 일단 붉은 열매를 줘 보면 어때?"

여러분은 야만인의 목숨을 빼앗자는 내 제안에 고개를 가로젓는다. 설령 우리보다 열등한 사람이라고 해도 살인은 잘못된 일이기 때문이다. 나는 그래도 혹시 모르니 만일의 사태를 대비해 붉은 열매를 준비해 두자고 말한다. 실제로 이웃 부족 중 몇 사람은 난폭하게 굴지 않고 친근하게 다가온다고 해도 언젠가 한 번은 그 가운데 악당이 나타날 것이기 때문이다.

그리고 우리는 다음 질문으로 넘어간다.

"누가 나와 결혼할까?"

내가 생각하기에 이 질문은 무척 중요하다. 내가 아는 한 이 문제는 우리에게 최우선 순위라 해도 과언이 아니다. 아무렴 짐승 같은 사람들보다야 친구들과 시간을 보내고 싶으니 더더욱 그럴 수밖에 없다. 우리 부족은 날이 갈수록 규모가 커지고 있으나 부족 가운데 절반이 어쩐지 계속해서 괴팍하고, 시끄럽고, 게으르고, 신경질적인 사람들을 만나는 이유를 아는 사람은 아무도 없다. 우리는 결국 이것이 누구도 설명하지 못할 수수께끼라는 결론에 다다른다.

이만 동굴로 돌아가려던 찰나 여러분이 마지막으로 한마디를 던진다.

"낙관적인 사람들은 그다지 오래 못 사는 것 같아."

충동적인 행동을 저지르고도 살아남은 사람은 몸에 흉터가 많고 뼈가 부러진 곳도 많다. 이런 사람은 보통 식량을 구하는 데 애를 먹는다. 다른 사람 혹은 다른 동물보다 빨리 달리지 못하기 때문이다.

반면 머리가 하얗게 셀 만큼 오래 살아남은 소수는 대체로 어떤 일을 할 때 무작정 성급히 뛰어들지 않는다. 아무래도 우리는 부족의 다른 사람들보다 비관적이고, 의심이 많고, 신중한 듯하다. 어쨌거나 살아남은 사람 중에서는 그렇다는 이야기다.

# ACDC 환경
## : 갖가지 모습으로 꾸준히 오는 스트레스

로큰롤을 연주하던 어린 시절, 나는 록 밴드 AC/DC의 전설적인 보컬리스트 본 스콧 Bon Scott 과 닮은꼴이었다. 토플러가 예측한 미래의 충격이 우리를 꼭 지옥으로 가는 급행열차에 태우리란 법은 없지만, 그래도 록 밴드가 아닌 다른 ACDC에 관해서는 생각해 볼만하다. 여기서 ACDC는 '갈수록 빨라지는 지속적이고 파괴적인 변화 Accelerating, Constant, Disruptive Change '를 가리킨다.

빠르고 지속적인 변화가 스트레스 수준을 치솟게 하는 이유는 인간이 그러한 환경에 알맞게 설계되지 않았기 때문이다. 먼 옛날, 검치호랑이의 습격처럼 인류가 겪은 즉각적인 위협은 대부분 높은 수준의 스트레스를 유발했다. 이런 상황에서 인간이 맞이하는 결과는 위험에서 무사히 빠져나오거나 검치호랑이의 밥이 되거나 둘 중 하나였다.

당시에는 우리를 힘들게 하는 상사, 높은 세금, 10대 자녀의 자동차 보험료 납부와 같이 낮은 수준의 스트레스 요인이 존재하지 않았다. 그러나 현대인의 삶에는 대부분 낮은 수준의 스트레스 요인이 산재해 있고, 그에 대처하는 데 능숙하지 않다. 예를 들어 이 책을 쓰는 시점에 우리가 겪는 ACDC 환경은 다음과 같다.

* 지난 50여 년을 통틀어 최고치를 경신한 물가상승률
* 생산 및 처리 용량 문제로 인한 유가 상승

* 러시아와 우크라이나의 전쟁
* 중국을 필두로 민주 체제보다 독재를 택하는 나라가 점진적으로 증가하여 더욱 불안정해지는 국제 정세
* 미국에서 정치적 분열이 걷잡을 수 없이 심각해짐에 따라 일각에서의 내전 가능성 예측
* 베이비붐 세대의 대거 은퇴에 따른 대체 인력 부족으로 서비스의 질이 형편없는 수준으로 급락
* 출생률 감소로 2021년에는 여성 1,000명당 신생아 수가 54명에 불과
* 현재 간호계를 포함한 미국 의료계에서는 구직자 1인당 2곳 이상의 일자리가 있음에도 고질적인 인력난이 발생
* 기술의 발달로 일과 삶의 균형을 이룰 수 있으리라는 기대와 달리, 오히려 사람들이 업무를 따라잡기 위해 밤낮으로 일하면서 상황 악화
* 부모와 자녀 사이에 애매하게 끼어 자녀를 돌보는 동시에 나이 든 부모를 돌봐야 하는 샌드위치 세대의 이중고
* 소득 격차가 갈수록 크게 벌어짐에 따라 생활 양식에 끼치는 위협 가능성
* 자살과 약물 과다 복용으로 인한 수명 단축

위처럼 굵직한 스트레스 요인은 보통 우리에게 직접적으로 영향을 끼치며 일상생활의 배경을 형성한다. 여러 스트레스 요인 중 그나마 한두 가지는 무시하고 넘길 수 있을지도 모르겠다. 그러나 모든 스트레스 요인을 완전히 잊어버리기란 사실상 불가능하다.

이러한 사회 차원의 문제와 지정학적 문제 위에 개인적인 스트레스 요인까지 더해지면 압박감은 더 가중된다. 개인적인 일의 규모가 비교

적 작더라도 우리가 가장 중요하게 여기는 대상을 직접적으로 위협하므로 개인의 삶에서는 더 크게 다가온다. 개인적인 스트레스 요인의 예시는 다음과 같다.

* 여러분은 직장에서 승진을 앞두고 곧 승진하면 수입이 얼마나 늘어날지 기대에 한껏 부풀어 있다. 그런데 정작 상사는 자기가 편애하는 직원을 여러분보다 먼저 승진시키려고 한다.
* 중학생 딸이 학급에서 못된 아이들에게 따돌림을 당하고 있다. 딸은 그저 다정하고, 사려 깊고, 사랑스럽고, 책을 좋아하는 아이일 뿐이다. 아이는 부모가 개입하기를 원치 않지만, 그렇다고 아이가 힘들어하는 모습을 차마 두고 볼 수는 없으니 미칠 노릇이다.
* 목구멍 뒤쪽이 왠지 따끔따끔 간질거린다. 감기에 걸렸나? 아니면 독감? 설마 코로나19는 아니겠지? 먹고살려면 결근은 꿈도 못 꾸는 형편이지만, 지금은 침대에서 몸을 일으키는 것조차 버겁다.
* 여러분이 사는 동네에 이번 달에만 무려 세 곳에서 주거 침입이 발생했다. 집의 보안 체계를 강화할 여윳돈이 있었으면 좋겠다는 생각이 들지만, 당장은 여유 자금이 넉넉지 않다.
* 열한 살짜리 둘째 아들이 친구들은 다 휴대전화가 있는데 자기만 없다면서 "휴대전화를 갖고 싶어요."라고 조른다. 보아하니 아들의 친구들과 여러분의 큰아이는 이미 휴대전화에 중독되어 있다. 심지어 어른인 여러분도 휴대전화를 쉽사리 내려놓지 못하는 판국이다. 어떻게든 아들에게 가장 좋은 선택을 하고 싶은 것이 부모 마음이지만, 휴대전화를 사 줘서 아들이 친구들과 어울릴 수 있게 하는 쪽이 나을지 아니면 볼멘소리

를 듣더라도 아이가 조금 더 나이를 먹을 때까지 기다리는 쪽이 나을지 도무지 판단이 서지 않는다.

* 이웃집 아들이 긴 머리를 늘어뜨리고 음악을 귀가 찢어질 듯이 크게 튼 채 과속하며 운전하는 모습이 눈에 띈다. 계속 저러고 다니다가는 아무래도 조만간 막다른 골목에서 동네 꼬마 한 명을 차로 칠 것 같다. 이웃집에 찾아가서 아들에게 과속 운전하지 않도록 타일러 달라고 부탁하니 이웃집 부부는 "사내놈들이 다 그런 거 아니겠습니까."라며 태평한 대답을 늘어놓는다. 그 말을 들으니 혈압이 올라 머리가 지끈거린다.
* 자동차를 대대적으로 수리해야 해서 임시로 쓸 차가 필요한 상황이다. 하지만 정비소에서는 수리 기간에 고객에게 대여해 주는 자동차가 하필이면 지금 다 나갔다고 하고, 그렇다고 따로 차를 빌리자니 주머니 사정이 여의치 않다.
* 회계사에게서 전화가 왔다. 세금을 환급받을 줄로만 알았으나 사실 계산을 잘못한 것이었고, 낸 돈을 돌려받기는커녕 안 그래도 없는 살림에 세금을 더 내야 한다는 슬픈 소식을 듣는다.

위의 작은 스트레스 요인 중 몇몇은 더 큰 규모의 사건에서 비롯된다. 이를테면 물가 상승으로 개별 가구의 재정 부담이 높아지거나, 정치적인 문제에서의 의견 충돌로 인간관계에 금이 가는 식이다. 그 외는 단순히 운이 나쁜 경우이거나 더 광범위한 인간 행동 패턴의 일부분일 수 있다.

스트레스가 우리 삶에 어떤 방식으로 비집고 들어오든 간에 모든 사람은 ACDC의 대가를 치르고 있다. 현대인은 빠르고 지속적인 변화로 만성 스트레스에 시달리면서 많은 것을 희생하기도 한다. 이러한 피해는 불안이나 우울증 같은 정신 건강 문제뿐 아니라 불면증이나 심장병 같은 신체 증상으로도 나타난다. 게다가 한술 더 떠서 기술의 발전과 소셜미디어 때문에 입는 심리적 손상까지 더해진다.

우리는 매일 각종 정보 속에서 거짓되거나 잘못된 정보의 폭격을 맞고 있다. "내가 어떻게 휴가를 보내는지 좀 볼래?"라며 자랑하는 사진 한 장과 자신의 처지를 비교하며 건강치 못한 생각에 빠지고, 나만 즐거움을 놓치고 사는 것 같아 두려운 마음이 덜컥 올라온다. 이런 현상은 특히 젊은이들 사이에서 두드러진다. 발달 단계상 비교에 가장 취약한 시기에 소셜 미디어를 붙들고 살기 때문이다.

스트레스는 기억력, 주의력, 의사 결정력 등의 인지 기능에 문제를 일으킬 수 있으며, 이에 따라 삶의 여러 방면에서 생산성과 효율성이 떨어질 수 있다. 또 선천적이든 후천적이든 신경증적 성향이 강한 사람은 스트레스의 부정적 영향에 특히 취약해질 가능성이 있다.

스트레스에 대처하는 하나의 방법은 회복 탄력성을 구축함으로써 ACDC 환경에서 마주하는 어려움에 대응하는 능력을 키우는 것이다. 회복 탄력성을 키우려면 마음 챙김이 유용할 것이다. 이 외에도 탄탄한 사회 지지 체계를 세우거나 효과적인 문제 해결 능력을 개발하는 것도 도움이 된다. 따라서 이 책에서는 앞으로 운동 방법, 긴장 완화 전략, 일과 삶의 균형을 찾는 법에서 인지 행동 치료까지 모두 살펴볼 것이다.

한편, 스트레스에 긍정적인 효과도 있다는 사실 및 긍정적인 스트레스를 가리키는 '유익 스트레스 eustress' 개념을 알아 두는 것도 좋다. 유익 스트레스는 우리처럼 평범한 사람들에게도 성장, 창의력 증진, 수행력 향상을 가져다준다.

## 부정의 생물학

사람들은 종종 생물학적인 이유로 부정을 띤다. 우리가 그토록 눈코 뜰 새 없이 바쁜 이유는 보통 자기 외에 다른 사람을 모두 챙기고 있기 때문이다. 그러나 정작 자기 자신을 돌보지 못하면 스트레스와 부정은 배로 늘어나기 마련이다.

동물로서 인간의 가장 기본적인 욕구는 식사와 수면, 그리고 움직이는 것이다. 기본적인 욕구를 소홀히 하면 인간은 효과적으로 의사 결정을 내리거나 높은 수준의 인지 능력을 발휘할 수 없다. 이처럼 몸이 스트레스를 받은 상태에서는 삶에서 중요한 다른 측면을 챙기지 못한다.

음식을 너무 오랫동안 먹지 않으면 신체가 '배고픈 야수' 상태에 돌입한다. 그러면 회색빛이 감도는 분홍색을 띤 1.4kg의 기관, 즉 뇌가 우리 안에 잠들어 있던 '하이드 씨'를 흔들어 깨운다.

때로는 너무 바빠서 건강한 음식을 챙겨 먹지 못하고 오레오 쿠키 몇 개로 끼니를 때웠을 수도 있다. 여러분은 오레오를 먹으면 혈당이 금세 오를 테니 오후에 줄줄이 잡힌 회의를 힘차게 헤쳐 나갈 수 있으리라 생각했을 것이다. 그러나 존과 수전이 지난 석 달 동안 회의 때마다 다투던 사안으로 또 옥신각신하는 모습을 지켜보고 있자니 혈당 수치가 주춤하면서 여러분의 컨디션은 무너지고 만다.

혹여 다음번에 비슷한 상황이 또 발생한다면 오레오 대신 단백질이 포함된 작은 샐러드 한 접시를 권한다. 아니면 무언가 급한 일이 생겨서 회의에 참석하지 못한다고 둘러대는 것도 좋을 것이다. 여러 연구에 따르면 점심으로 샐러드와 단백질을 섭취하면 부정을 물리칠 수 있다고 한다. 건강한 음식을 먹으면 기분이 긍정적으로 변한다.

건강과 기분을 곧잘 망치는 내 버릇은 바로 물을 마시지 않는 것이다. 우리 몸은 약 30조 개의 세포로 구성되어 있고, 매일 약 36조 개의 박테리아를 운반한다. 이처럼 수많은 세포와 박테리아에도 수분이 필요하다.

최근 나는 설탕이 든 음료와 커피를 끊고 대신 물을 주로 마시기 시작했다. 처음 이틀은 죽을 맛이었지만 그 이후에는 한결 수월해졌다. 오후만 되면 찾아오는 두통을 느낀 적이 있는가? 물을 충분히 마시면 우리 몸에 서식하는 박테리아 군집에 수분이 보충되어 두통이 생기지 않을 수도 있다. 박테리아도 목이 마르다!

부정을 유발하는 온갖 생물학적 원인 가운데 가장 주요한 원인은 숙면하지 못하는 것이다. 그 이유가 불면증 때문이든, 아기가 울어서든, 아니면 포도주 두 잔을 마시는 바람에 그날 밤 간이 혹사당한 탓이든 관계없다. 잠을 깊이 자지 못하면 얼마 가지 않아 조금 비틀거리는 수준이 아니라, 좀비 분장을 하지 않고도 드라마 〈워킹 데드 The Walking Dead〉의 보조 출연자로 손색이 없는 지경에 다다를 것이다. 잠을 충분히 자면 짜증이 줄고 회복력이 높아져서 똑같이 부정적인 상황과 스트레스를 마주해도 더 잘 극복할 수 있다. 하루에 최소 7시간 자는 것을 목표로 삼고, 개인의 체질에 따라 더 자야 한다면 그렇게 하자.

운동하지 않는 것도 긍정성의 스위치를 내리고 부정의 스위치를 올리는 아주 좋은 방법이다. 우리가 꼭 아널드 슈워제네거 ^Arnold Schwarzenegger^ 처럼 무거운 역기를 들 필요도 없고, 회전근개 수술을 즐기는 괴짜가 아니고서야 40대 후반의 나이에 전력으로 크로스핏에 뛰어들 필요도 없다. 나이가 젊거나, 체력이 강하거나, 시가전에 나서야 하는 사람이 아닌 이상 굳이 UFC 선수처럼 강도 높게 훈련해야 할 이유는 전혀 없다. 매일 30분씩 걷거나 뛰면서 적절한 중량으로 근력 운동을 하자. 연구에 따르면 운동은 신체 건강은 물론 마음가짐을 긍정적으로 전환하고 인지 기능까지 향상한다.

## 부정의 심리학

앨빈 토플러 ^Alvin Toffler^ 는 현대의 급격한 사회 변화가 불러올 결과를 최초로 알아차린 인물이었을 것이다. 그는 1970년에 출간된 유명 저서 《미래 쇼크 ^Future Shock^ 》에 다음과 같이 기록했다.

> "우리 시대에 벌어지는 변화의 가속화는 그 자체로 근본적인 힘이다. 가속화된 추진력은 개개인의 심리뿐 아니라 사회에도 영향을 미친다. … 개인사와 사회 전반의 변화 속도를 통제하는 법을 하루빨리 습득하지 못하면 우리는 어마어마한 규모의 적응 실패를 겪게 될 것이다."

훗날 토플러는 '미래 쇼크'를 가리켜 "개인이 지나치게 짧은 시간에 너무 많은 변화를 겪을 때 발생하는 심각한 스트레스와 방향감각 상실"이라고 정의했다. 어딘가 익숙하지 않은가?

나 역시 토플러와 마찬가지로 우리가 전보다 부정적이고, 비관적이고, 냉소적이고, 회의적이고, 툭하면 화를 내는 성향으로 바뀐 데는 지나치게 빠른 변화가 영향을 미쳤다고 본다. 기술의 발전과 세계화가 나날이 이루어지며, 직장과 집의 경계가 흐려진 탓에 도무지 멈출 줄 모르고 변화하는 주변 환경은 정신 건강 문제의 가파른 증가세에 한몫하고 있다.

예전과 비교해 우리는 미래에 대한 두려움이 더욱 커졌으며, 불안에 떨고 걱정에 사로잡혀 혼란스러워한다. 또한 우리가 살아가는 환경은 적응할 수 있는 속도보다 계속해서 빠르게 변한다는 사실을 알아차리지 못한다. 마치 자신이 물속에 산다는 사실을 인지하지 못하는 물고기 같지 않은가.

토플러는 《미래 쇼크》에서 미래에 인류가 급격한 변화에 대응하는 과정에서 힘든 시기가 찾아온다고 예측했다. 그는 우리가 주변 환경에 적응하면서 사회학적, 심리학적 난제에 부딪힐 것이라고 이야기했다. 그리고 토플러의 예측은 적중했다. 당장 주위만 둘러봐도 알 것이다.

우리는 '빠르게 움직여서 기존의 것을 깨뜨려야' 한다고 믿는 기업가를 선망하며 우러러본다. 그러나 그들은 그 대상이 대체 무엇이며, 애초에 깨뜨리는 것 자체가 좋은 생각인지 아닌지는 미처 알지 못한다. 현대인은 개인의 데이터가 곧 상품이 되는 감시 자본주의의 산물인 동시에 그 체제 안에서 살아가는 존재다.

우리는 각종 매체에서 분노, 외모지상주의, 심지어 사이버 폭력처럼 사회적으로 야기된 트라우마를 꾸준히 접한다. 텔레비전 뉴스 채널만 보더라도 연일 위기가 터졌다는 소식만 들려오고, 그 와중에 패션 트렌드도 놓치면 안 된다는 소리도 흘러나온다. 설상가상으로 낮은 수준의 스트레스가 계속 쌓이면서 나중에는 무얼 먼저 걱정해야 할지 도무지 모르는 지경에 이르기도 한다.

두려움은 크기가 작더라도 독이나 마찬가지라서 인생과 미래를 바라보는 관점을 엉망으로 왜곡할 위험이 있다. 폴 로진 Paul Rozin 과 에드워드 B. 로이즈먼 Edward B. Royzman 의 논문〈부정 편향, 부정 우위, 그리고 확산 Negativity Bias, Negativity Dominance, and Contagion〉에서는 "더러움이 언제나 깨끗함을 이긴다."라고 말한다. 만약 저녁 식사가 담긴 접시에 바퀴벌레가 기어오르는 모습을 봤다면 우리가 그 음식을 먹을 가능성은 0%다. 그러나 매체에서 내뿜는 해로운 콘텐츠를 매일 접할수록 그 독성을 제거하기가 쉽지 않다. 그러다 보면 결국 해로운 생각이 우리의 사고방식으로 굳어져 버린다.

지난 몇 년 동안 미국인의 평균 기대 수명이 몇 년이나 줄어들었다. 주요 원인은 마약성 진통제인 펜타닐 Fentanyl 사용과 자살이었다. 오피오이드 Opioid 남용과 자살은 모두 심리적 고통에서 벗어나려는 행위다. 이와 유사한 맥락에서 노숙인 수도 기록적인 수치에 달하고 있다. 차를 타고 로스앤젤레스나 샌프란시스코 같은 대도시, 혹은 텍사스주 오스틴만 둘러봐도 지하도를 집 삼아 사는 사람이 얼마나 많은가를 확인한다면 놀랄 것이다.

혹시 지금 부정적인 기분이 든다면 그 이유 중 하나는 40억 년 넘게 타들어 가면서 빙글빙글 돌아가는 이 복잡한 지구에 살면서 오는 스트레스 때문이다. 그 와중에도 일론 머스크 Elon Musk 는 "화성에 가겠다."라고 외치며 열망을 불태운다. 하지만 나는 인간이 불타오르는 가스로 이루어진 거대한 구체 주위를 돌며 96만 5,600km/h의 속도로 우주를 운행하는, 물로 뒤덮인 이 행성의 토착민이라고 확신한다.

더 깊이 있는 내용으로 들어가기 전에 일단 부정적인 기분을 느껴도 얼마든지 괜찮다는 사실을 꼭 일러두고 싶다. 인간이 느끼는 모든 감정은 우리가 생존하면서 '잘' 살아가는 데 필수적이기에 존재한다. 인간은 부정적인 태도를 보일 수도 있지만, 타인에게 진심 어린 연민을 표할 수도 있다.

그러니 이쯤에서 여러분에게 첫 번째 과제를 내주려고 한다. 다음번에 부정적인 기분이 들면, 도움이 필요한 사람을 찾아 호의를 베풀어 보자. 그리고 부정적이던 기분이 얼마나 빠르게 긍정적으로 변화하는지 확인해 보자. 여러분은 이 책을 선택한 독자인 만큼 인생에서 끝없이 이어지는 스트레스보다는 더 나은 것을 경험하고 싶어 할 것이라 믿는다.

## 부정의 사회학

우리의 삶 속에서 만나는 사람들도 부정을 유발한다. 어쩌면 여러분이 다른 이를 부정적으로 만드는 장본인일 수도 있다. 예를 들어 함부로 대하기 어렵기로는 나만큼 다방면에 재능 있는 사람이 없다. 누군가가 내게서 이득을 취하려 들거나 자기보다 약한 사람을 괴롭히려고 하면, 나는 단 2초 만에 미스터 로저스 Mr. Rogers 에서 미스터 티 Mr. T 로 변신할 수 있다.02

　나는 가능하면 부정의 원천이 되는 일은 피하려고 하지만, 때로는 나쁜 사람이라면 죄다 끌어당기는 자석이 된 것 같기도 하다. 아무래도 내 이마에 "어디 사건이란 사건은 다 나한테 가져와 보시지!"라고 쓰인 쪽지라도 붙은 모양이다.

　그러다가 결국 나는 고작 열두 살 때 나보다 18kg은 더 나갔을 열다섯 살 이웃집 소년 스티브 버클리 Steve Buckley 와 싸우고 말았다. 애초에 스티브가 왜 내게 주먹을 휘둘렀는지는 아직도 잘 모르겠지만, 그래도 때로는 내가 시작하지 않은 싸움에도 휘말릴 수 있다는 사실만은 확실히 배웠다. 스티브는 내가 만난 수많은 못된 사람 중 고작 한 명에 불과했다.

　사회학적 차원의 부정은 주로 가정 내 형제자매와의 관계에서 시작될 수 있다. 내게는 남자 형제 2명, 여자 형제 3명이 있다. 그리고 우리 남매 가운데 가장 거친 사람은 다름 아닌 여자 형제들이다. 법적으로는 다들 성인이 된 이후라고 해도 누군가를 따돌리거나 자발적으로 자신을 고립시키는 행위는 가족 사이에 부정성을 키울 수 있다. 거기다 이혼, 돈 문제, 직장 및 육아 스트레스까지 더해지면, 일부 가정이 사랑이 꽃피기는커녕 부정의 산실이 되는 이유를 어렵지 않게 짐작할 수 있다.

---

02　역사 인물 랩 배틀(Epic Rap Battles of History)에서 부드러운 이미지의 미스터 로저스와 강력한 이미지의 미스터 티가 랩 배틀을 벌였다. 옮긴이.

가정뿐 아니라 직장에서 만나는 사람들도 부정성에서 빼놓을 수 없다. 결국에는 직장 얘기가 나올 것을 여러분도 예상했을 것이다. 그렇지 않은가? 물론 좋은 직장 동료도 많다. 그중 몇 명은 여러분과 절친한 친구이기도 할 것이다.

그러나 굳이 표현하자면, '사람을 참 곤란하게 하는' 성미를 지닌 지미 같은 직장 동료도 있다. 지미는 언제나 사람들을 살살 긁어서 분쟁을 일으키고 논란거리를 만들어 갈등을 조장한다. 사무실 분위기가 갈수록 유해하고 부정적으로 흘러가는 이유는 누가 봐도 지미와 그를 따르는 무리 몇 명 때문이다. 지미가 그렇게 터무니없는 행동을 벌이는데도 아무런 제재를 받지 않는 이유는 아무도 모르지만, 지미에게서 언뜻언뜻 사장의 얼굴이 보인다는 직원은 몇 명 있었다.

혹은 여러분을 부정적으로 만드는 원흉이 동료가 아니라 사장일 수도 있다. 물론 좋은 사장도 있기는 하지만, 내가 알기로 사장은 거의 불평불만이 많은 편이다. 직급이 높은 만큼 직원의 급여를 관리하는 등 막중한 책임을 지고 있기 때문이다.

하지만 직원인 여러분도 휴대 전화, 사내 메신저 메시지와 동료의 일상적인 질문과 별개로 하루에 140통에 달하는 이메일을 읽어 내고, 40여 통의 이메일을 보내느라 고군분투하는 것은 매한가지다. 사정이 이렇다 보니 과도한 업무에 지치는 것은 사실상 당연한 순서다. 게다가 이 정신없는 상황은 퇴근 시각인 오후 5시 이후에도 이어진다.

게다가 우리는 퇴근길 교통체증을 겪으며 길에서 한두 시간을 보낸다. 이후 허겁지겁 저녁밥을 먹어 치우고 밤에는 최신 동향을 '따라잡느라' 바쁘다. 우리는 그것이 모두 가능하기라도 한 양 끊임없이 스크롤을 내린다.

  나는 텔레비전 뉴스 시청은 이미 그만둔 지 오래다. 텔레비전 뉴스는 매번 부정적인 소식투성이다. 긍정적인 소식은 사실상 하나도 없다. 만일 그러한 경향이 바뀐다면 다시 뉴스를 시청할지도 모르겠지만, 일단은 아내가 인스타그램으로 보내 주는 웃긴 고양이 영상이나 볼 참이다.

  그 이유는 이렇다. 세상에는 인정 많고 타인을 배려하는 사람들도 분명 존재한다. 그러나 이런 사람들의 이야기는 '자극적이어야 잘 먹힌다.'라는 언론계 기준에 부합하는 경우가 거의 없다.

  만약 여러분이 미국에 산다면 여러분은 지구상에서 가장 부유한 사람에 속한다. 지구촌 시민 대부분이 할 수만 있다면 기꺼이 여러분과 자리를 바꾸려고 할 것이다. 지배, 학대, 기근, 전쟁이 일상인 사람이라면 더더욱 그럴 것이다. 그런데도 우리는 부정 편향 때문에 부정적인 면만 인식한다.

  그렇다. 다름 아닌 우리 사회가 바로 부정의 근원이다. 특히 양극단으로 분열한 정치계는 국민을 두 편으로 갈라 싸움을 붙인다. 이는 뒤에서 다시 다룰 테니 일단은 잠시 마음을 내려놓자.

  오늘날 수많은 아기가 새로이 태어났다. 또한 사람들이 결혼했다. 누군가는 몇 년 동안이나 꿈꾸던 직장에 들어갔다. 그리고 내 친구인 독자 여러분은 마침내 부정을 해결하고자 이 자리에 앉았다.

## 우리의 일부인 부정

이 장을 마무리하기에 앞서 한 가지를 분명히 해두고자 한다. 이 책을 쭉 따라가는 과정에서 부정적인 기분이 들어도 괜찮다. 설령 부정 단식 기간이라 해도 마찬가지다. 우리는 인간이고, 인간이 부정적인 기분을 느끼는 것은 자연스러운 현상이다.

순서야 어떻든 불안, 슬픔, 분노, 좌절, 죄책감, 수치심, 부러움, 질투, 실망, 후회 등 인간이라면 누구나 느끼는 감정들을 마음껏 느끼자. 그러다 보면 체념, 무력함, 당혹스러움, 소외감, 적대감, 절망감, 혹은 비관주의와 냉소주의처럼 여러분이 가장 선호하는 부정적인 상태로 빠져들 수도 있다.

노자의 지혜를 빌리자면 사람들은 보통 미래에 대한 걱정 때문에 불안을 느끼고, 우울하다면 주로 과거에 초점을 맞춰 살아간다. 그러니 부정적인 감정으로 자신을 판단하지 말자. 특히 주변에서 일어나는 사건으로 자연히 부정적인 감정이 들었을 뿐이라면, 그것으로 자기를 판단하는 것은 더더욱 안 될 말이다.

나는 부정적인 상태를 경험할 권리도 마땅히 누려야 한다고 생각한다. 나는 자기 연민에 빠진 사람을 위로하는 데는 관심이 눈곱만큼도 없는 실용적인 금욕주의자 집안에서 자랐다. 우리 어머니는 홀로 여섯 자녀를 키우셨고, 외할머니는 어머니까지 포함하여 다섯 사람을 키우셨다. 이처럼 억척스러운 두 여자에게는 입을 삐쭉 내밀고 볼이 부루퉁한 10대를 위한 인내심은 없었다. 우리 집에서는 우울감을 절대 용납하지 않았다. 애초부터 선택지에도 없었던 것이지만, 분노, 짜증, 적대감, 불신은 곧잘 드러냈다.

기분이 유독 바닥을 치는 날이면 나는 스스로 부정적인 상태에 있음을 받아들인다. 어떤 때는 가만히 앉아서 내가 얼마나 불행한지 알아차리는 것을 즐기기도 한다. 이는 보통 아내 셰르의 눈에 띄지 않는 곳에서 한다. 셰르는 내 부정적인 상태를 견디지 못하기 때문이다. 마침내 부정적인 기분이 걷히고 나면, 나는 다시금 원래 모습으로 돌아온다. 좋든 나쁘든 그때그때 드는 기분과 감정은 마음껏 느껴도 괜찮다.

누구나 경험하는 부정적인 기분은 마치 계절처럼 왔다가 떠난다. 모든 일이 술술 풀리고 대체로 긍정적인 상태가 지속되는 좋은 시절도 있다. 이런 시기를 가리켜 봄과 여름이라고 하자. 봄과 여름이 지나고 나면 날이 일찍 어두워지고, 나무에서 이파리가 떨어지고, 모든 것이 차갑게 식고 바싹 마르는 듯한 시기가 찾아온다. 이때를 가을과 겨울이라고 하자.

21세기를 살아가는 현대인은 분명 봄과 여름보다 가을과 겨울을 더 많이 겪었지만, 그것은 대부분 우리 통제 밖의 일이다. 대신 우리가 할 일은 실용적인 전략을 도입함으로써 긍정적인 기분을 느끼는 시간을 늘리는 것이다. 이제 본격적으로 부정을 걷어내 보자.

# 제2장
# 부정적으로 말하는 모습

사람들 앞에서 연설하는 일을 업으로 삼는 나는 강연을 하러 비행기를 타고 오하이오주 콜럼버스에서 여러 도시로 이동한다. 내가 이용하는 항공편은 보통 각 항공사의 중심이 되는 도시를 경유한다. 예를 들어 델타 항공을 이용하면 디트로이트나 애틀랜타, 미니애폴리스에서 다른 비행기로 갈아타고 최종 목적지로 향하는 식이다.

나는 비행기 타기를 좋아한다. 비행기에 오르면 몇 시간 동안은 휴대 전화를 끄고 있기 때문이다. 기내에서는 주로 책을 쓰며 시간을 보낸다. 지금 여러분이 읽는 이 책도 그렇게 탄생했다. 소음 차단 기능이 있는 헤드폰을 쓰고 키보드를 타닥타닥 두드리다 보면 어느새 수백, 수천 km 떨어진 곳에 도착한다.

하지만 비행기를 타고 이동할 때마다 몇 번이고 나를 부정적인 기분에 빠져들게 하는 사건이 있다. 바로 항공편 지연이다. 특히 집에 가는 길에 항공편이 지연되면 그것만큼 짜증스러울 때가 없다.

여러분은 자신을 부정적인 상태로 밀어 넣는 말을 일상적으로 한다는 사실을 미처 인식하지 못할지도 모른다. 물론 이해는 한다. 사람들은 일반적으로 기분이 변하는 이유를 다른 사람이나 외부 상황 때문이라고 생각하면서 자기 책임은 없다고 여긴다.

하지만 만약 내 말이 옳고, 여러분은 자신을 부정적인 기분으로 몰아가는 말하기의 달인이라면 어떻겠는가? 나는 오로지 내게만 들리는 목소리 때문에 삶에서 적지 않은 시간을 분노와 언짢음 속에 흘려보냈다.

그 목소리를 여러분도 아는가? 조금 전에 "알지."라고 대답한 바로 그 목소리 말이다. 날씨 때문이든 '기계상의 문제'가 발생해서든 항공편이 지연될 때면 내면의 목소리는 그다지 도움이 되지 않는다. 물론 후자라면 기꺼이 다음 비행기를 기다릴 의사는 있지만 말이다.

이유야 어떻든 내면의 목소리는 나를 부정적인 감정 상태로 이끈다. 결국 그간 수없는 반복을 거쳐 완벽하게 닦인 지침 속에서 내 부정 지수는 단 몇 초 만에 0에서 100으로 솟구친다. 내면의 목소리는 마치 항공기 지연 때문에 최악의 상황이라도 벌어질 것처럼 이야기를 과장하면서 슬슬 시동을 건다.

**내면의 목소리**   오늘 밤은 꼼짝없이 집에 늦게 들어가겠네.

**나**   그런 건 굳이 말 안 해 줘도 알거든?

**내면의 목소리**   원래는 밤 9시면 도착했을 텐데 이제 도착하면 11시 반이겠네. 최소 7시간은 자야 하는데, 그만큼 자지도 못할 테고. 넌 7시간을 자면 자애로운 달라이 라마가 되지만, 5시간밖에 못 자면 이오시프 스탈린(Joseph Stalin)처럼 무시무시하게 돌변할 텐데 이를 어쩌나? 스탈린처럼 콧수염이라도 덥수룩하게 길러야 하는 거 아니야?

**내면의 목소리**   내일은 컨디션이 안 좋겠는걸. 넌 집에 늦게 들어가면 도무지 일의 효율이 안 오르잖아. 땅콩버터맛 M&Ms를 먹으면 좀 낫지 않겠어?

| 나 | 그건 안 먹을 거야!(사실은 먹고 싶은 마음이 굴뚝같지만 나는 설탕을 끊었다.) |
| --- | --- |
| 내면의 목소리 | 항공편이 이렇게 늦어지는데 안내방송도 한마디 없네. 항공사에서 고객은 신경도 안 쓰는 모양이야. 가서 뭐라고 말 좀 해 보지 그래? 서비스가 엉망이잖아. 아니면 저쪽에 가서 비행기가 오고 있나 확인이라도 해 보든지. |
| 나 | 딱 봐도 비행기 아직 안 왔는데 보긴 뭘 보라는 거야? 그냥 날 약 올리려는 것뿐이잖아. 됐어, 셰르에게 전화해서 늦는다고 말이나 할래. |
| 내면의 목소리 | 그러시든가. 그런다고 달라지는 건 없겠지만. |

내면의 목소리는 내게 별 도움이 안 된다. 도리어 부정 편향으로 굉장히 부정적이기만 하다. 내면의 목소리를 듣다 보면 나를 부정적으로 만들겠다는 본분에 어찌나 충실한지 아주 존경스러울 지경이다. 이 목소리를 데리고 여행하는 것은 그다지 좋은 생각이 아니다. 비행기를 이용할 때는 더더욱 그렇다.

한번은 서해안 쪽에서 집으로 가는 길에 시카고 오헤어 국제공항에서 좀처럼 오지 않는 비행기를 기다린 적이 있다. 나는 셰르에게 전화해서 늦는다고 이야기하고는 불평을 늘어놓기 시작했다. 셰르는 나보다 성숙한 사람이다. 불평해 봐야 달리 어찌할 도리도 없는 일을 두고 투덜거리는 소리를 묵묵히 들어주던 셰르는 이렇게 물었다.

"자유시간이 2시간이라면 그동안 뭘 하고 싶어?"

"책을 읽으면 좋을 것 같은데 지금은 책이 없네."

그러자 셰르는 서점에 가서 책을 한 권 사면 어떻겠냐고 제안했다. 그 후로 나는 길을 떠날 때마다 '비행의 신'께서 내게 책 읽을 시간을 허락하실 때를 대비해 커다란 양장본 책을 한 권씩 챙긴다. 이 책에서는 '우리를 부정적으로 만드는 원인은 사람이나 사건이 아닌, 경험에 대한 우리의 해석'이라는 주제가 반복적으로 등장한다. 나뿐 아니라 여러분 역시 내면의 목소리가 사건을 부정적으로 인식하게 하려고 최선을 다할 것이다.

항공사 고객 서비스 부서에서 일하는 모습을 상상해 본 적 있는가? 항공사에서는 당연히 문제가 발생했다는 사실을 이미 알고 있다. 나보다 항공사에서 먼저 문제를 알았을 테고, 항공기가 지연됐다는 사실을 내가 알아차릴 때쯤이면 항공사 측에서는 최대한 빨리 나를 태울 다른 비행기를 이미 보낸 후다. 내 사례에 공감할 만큼 비행기를 자주 타지 않는 독자도 있을 수 있어서 모두가 익히 공감할 법한 다른 예시도 준비했다.

| | |
|---|---|
| **내면의 목소리** | 대체 우리 지역 사람들은 왜 다들 운전을 이따위로 하는 거야? 빗길 운전 하루이틀 해 보나. |
| **나** | 아, 진짜 못 해 먹겠네! 여긴 70km/h가 아니라 100km/h라고요. 왜들 그러는 거야 진짜?! |
| **내면의 목소리** | 어이, 저 얌체 같은 놈이 네 앞에 끼어들었잖아. 경적을 |

| 나 | 울려서 버릇을 단단히 고쳐 놓자고. |
| | 요즘 단단히 미친 사람들이 많아서 보복 운전 당할지도 몰라. 경적은 안 돼! |
| 내면의 목소리 | 아무래도 여기서 한동안 꼼짝 못 하고 있어야 할 것 같은데? |
| 나 | 내 말이! |

## 두려움 이해하기

 부정은 대부분 두려움에서 비롯된다. 내가 집에 늦게 들어가기를 싫어하는 이유는 잠을 충분히 자지 못해 다음날 일의 효율이 떨어질까 두렵기 때문이다. 그러나 사실 내가 원하는 만큼 생산성을 발휘하지 못한다고 해서 나쁜 일이 일어나지는 않는다. 반면 단순히 집에 늦게 들어가는 것을 넘어 진정한 공포를 안고 사는 사람들도 존재한다.

 홀로 아이를 키우는 어머니가 아이를 데리러 어린이집에 가는 길에 늦었다고 가정해 보자. 어린이집은 보호자가 늦으면 기본적으로 10달러의 벌금을 부과하며, 이후 1분당 1달러가 추가된다. 그렇지 않아도 어린이집 비용이 전체 지출에서 가장 큰 비중을 차지하는 마당에 벌금 40달러까지 더 내야 한다면, 지각에 대한 두려움은 생생한 현실로 다가올 것이다. 설령 벌금을 낼 수 있는 형편이라도 스트레스와 불안에 시달릴 것이고, 그 와중에도 저녁 식사를 차려야 한다.

우리는 현실적으로 벌어질 결과 외에도 그저 약간의 불편마저 두려울 때도 있다. 사회과학자는 아니지만, 그동안의 경험에 비추어 보건대 내면의 목소리는 두 가지 두려움을 같은 방식으로 취급한다. 굳이 두려워할 필요가 없는 대상을 두려워하면, 내면의 목소리는 문제의 규모를 부풀려서 일을 키운다.

우리가 부정적인 상태에 빠지는 이유는 대부분 겁에 질렸기 때문이다. 우리는 승진 누락, 이웃집 아들의 과속 운전, 중학생 딸의 학교 폭력 피해를 두려워한다. 부정적인 기분이 들 때, 그 이유가 무엇인지 마음속을 한 번 찬찬히 들여다보자. 아마 무언가에 대한 두려움이 기저에 깔려 있을 것이다.

## 부정적인 목소리의 공존

내면의 목소리는 우리의 것이 아닐 수 있다. 부모, 교사, 목사, 상사, 연인, 그리고 사회의 목소리가 한데 합쳐진 것일 가능성이 크다. 내면의 목소리가 우리에게 기대하는 바는 외부에서 비롯되었을 것이다. 우리가 매일, 매 순간 생산성을 유지해야 함을 믿게 하는 목소리는 별 도움도 안 될뿐더러 일과 삶의 균형까지 무너뜨리는 주범이다.

우리가 따르는 여러 기준은 애초에 우리보다 먼저 실천하고 전파한 이들에게도 그다지 유용하지 않았다. 타인의 기준은 대부분 그들의 두려움이다. 그리고 그들의 기준 역시 다른 사람에게 옮은 것이다.

우리가 반드시 따라야 한다고 여기는 규칙은 내면의 목소리를 구성하는 원천에서 유래했을 수 있다. 이러한 기대와 규칙은 처음에는 나름대로 잘 작동하다가도 특정 시점이 되면 부작용을 일으킨다. 세상에서 모든 기대에 빠짐없이 부응하고, 자기가 지켜야 한다고 믿는 규칙을 완벽하게 지키면서 사는 사람은 우리 내면의 목소리를 만들어 낸 근원을 포함하여 단 한 명도 없다.

인생은 지구상에서 살아갈 한 번뿐인 기회이니만큼 우리는 최선을 다해 살아야 한다. 그러므로 내면의 목소리가 말하는 기대에 부응할지, 아니면 완전히 무시할지 결정하려면 자신의 두려움을 진단할 필요가 있다. 이에 유명한 사례를 하나 소개하겠다. 바로 유튜브에서 최다 조회 수를 기록한 TED 강연인 켄 로빈슨 Ken Robinson 의 〈학교가 창의성을 죽이는가? Do Schools Kill Creativity? 〉이다. 이 영상에서 로빈슨은 뮤지컬 〈캣츠〉와 〈오페라의 유령〉의 안무가 질리언 린 Gillian Lynne 의 이야기를 들려준다.

질리언이 어렸을 때, 그녀의 어머니는 딸을 데리고 한 전문의를 찾았다. 학교 측에서 질리언에게 학습 장애가 있다고 했기 때문이다. 의사와 어머니가 이야기를 나누는 동안 질리언은 두 손을 다리 밑에 넣은 채 가만히 앉아 있었다. 그러나 의사가 라디오를 켜자 질리언은 자리에서 일어나 춤을 추기 시작했다.

딸을 걱정하는 어머니에게 의사는 질리언이 학습 장애가 아니라 단지 춤에 재능을 타고났을 뿐이니 딸을 무용 학교에 데려가라고 조언했다. 그렇게 간 무용 학교에서 질리언은 재능을 마음껏 키우고 펼쳤다. 그 결과 자기 분야에서 큰 성공을 거둔 질리언은 결국 백만장자가 되었다. 로빈슨은 요즘 같았으면 의사가 질리언을 무용 학교에 보내는 대신 ADHD 약을 처방했을 것이라고 덧붙인다.

자식이 그다지 재능이 없어 보이는 분야로 가려고 할 때, 이를 부모가 저지하는 사례는 흔하다. 때로는 부모가 단순히 잔인하게 구는 경우도 있다. 그러나 보통은 자녀가 실패해서 고통받을까 두려운 마음에 자녀를 지키고자 반대하는 경우가 대부분이다.

우리가 느끼는 압박감 일부는 타인의 기대와 규칙, 두려움에서 온다. 우리는 내면의 목소리가 우리에게 타인의 두려움을 주입하지 않도록 경계해야 한다. 굳이 타인의 두려움까지 떠안지 않아도 우리는 이미 두려움을 충분히 많이 안고 산다.

이선 크로스 Ethan Kross 는 심리학자이자 《채터, 당신 안의 훼방꾼 Chatter》의 저자이다. 크로스는 내면에서 쉴 새 없이 속삭이는 목소리인 '채터'를 평생에 걸쳐 연구했다. 크로스는 책에서 "심적 고통을 겪을 때 하는 자기 성찰은 득보다는 실이 훨씬 많다."라고 말한다. 이에 따라 직장에서 업무 능력이 떨어지고, 잘못된 의사 결정을 내리며, 인간관계가 나빠지는 등 여러 가지 부정적인 결과가 나타난다.

그리고 크로스는 "채터는 인간이 지닌 탁월한 자기 성찰 능력을 축복이 아닌 저주로 바꿔 버리는 냉소적이고 부정적인 생각과 감정으로 구성된다."라고 지적한다. 내면의 목소리는 우리가 내면의 코치를 필요로 할 때를 위해 존재한다. 우리를 향해 끊임없이 중얼거리는 내면의 목소리를 잠재우는 방법은 혼잣말을 멈추는 것이다. 그래도 잠재우지 못하겠다면, 적어도 목소리의 주인공을 조지 커스탠저 George Costanza [03]에서 토니 로빈스 Tony Robbins [04]로 바꿔 보자.

인지 행동 치료 Cognitive Behavioral Therapy, CBT 에서는 '내적 내러티브 inner narrative'라고 부르는 채터의 부정을 줄이는 방법이 여러 가지가 있다. 우리는 각자 처한 상황을 묘사하며 이야기하고, 사람을 분석하는 틀을 만들면서 자연스럽게 자신을 판단한다. 개인적으로는 내적 내러티브가 도무지 입을 다물지 않는 데다 소리 내서 말할 때도 많다. 인지 행동 치료에서는 채터를 걱정쟁이, 비평가, 피해자, 완벽주의자로 의인화하여 네 가지 유형으로 분류한다.

### 걱정쟁이

걱정쟁이는 "만약에 말이야…"라면서 말문을 열고는 상상할 수 있는 가장 끔찍한 결과를 이야기한다. 어떤 사람은 단순히 그러한 이야기를 듣는 것만으로도 부정적인 상태에 빠져 최악의 상황을 가정한 시나리오에서 헤어 나오지 못한다.

최근 한 친구가 내게 전화를 걸어 꼭 해야 할 중요한 이야기가 있다며 음성 메시지를 남겼다. 음성 메시지를 듣는 순간 내 머리는 온갖 경우의 수를 떠올리기 시작했고, 생각하면 할수록 더 나쁜 상황만 떠올랐다. 그러나 막상 친구와 통화해 보니 친구가 전하려던 소식은 내가 이미 아는 내용이었고, 중요한 일도 아니었다. 내면의 목소리는 장장 2시

---

[03] 미국 시트콤 〈사인펠드(Seinfeld)〉의 등장인물로 매우 부정적인 성격이다. 옮긴이.
[04] 세계적인 동기부여 전문가. 옮긴이.

간 동안 각종 무시무시한 상황을 떠올렸으나, 그중 진실에 가까운 것은 하나도 없었다.

걱정쟁이가 머릿속에서 걱정을 뭉게뭉게 피워 올릴 때 쓸 만한 전략은 과연 우리의 상상만큼 실제 상황이 정말 나쁜지 자문하는 것이다. 과거에 걱정쟁이에게 휘말려 부정적인 상태에 빠졌던 때를 돌아보자. 머릿속으로 온갖 최악의 상황을 상상했지만, 막상 현실은 상상의 십 분의 일도 채 안 되었던 때가 얼마나 많았던가?

부정 편향은 바로 이렇게 우리를 농락한다. 걱정에서 멀어지고 싶다면 과연 이 일이 10년 후에도 중요할지 마음속으로 질문해 보는 것도 좋다. 대부분은 지금에서 1시간만 지나도 그다지 중요하지 않은 일이 될 것이다.

### 비평가

내면의 목소리가 우리에게 충분히 잘하지 못한다고 나무란다면, 이는 비평가의 등장을 알리는 것이다. 비평가는 우리를 계속 깎아내려서 하고 싶은 일을 애초에 시도할 가치도 없다는 믿음을 심는다. 비평가는 살면서 우리를 비판했던 모든 목소리가 하나 된 것이거나, 우리가 다치지 않도록 지키려 한 타인의 목소리일 수도 있다.

이 책을 쓰는 시점을 기준으로 나는 13년간 매일 한 편씩 블로그에 글을 발행했다. 내 글을 비판하는 사람도 종종 있다. 글을 쓰기 시작한 지 얼마 안 되었을 때는 나도 내 주장을 펼치면서 비평가를 이기려고 애썼다. 그러나 얼마 가지 않아 모든 사람이 나뿐 아니라 내 일과 그 방식을 좋아할 수는 없다는 사실을 깨달았다.

참으로 다행스러운 점이 있다면 내 장례식에 오지도 않을 사람의 의견에 발을 동동 구를 필요가 전혀 없다는 것이다. 타인의 부정적인 견해는 우리의 정체성이나 능력에 아무런 영향을 미치지 못한다. 혹시 눈치챘는가? 비평가는 스스로 무언가를 창작해 내는 일이 없다.

그들은 정작 자기가 이루지 못한 일을 해낸 사람에게 이러쿵저러쿵하기에 바쁘다. 비평가가 하는 말을 들어 보면 그들이 어떤 사람인지 알 만하다. 그들 중 일부는 단지 우월감을 느끼기 위해 남을 비난한다. 또 내면의 비평가는 오로지 부정을 만들어 낼 뿐이다.

### 피해자

피해자는 주로 "나는 가망이 없어."라는 식으로 이야기한다. 피해자의 목소리에 귀 기울이다 보면 부정적인 상태에 빠져들면서 스스로에게 힘을 빼앗기는 꼴이 된다. 피해자는 우울함을 대변하는 목소리다. 인지 행동 치료 기법을 활용하면 다른 사람을 탓하거나 상황을 부풀려서 생각하기를 멈출 수 있다. 개인적으로는 가만히 앉아서 자신을 구원할 이가 언제 찾아올지 걱정하며 기다리느니 다른 사람을 구하러 나서는 쪽이 더 낫지 않을까 생각하곤 한다.

### 완벽주의자

완벽주의자는 "설령 불행해지는 한이 있어도 모든 것을 완벽하게 해

내야 해."라고 말한다.05 완벽주의자의 목소리에 홀리면 본인뿐 아니라 주변 사람까지 지치게 한다. 완벽주의자는 모든 사람이 완벽해야 하며, 그렇지 못하면 본인의 실수가 부메랑처럼 되돌아온다고 믿는다.

## 인지 행동 치료 전략

인지 행동 치료는 부정을 제거하거나 완화하는 데 효과적인 전략이다. 직접 시도해 본 방법 가운데 첫 번째는 지금 드는 생각이 구체적인지 일반적인지를 짚어 보는 것이다. 부정적인 사람이 되고 싶다면 다음과 같이 구체적인 문제를 일반적인 문제로 확대 해석하면 된다.

**일반적인 사고:** "난 내 일이 싫어!"

물론 일 자체가 정말 싫을 수도 있다. 하지만 그렇게 상황을 일반화하는 바람에 자신을 비참한 구렁텅이로 밀어 넣은 채 사태를 악화하고 있는지도 모른다. 위의 사례와 같이 모든 일반화는 거짓이다. 따라서 내면의 목소리를 잠재우려면 사고를 구체화해야 한다.

---

05  성격 유형 이론인 에니어그램(Enneagram)에서 장형의 지배 감정이 분노이고, 장형 중에서도 분노의 강도가 가장 센 성격이 바로 1번 유형인 완벽주의자(Perfectionist)에 해당한다.

**구체적인 사고:** "최근에는 행정 업무가 너무 많았어."

나는 행정 업무 알레르기가 있나 보다. 정부 기관에서 나온 공문서 양식 하나에도 심장이 두근거리고, 두드러기가 올라오면서 호흡이 가빠지다가 의식을 잃을 지경이다. 납세 기간에는 이보다 더하다. 간단히 말해서 나는 어떤 서류도 작성하지 않는 편을 선호한다.

두 번째 전략은 일이 일시적인지 영구적인지를 따져 보는 것이다. 나는 영업직 종사자가 일시적인 실적 저하를 영구적인 실패로 부풀리는 모습을 여러 번 목격했다.

**영구적인 사고:** "나는 영업에 전혀 소질이 없나 봐. 아무래도 다른 일을 찾아봐야겠어."

실적이 저조한 것은 영업에 소질이 없어서가 아니다. 그저 지극히 일상적으로 일어나는 판매 부진일지도 모르는 일이다. 그러므로 판매 부진을 자기 탓으로 돌리며 영구적인 일로 치부하지 말고, 일시적인 사건으로 재구성해 보자.

**일시적인 사고:** "지금은 판매가 부진해지는 시기인가 보네. 두 배로 열심히 노력해서 이 시기를 잘 극복해야지."

사람이 멀쩡하던 능력을 하루아침에 잃어버리는 경우는 거의 없다. 이선 크로스라면 아마 이렇게 이야기할 것이다.

"우리는 속상할 때 실질적인 해결책을 찾기보다 공감을 얻는 데 지나치게 집중하는 경향이 있다."

상황을 개선하기 위해 할 수 있는 일이 있다면, 그냥 하면 된다. 하지만 그렇지 않다면 공연히 속 끓이지 말고 이만 마음을 내려놓자.

## 부정에서 나를 구하는 말하기

스스로 부정적인 상태에 빠져들 수 있다면, 빠져나올 수도 있어야 마땅하지 않겠는가? 부정적인 상태에 도달하는 이유가 비관적인 목소리를 너무나 많이 들은 탓이라면, 우리를 한 치의 의심도 없이 믿어 주는 낙관적인 목소리에 귀 기울이지 않을 이유가 무엇이겠는가?

### 내면의 목소리는 그간 얼마나 정확했는가

내적 내러티브를 긍정적으로 바꾸고 싶다면 내면의 목소리가 자신 있고 확실한 태도로 예측하던 부정적인 결과가 무엇인지 적어 보자. 그중에서 아주 드물게 실제로 일어난 예측이 있다면, 이를 기록해 보자. 하지만 장담하건대 채터의 예측이 맞아떨어진 순간을 기억해 내기는 분명 쉽지 않을 것이다. 만약 내면의 목소리가 한 번이라도 옳았던 적이 있다면, 당장 가진 돈을 다 털어서 메가밀리언스 Mega Millions 복권을 왕창 사도 좋다. 내면의 목소리가 옳을 확률은 복권에 당첨될 확률과

얼추 비슷하기 때문이다.

　기억을 더듬어 가장 최근에 채터가 머릿속에서 끔찍한 수준의 부정적인 사태가 일어나 우리를 해칠 것이라 예언한 때를 떠올려 보라. 그러나 여러분은 지금 이 책을 읽고 있고, 내면의 목소리는 이 와중에도 게임의 승자는 본인이라고 자신하며 책에서 소개하는 여러 방법에 코웃음 치고 있다. 내적 내러티브는 미래 예측에 최악의 조언자임을 기억하자.

　내적 내러티브가 아주 사소한 걱정 하나로 사상 최악의 일이 벌어질 것처럼 호들갑 떠는 모습을 유심히 관찰하면 내면의 대화가 얼마나 터무니없는지를 알 것이다. 내면의 목소리는 과장을 좋아해서 실질적인 증거 하나 없이도 사태를 마구 부풀려서 예측한다. 내적 내러티브는 지나치리만치 자신감이 넘쳐서 우리에게 겁을 준다. 우리가 지금까지 한 번도 일어난 적 없는 일과 일어날 가능성이 희박한 일을 두려워하며 불안에 떨게 하는 방식으로 말이다.

　내면의 목소리가 특히 민감하고 쉽게 흥분하는 사람이라면 텔레비전 뉴스 시청은 절대 금물이다. 뉴스를 시청하면 내면의 괴물이 뉴스에서 전하는 부정적인 소식을 연료 삼아 겁에 질리게 하기 때문이다. 선량한 시민이 끔찍한 손해를 입었다는 소식을 들으면 내면의 목소리는 그것이 곧 여러분의 운명이 될 것이라 속삭인다. 그러나 정말로 그 일이 일어날 확률은 측정할 수 없을 만큼 미미하다.

　내적 내러티브는 우리가 지금까지 멀쩡히 살아 있는 모습을 보고도 도대체 어떻게 살아남았는지 좀처럼 이해하지 못한다. 그동안 일어날 가능성이 있던 나쁜 일이 수두룩했지만, 우리는 여전히 살아 숨 쉬고 있다. 다만 우리가 원하는 것보다 조금 더 부정적인 모습일 수는 있겠다.

### 긍정 확언

부정적인 내적 내러티브를 극복하려면 우리가 실제로 얼마나 유능한 사람인가를 다시금 인지해야 한다. 이는 우리가 이기는 게임이지만, 확실히 이기려면 만약을 대비해 약간의 사전 준비를 해 두기를 권한다.

우리의 삶에는 실패보다 성공의 순간이 더 많다. 단지 부정 편향으로 어쩌다 일어난 부정적 사건을 더 잘 기억할 뿐이다. 반면 긍정적인 사건과 경험은 머릿속에 잘 남지 않는다. 그러니 우리가 그동안 거둔 성과를 쭉 적는 것부터 시작해 보자.

꿈꾸던 직장에 들어가기 위해 중요한 면접을 앞두고 걱정에 잠겼던 순간을 떠올려 보자. 그러나 염려한 바와 달리 여러분은 면접을 가뿐하게 통과하여 그토록 꿈꾸던 직장에 취업했다. 이것이 바로 긍정적인 스트레스, 즉 유익 스트레스다.[06] 스트레스라고 해서 다 나쁜 것은 아니다.

어느 날, 여러분은 마음에 품고 있던 사람에게 함께 저녁을 먹지 않겠느냐고 제안한다. 그리고 그날의 데이트 상대는 여러분 인생의 동반자가 되어, 앞날을 함께하고 있을 것이다. 아니면 대학 시절 연극부에 지원해서 오디션을 보았는데, 기대도 하지 않은 주연에 갑작스럽게 발탁될 수도 있다. 차기 알 파치노 Al Pacino 라 주목받지는 못해도, 관객의 찬

---

[06] 제1장 참고.

사를 한 몸에 받을 수도 있지 않겠는가.

글쓰기를 주제로 한 앤 라모트 Anne Lamott 의 저서 《쓰기의 감각 Bird by Bird 》을 보자. 이 책에서 라모트는 작가에게 자기 이야기를 전부 기록해 두라고 조언한다. 어떻게 보면 우리는 곧 우리의 이야기와 같다고 할 수 있다. 이 책이 아직 시작 지점에 있는 만큼 인생에서 있었던 일 중 긍정적인 사연과 사건만 추려서 적어 보면 좋겠다.

먼저 기적 중의 기적이라 할 수 있는 우리의 탄생부터 시작해 보자. 삶에서 좋았던 일을 전부 되짚는 추억 여행을 하다 보면 자기도 모르는 사이에 부정적인 경험과 사건이 덩달아 떠오를 것이다. 그러면 그쪽을 향해 고개를 살짝 끄덕여 준 뒤 다시 돌아와서 원래 하던 대로 긍정적인 이야기를 차곡차곡 쌓아 가면 된다. 그리하여 내면의 목소리에 우리가 좋은 경험을 이렇게나 많이 한 축복받은 사람이라는 사실을 일러 주자.

나중에 면역력이 좀 더 강해져서 부정적인 이야기가 머릿속에 맴돌아도 전처럼 압도당하지 않는다면, 그간 겪은 부정적인 경험을 적어 봐도 좋다. 몇몇 부정적인 사건은 내 인생 최고의 경험이었다. 그 경험은 스트레스를 주어 내가 성장하는 발판을 마련해 주었으나, 그중에는 꽤 아찔한 사건도 있었다. 하지만 우리는 그러한 일 속에서도 살아남았으니 이제 부정적인 사건은 우리를 해치지 못한다.

면역력을 키우기 전까지는 부정적인 목소리를 물리치는 방법으로 확언을 활용할 수 있다. 앞으로 내면의 목소리가 "하고 싶은 일을 하기에 너는 너무 부족해."라면서 기를 죽이려 든다면, 다음과 같이 답하면 된다.

"지금은 이 일을 어떻게 하는지 하나도 모르겠지만, 나는 똑똑하니까 어떻게든 알아내겠지."

그러면 내면의 목소리는 "그러다 큰코다칠걸?"이라며 겁을 줄 것이다. 이에 상처받은 적은 전에도 있고, 설령 나쁜 일이 벌어져도 이겨 내겠다고 당당하게 이야기하자. 부정적인 내적 대화의 일부는 우리를 보호하기 위해 이어진다.

증거는 없지만 나는 이 걱정 어린 목소리가 뇌에서 특히 오래된 부위, 어쩌면 잠재의식에서 온다고 생각한다. 우리가 하는 행동을 대부분 내면의 목소리가 결정하기 때문이다. 내면의 목소리는 우리의 생존을 위해 움직이므로 위협이 찾아온다면 지나치게 불안해한다. 그러므로 우리를 안전하게 지켜 주는 내면의 목소리에 감사한 마음을 품어 보자.

또한 긍정 확언을 실천하면 부정과 스트레스가 줄어든다는 연구 결과가 있다. 그리고 자신의 핵심 가치를 글로 쓰면 위협의 영향력을 약화할 수 있는 것으로 드러났다. 부정의 가파른 기울기, 즉 위험이 가까이 다가올수록 부정이 커지는 현상을 기억한다면 그러한 활동이 도움을 줄 것이다. 다만 자기 확언은 부정과 스트레스를 줄이는 데 유용하지만, 효과는 개인에 따라 다를 수 있다. 다음은 구글에서 찾은 강력한 확언 목록이다.

* 나는 성공했다.
* 나는 자신감이 넘친다.
* 나는 강하다.

- 나는 힘이 세다.
- 나는 매일 점점 더 좋아지고 있다.
- 내게 필요한 것은 전부 이미 내 안에 있다.
- 나는 의욕이 넘친다.
- 나를 화나게 하거나 두렵게 하는 생각에 굴하지 않는다.

개인적으로 가장 좋아하는 확언은 "나는 사랑하며, 사랑받는 축복받은 존재이다."이다.

## 내적 대화로 키우는 긍정성

이선 크로스 덕분에 이 장에서는 과학적으로 신뢰할 만한 내용이 많이 등장한다. 이 외에도 자기 대화 self-talk 와 내적 대화 internal dialogue 를 이해하는 방법을 제시한 논문을 찾았다. 두 대화 방식의 차이를 이해한다면, 이들을 유용한 방향으로 활용할 수 있을 것이다.

2020년, 피오트르 K. 올레스 Piotr K. Olés 와 동료들이 발표한 연구에서는 자기 대화와 내적 대화의 관계에 주목했다. 해당 연구에 따르면 두 유형의 대화는 동일 연속선상의 양극단이다. 여기에서 둘을 가장 쉽게 가려내는 차이가 존재한다. 바로 자기 대화에서는 말하는 사람도, 듣는 사람도 전부 자신이라는 것이다. 반면 내적 대화를 할 때는 친구, 가족, 오랫동안 만나지 못한 친척, 선생님, 조언자, 연예인 등 타인의 목소리가 끼어든다.

* **자기 대화**

   **자**기 대화는 일반적으로 짧고, 특정 업무나 목표에 집중한다. 이때의 자기 대화는 자기 강화로, '나(I-position)'가 한 명만 존재한다. 예컨대 "난 이 일을 할 수 있지만, 시간이 조금 더 필요해."라는 방향으로 흘러간다.

* **내적 대화**

   **내**적 대화는 복합적이며 '나'가 여럿 등장한다. 또한 여러 명의 '나'가 서로 대립하는 경향이 있으며, 자기 비판적일 때가 많다. 예를 들면 "이 프로젝트를 시작해야 하는데, 그 전에 먼저 운동을 좀 해야겠는걸. 저번에는 일만 하느라 운동을 너무 오랫동안 못 해서 스트레스를 잔뜩 받았잖아. 일과 삶의 균형은 어떡할 셈이야?"라는 방식으로 전개된다.

내적 대화에는 가치관이나 일생일대의 선택과 같이 정체성에 관한 대화를 비롯하여 여러 유형이 있다. 이 외에 다른 사람과의 대화를 마음속으로 그려 보는 사회적 대화도 있다. 사회적 대화는 과거에 나눴거나 미래에 나눌 대화의 일부이다. 우리는 사회적 대화를 통해 대화와 토론에 대비하고 대안 시나리오를 구상한다.

연구에 따르면 우리는 내적 대화를 통해 스스로 동기를 부여하여 목표를 달성하는 추진력을 얻는 등 여러 이점을 누린다. 과거에 저지른 실수를 반복하지 않으려고 노력한다면, 서로 대립하는 내적 대화에서도 혜택을 얻을 수 있을 것이다.

### 실천하기

- 스스로 자기 대화와 내적 대화를 하는 때를 확인한다. 이때 어떤 대화를 하더라도 긍정성을 잃지 않도록 노력해야 한다.

- 그동안 이룬 성과를 목록으로 작성한다. 자신과 머릿속의 부정적인 목소리에 세상은 내면의 목소리 말만큼 부정적이지 않다는 사실을 알려 준다. 만약 자신의 성과를 좀처럼 인정하지 않는 사람이라면, 설령 그동안 성공한 경험이 많다고 해도 연습이 필요할 수 있다.

- 이선 크로스의 책에도 제시된 방법이지만, 문제가 발생하면 문제를 해결하는 작업에 돌입해야 긍정성을 유지하기 수월하다. 가만히 앉아 걱정하기보다는 문제를 해결하러 나서는 편이 낫다.

# 제3장
# 공감능력을 키워야 하는 이유

　새해가 돌아올 때마다 내가 자주 가는 스타벅스 옆 헬스장은 운동하려는 사람들로 빽빽하게 들어찬다. 1월 첫째 주에는 주차장에 발 디딜 틈이 없다. 다들 새로 장만한 운동복을 멋지게 차려입고, 커다란 물병을 손에 든 채 새해 다짐을 지키고자 이른 아침부터 부지런히 나타난다. 이렇게 북새통을 이루던 인파는 한 주가 지날 때마다 조금씩 줄어든다. 2월 중순쯤 되면 건물 바로 앞에 주차하기도 어렵지 않을 정도이다.

　"매일 아침 헬스장에 가겠어."라며 굳게 다짐했던 수많은 사람 중에 여러분은 없었을 수도 있다. 그래도 앞으로는 탄산음료를 끊겠다거나, 샐러드만 먹겠다거나, 그간 미뤘던 포르투갈어 공부를 마침내 해 보겠다는 등 이런저런 다짐은 했을 것이다. 새해 다짐이 어떻든 여러분은 이에 관해 자신에게 거짓말을 했을 것이다. 좋은 의도를 품었더라도 우리는 어쩔 수 없는 인간이기에 종종 오류를 저지르곤 한다.

　우리 자신에게 거짓말을 해야 한다면, 우리의 부정을 줄여 삶의 질을 높이는 것이 낫지 않겠는가. 타인의 행동에서 비롯한 부정을, 스스로 속임으로써 없앨 수 있다니! 뭔가 미심쩍어 보일지도 모르겠지만, 이 글을 끝까지 잘 읽어 주길 바란다.

　알고 보면 우리가 이따금 부정적으로 변하는 이유는 타인에 관해 거짓말을 하기 때문이다. 우리는 사람들이 일부러 우리를 힘들게 하고 있으며, 순전히 악한 의도가 있어서 그렇게 행동한다고 치부한다. 그 패턴은 여러분도 익히 알 것이다.

* 마트 계산원을 붙들고 계속 수다를 떠는 사람은 뒷사람들이 기다리는 걸 뻔히 알면서도 일부러 그러는 게 분명하다.

* 제한 속도보다 30km/h쯤 느리게 운전하는 사람은 주변 차량을 위험에 빠뜨리려고 작정한 게 틀림없다.

* 이웃집 사람은 반려견이 자동차나 다람쥐가 지나갈 때마다 짖는 것을 알면서도 남이야 귀청이 떨어지든 말든 온종일 바깥에 내버려둔다.

## 문제는 우리가 생각하기 나름이다

내 남동생 제이크는 코미디언이다. 더 구체적으로 말하자면 제이크는 더티 개그와 디스 개그 전문가이다. 배우 롭 슈나이더 Rob Schneider 가 출연하는 영화 〈애니멀 The Animal 〉이나 〈핫 칙 The Hot Chick 〉을 본 사람이라면 영화에서 제이크를 봤을 수도 있겠다.

제이크는 열일곱 살 때 코미디를 시작했다. 코미디는 제이크 인생의 전부나 다름없다. 그러던 어느 날 제이크에게 여자 친구가 생겼고, 여자 친구는 제이크가 제대로 된 직업을 가지지 않으면 그와 헤어지겠다고 선언했다. 그래서 제이크는 전화상담 센터에서 몇 시간씩 일하기도 했지만 결국은 여자 친구보다 코미디를 택했다.

나는 제이크가 더티 개그 전문가임을 분명히 밝혔으니, 설령 제이크를 찾아보더라도 나더러 왜 미리 경고하지 않았냐고 따지지 않기를 바란다. 만약 제이크의 공연을 앞줄에서 관람하는 분이 있다면 그분을 위해 기도하겠다. 아마 내 기도가 필요할 것이다.

내가 강연 때문에 여러 지역을 오가듯, 제이크도 공연하려면 이곳저곳을 돌아다녀야 한다. 제이크는 공연 장소까지 장거리 운전을 하고, 공연을 마치면 또 직접 운전해서 집으로 돌아온다. 매번 다른 운전자들 때문에 애를 먹은 탓인지 제이크는 온 세계 최악의 운전자는 죄다 플로리다에 모아 둔 것 같다고 푸념을 늘어놓곤 했다. 이건 물론 사실이기는 하다.

제이크는 다음 휴게소가 나오려면 아직 한참 남은 상황에서 화장실이 급해지기 시작했다. 그는 부디 휴게소에 도착할 때까지 방광이 터지지 않기를 간절히 기도하고 온몸을 배배 꼬면서 버틴 적이 몇 번 있었다. 그 순간에는 예의를 지키며 안전하게 방어 운전해야 한다고 생각할 겨를도 없이 냅다 액셀을 밟을 수밖에 없었다.

어느 날, 제이크는 뒤 차량이 차선을 이리저리 바꿔 가며 운행하다가 마침내 그의 차 바로 옆까지 바짝 쫓아온 것을 발견했다. 처음에는 제이크도 화가 났다고 한다.

'이 바보 같은 자식이 대체 날 뭐라고 생각하는 거야?!'

그러나 새하얗게 질린 운전자의 표정을 본 순간 제이크는 이를 단박에 알아차렸다. 옆 운전자는 다음 휴게소까지 용변을 참지 못할까 봐 겁에 질려 부들부들 떨고 있었다. 제이크는 화를 거두고 경적을 울려 신호를 보내면서 그 운전자에게 자기 차 앞으로 끼어들라고 손짓했다. 심지어 창문을 내리고 이렇게 외치기까지 했다.

"얼른 가요. 할 수 있어요!"

만약 제이크가 오하이오주 콜럼버스와 아이오와주의 소도시를 오가던 중 오줌보가 터질 듯한 상황을 몇 번이나 몸소 겪어 보지 않았다면, 그렇게까지 공감 능력을 발휘하지는 못했을 것이다. 그날부터 제이크는 운전을 엉망으로 하는 사람을 보면 못돼먹은 난폭 운전자라 그렇다고 생각하지 않기로 했다. 오히려 그들도 자기가 겪었던 문제를 똑같이 경험할 것이라 여기며 자신을 속이기로 마음먹었다. 그러니 혹여 빨간색 캐딜락을 몰며 여러분에게 끼어들기를 허락하는 사람을 만난다면, 제이크라고 생각하며 손 인사를 하자. 여차하면 휴게소까지 동행해 달라고 부탁해도 괜찮다.

이처럼 다른 사람이 우리를 화나게 하는 행동을 하는 이유를 두고 자신을 속이는 것이 스트레스를 줄이는 핵심적인 방법이다. 어쩌면 우리가 상상하는 이유가 정말 맞을 수도 있다. 마트 계산대에서 계산원을 붙들고 한참을 이야기하는 사람은 최근에 배우자와 사별하는 바람에 집에 대화 상대가 아무도 없어서 그런지도 모른다. 한편, 굼벵이처럼 천천히 운전하는 저 남자는 아직 운전면허증에 잉크도 덜 마른 초보라 주간 고속도로 운전에 서투른지도 모르는 일이다.

이를 응용하여 '저 사람이 저렇게 행동하는 이유를 누가 제일 잘 설명할까요?'라는 게임을 할 수도 있다. 나는 남에게 피해를 주는 행동을 하는 사람을 보면, 보통 그 사람이 저혈당 상태이거나 국세청에서 세무조사 통보를 받았으려니 생각하곤 한다. 아니면 단순히 그날따라 힘든 하루를 보내고 있는지도 모를 일이다.

자신이 최상의 컨디션이 아니고, 심지어 다른 사람 앞에서 그런 기색을 감추지 못했던 때를 떠올려 본다면, 남에게 민폐를 끼치는 사람에게 돌을 던지는 대신 공감을 표할 수 있을 것이다. 일단 공감하고 나면 모르는 사람에게 그리 오래 분노하기도 쉽지 않을 것이다. 다만 가족은 조금 더 어려울 수도 있다.

## 알고서 공감하기

요즘 들어 공감 능력을 키우는 것이 중요하다고 입을 모아 이야기한다. 그러나 타인이 특정한 방식으로 행동하는 이유를 우리가 반드시 알 필요는 없다. 특히 그들의 행동이 비생산적이고, 아무런 도움이 안 되는 데다 해롭기까지 하다면 더더욱 그렇다. 나는 공감이 유용하다고 생각하지만, 배려의 최고봉은 아니라고 본다. 다만 공감은 일종의 기술이므로, 다른 기술과 마찬가지로 공감 역시 몇 가지 구성 요소로 쪼갤 수 있다.

### 감정 공유

감정 공유란 상대방과 같은 감정을 느끼는 현상을 가리킨다. 친구나 가족과 함께 있을 때나, 텔레비전 프로그램 또는 영화를 보면서도 감정 공유를 경험한 적이 있을 것이다. 개인적으로는 한 연극을 보다가 감동한 적이 있다. 극중 인물이 겪는 사건이 일곱 살에 겪은 불행한 사건과 어찌나 비슷하던지 그때의 감정을 온전히 재현한 정도였다.

여러분도 이 유형의 공감 능력을 발휘해서 타인의 상황을 헤아려 볼 수 있다. 공감은 자신이 아니라 상대방의 관점에서 생각해야 한다. 우리의 부정적인 관점은 상대방은 물론 자신에게도 도움이 되지 않는다는 사실을 기억하자. 자신의 부정적인 관점을 내려놓지 않으면 부정적인 기분이 고조되어 상황이 오히려 나빠질 수도 있다.

### 관점 취하기

관점 취하기는 감정 공유와 다르다. 관점 취하기는 인지적 공감으로 상대방의 관점을 머리로 생각하고 이해하는 것이다. 이는 보통 업무상의 공감에 해당하는바, 감정을 적극적으로 공유하지 않고 상대방의 생각과 감정을 이해하는 것을 가리킨다.

### 공감적 관심

공감적 관심은 우리가 고통스러워하는 사람을 볼 때, 그 사람을 돕도록 유도한다. 장바구니에서 오렌지가 굴러떨어져서 허둥대는 사람을 보고, 길가에 떨어진 오렌지를 함께 주워 주는 상황이 그 예이다. 공감적 관심은 감정 공유를 촉발할 수도 있고, 그렇지 않을 수도 있다. 하지만 그것은 우리가 타인을 돕는 행동에 나서게 하는 점을 특징으로 한다.

### 정서 조절

정서 조절은 감정적인 사람을 대할 때 자신의 감정을 관리하는 능력이다. 어떤 사람은 감정 이입을 너무 심하게 하는 바람에 타인의 감정에 짓눌려 버거워하고 힘들어한다. 일례로 내 여동생은 다른 사람이 괴로워하면 본인이 무너진다. 자신과 타인의 감정을 잘 분리하지 못하기 때문이다.

### 반응성

반응성의 개념은 간단하다. 한마디로 공감하는 상대에게 우리가 그 사람을 이해하고 인정하며, 배려하고 있음을 표현하는 것이다.

이제 공감에 관해 구체적으로 알게 되었으니 다른 사람이 거슬리는 행동을 할 때 공감 능력을 발휘해 덜 부정적으로 대응할 수 있을 것이다. 그 사람이 정확히 왜 그런 행동을 했는지는 알지 못해도 상관없다. 여러분이 공감할 수 있을 만한 이야기로 그들의 속사정을 나름대로 상상하면 된다. 상황이 조금 더 좋았다면 그 사람도 구태여 우리 신경을 건드리는 행동을 하지 않았을 것이라는 사실을 유념하자.

그리고 가끔은 공감이 소용없는 때도 있다는 사실을 염두에 두어야 한다. 그럴 때는 공감보다 연민이 필요한 시점이다. 공감이 타인의 신발을 신고 1km를 걸어 보는 것이라면, 연민은 타인이 두 치수나 작은 신발을 신고 있음을 알아차리면서 맞는 신발을 구할 수 있도록 돕는 것이다. 연민은 단순히 타인의 감정과 사고의 이해를 넘어 그들의 고통을 줄이려는 노력까지를 가리킨다.

## 앨버트 엘리스의 ABC

앨버트 엘리스 Albert Ellis 는 분노 조절 전문가이자 인지 행동 치료와 합리적 정서 행동 치료 Rational Emotive Behavior Therapy, REBT 의 창시자이다. 엘리스는《사람으로 분노하지 않는 법 How to Keep People from Pushing Your Buttons 》과《분노에 잡아먹히기 전에 분노를 조절하는 법 How to Control Your Anger Before It Controls You 》등의 저서를 남겼다.

우리는 다른 사람이 우리의 '분노 버튼'을 누른다고 여길지 모르지만, 사실상 분노 버튼을 누르는 사람은 바로 자신이다. 엘리스는 사람들이 분노하는 패턴을 발견했다. 그리고 사람들이 스스로 자신을 화나게 하는 단계를 각 명칭의 머리글자를 따서 'ABC'로 나타냈다.

* **촉발 사건**(A, Activating event)
  분노를 자극하는 특정 상황이나 사람

* **촉발 사건에 관한 믿음과 감정**(B, Beliefs and feelings about the

activating event)

우리를 화나게 하는 것은 촉발 사건이 아니라 이에 관한 우리의 믿음과 감정이다. 이것이 진실이다!

* **결과**(C, Consequences)
  촉발 사건에 대응하는 방식에 따른 감정과 행동

앞서 제이크가 운전을 형편없이 하는 운전자를 보면 무언가 급한 일이 있겠거니 생각하기로 했다던 사례에서 이미 해당 패턴이 등장했다. 제이크가 한 일은 단지 나쁜 운전자에 관한 자기 믿음을 바꾸어 부정적인 감정을 걷어 낸 것뿐이었다.

우리는 A가 감정과 행동을 결정한다고 여긴다. 그러나 설령 여러분이 지금 이 부분을 읽기 전까지는 B가 C를 만들어 낸다는 사실을 인식하지 못했다고 하더라도 엘리스는 C의 주체가 A는 아니라고 말할 것이다. 이에 엘리스는 B에 주목했고, 다음과 같이 기록했다.

"곤란한 상황이나 사람을 마주하는 A와 특정 감정을 느끼거나 행동으로 표출하는 C 사이의 B에서 우리는 어떻게 행동하는가? 우리가 B에서 나타나는 행동에 관한 표현은 여러 가지가 있다. B에서 나타나는 활동은 반응, 선택, 인식, 결정, 분석, 판단, 상황 파악, 평가, 상상이 있다. 이들 표현은 결국 모두 하나의 용어로 귀결된다. 바로 '생각'이다!"

A의 흔한 사례를 살펴보자. 정부 기관에서 공문 양식을 받은 나는 서

류에 빈칸을 채워 넣어야 하는 위기에 봉착한다. 이에 대한 내 믿음은 이러하다.

> "이 사람들이 쓸데없이 내 시간을 잡아먹는군."

문서 작업에 관한 비생산적인 믿음으로 적절한 예시이지 않은가? 이에 따라 내가 내린 결론은 서류를 작성해 달라는 요청에 분노하는 것이다. 하지만 나는 화를 내는 대신 좌절처럼 그나마 덜 해로운 행동을 선택할 수도 있었다.

이제 나는 모든 행정 업무와 고지서 처리 작업을 미뤄 두었다가 '재정의 금요일 Financial Friday'에 한꺼번에 처리한다. 이것이 내가 정부에 제출할 서류를 작성하라고 닦달하는 사람들과 공무원들에게 대처하는 방식이다. 그럼에도 시간 낭비라는 생각은 여전히 지우지 못하겠다.

좌절 이야기가 나온 김에 한마디를 덧붙이고자 한다. 10대 청소년과 한집에 살아 본 사람이라면, 이 조그만 사고뭉치가 A를 던져 줄 때 B를 건너뛰고 바로 C로 넘어간 경험이 있을 테다. 그때마다 미처 생각할 겨를도 없이 화부터 나지 않았는가? 하지만 잠깐 멈춰서 생각해 보면, 10대 자녀가 나쁜 행동을 저지른 모습을 봤을 때 부모가 보여야 할 적절한 반응은 분노보다 걱정이 아닐까.

우리가 청소년이었던 시절의 기억을 더듬어 보자. 그러면 사회에 적응하며 자신을 맞춰가는 일이 얼마나 큰 스트레스인지 기억해 냄으로써 자녀에게 공감할 수 있을 것이다. 무작정 화를 내기보다 자녀에게 공감하면서 걱정스러운 마음을 내비치면, 자녀가 속상해하는 진짜 이유를 털어놓는 등 상황이 더 나은 방향으로 흘러갈 것이다.

그렇다고 해서 자녀의 스마트폰을 압수하거나, 머나먼 곳에 떨어진 군대식 사립 고등학교 혹은 수도원에 보내지 말라는 뜻은 아니다. B로 돌아가서 다시 한번 곰곰이 생각해 본 후에는 얼마든지 그렇게 할 수도 있다. 설령 스마트폰을 빼앗거나 먼 기숙학교에 보내지 않기로 하더라도, 이러한 선택지는 위협 수단으로서 유용할 것이다.

따라서 우리는 B에 주의를 기울여야 한다. 우리를 화나게 하는 주체는 다름 아닌 우리의 믿음이다. 누군가 거짓말은 나쁘니까 해서는 안 된다고 말한다면, 누구나 자신에게 거짓말을 한다는 사실을 기억하자. 때로는 촉발 사건에 관한 우리의 믿음이 완전히 빗나가기도 한다.

## 관점 넓히기

젊은 사업가였던 시절, 나는 거물급 고객을 유치한 적이 있다. 당시 나는 우리 가족이 운영하는 인력 파견 업체의 새로운 지사를 막 연 시기였다. 새 사무실을 안정적으로 운영하려면 이 고객을 꼭 잡아야 했다.

고객은 굉장히 까다로운 사람이었다. 우리 회사가 일을 아무리 잘해도 고객은 항상 어떤 이유로든 꼬투리를 잡았다. 그녀는 매번 내게 막말과 위협을 퍼부어 정신을 너덜너덜하게 만들었다.

그래도 나는 그 일에 신경 쓰지도, 물러서지도 않으면서 매일 고객을 찾아가 살폈다. 그러던 어느 날, 무척 감정적으로만 나오던 그 고객이

의자에 푹 파묻혀서는 이렇게 털어놓았다.

"회사에서 하루에 12시간씩 일하고, 암 수술을 벌써 2번이나 받은 남편 옆에 앉아 웅크리고 자는데, 제가 얼마나 더 버틸 수 있을지 모르겠어요."

그 순간 나는 고객의 괴로움과 두려움을 이해할 수 있었다. 불우한 가정사를 털어놓는 고객에게 회사에 필요한 직원을 꼭 구해 줄 테니 사업 걱정은 말라고 전했다. 그날부로 나와 고객의 관계는 새로운 궤도에 올랐고, 우리 주변에 보이지 않는 힘이 작용한다는 사실을 깨달았다. 우리가 이 사실을 전 세계 80억 인구 모두에게 가르칠 수는 없겠지만, 누구나 때때로 보이지 않는 싸움을 하기 마련이다.

한번은 친한 친구가 일요일 아침에 내게 전화를 걸었다. 친구가 안부를 묻자, 나는 그야말로 엉망진창이라고 대답했다. 우리 집 배수펌프가 망가지는 바람에 지하가 온통 물바다가 되었기 때문이다.

내 사정을 말하고 나니, 친구는 자기와 가장 친한 친구와 그 가족이 비행기 사고로 사망했다는 이야기를 꺼냈다. 그 와중에 딸아이 한 명은 가족과 함께 비행기에 타지 않아 고아가 되었다고 말했다. 나는 몇 시간 동안 전화기를 붙들고 친구와 이야기를 나눴다. 당시는 친구와의 대화가 집에 홍수가 나서 쫄딱 젖은 카펫보다 중요했기 때문이다.

나는 친구의 기분을 짐작할 수 있었고, 사태의 심각성을 인지한 순간 내가 겪은 문제는 그대로 잊어버렸다. 무엇이 중요한지에 관한 내 믿음이 순식간에 뒤바뀐 것이다.

고객과 친구의 사례에서 나는 눈앞에 있는 것을 미처 알아보지 못했다. 내가 모르는 사이에 상대방에게 촉발 사건(A)이 벌어졌고, 내게는 상대방의 상황에 관한 정보가 부족했다. 따라서 상대방이 그렇게 행동하는 이유를 정확히 추측할 수 없었으므로, 그들의 행동에 관한 내 믿음(B)은 사실과 달랐다. 그러나 촉발 사건이 무엇이었는지 알고 나니, 그들이 내보인 감정과 행동, 즉 결과(C)에 대한 내 인식이 한순간에 바뀌었다.

나는 타인이 보지 못하는 어려움을 보려고 오랜 시간 노력했다. 아마 여러분도 분명 이런 경험이 있었을 것이다. 돈 미겔 루이스 Don Miguel Ruiz 의 위대한 저서인 《네 가지 약속 The Four Agreements》에서 전하는 약속 가운데 세 번째는 "추측하지 말라."이다. 개인적으로 이를 다음과 같이 살짝 수정하면 더 좋을 듯하다.

> "타인이 나쁜 의도를 품고 행동했다고 추측하는 대신 그 사람에게 공감하고 그를 믿어 주어라. 그 사람은 이미 최선을 다하고 있는지도 모른다."

만약 타인의 행동에 의도를 상정하겠다면, 좋은 의도로 생각해 보자. 그리고 나중에 상태가 좋지 않고 힘든 순간에 다른 사람도 우리를 그렇게 대해 주기를 바라도록 하자.

삶이 녹록지 않다는 사실은 여러분도 잘 알 것이다. 사람은 어느 날 갑자기 어머니에게서 태어난 뒤부터 제대로 된 사람 구실을 하기 위해 온갖 것을 배워야만 한다. 그러니 이토록 서투른 우리가 여러 잘못을 저지르는 것도 무리는 아니다. 우리는 의도치 않게 남에게 상처를 주기도 하고, 남 또한 마찬가지다.

이따금 타인의 너그러운 이해가 필요한 사람은 자신이 받은 배려를 다른 사람에게도 마땅히 베풀어야 한다. 물론 그 사람도 할 수만 있다면 더 잘했을 것이다. 그러나 타인의 사정을 추측하고자 한다면, 과거에 일어난 사건 때문이라고 짐작하는 편이 가장 좋다.

친사회적으로 행동하면 긍정적인 인간관계를 구축하고, 강력한 사회적 유대를 쌓으면서 타인과 즐겁게 상호작용을 할 수 있다. 그 열쇠는 타인을 쉽게 의심하지 않고, 보상을 바라지 않으면서 타인을 친절하게 대하는 것이다.

우리가 다른 사람을 어찌할 도리는 없다. 사람들은 저마다 각자의 모양대로 살아갈 것이다. 누군가는 친절하고, 남을 잘 도우며, 예의 바르게 행동할 것이다. 그런가 하면 누군가는 늘 분노에 차 까다롭게 굴고, 부정적인 데다 팬데믹 이후로 그런 성향이 더 심해지기까지 했을 것이다. 우리가 통제할 수 있는 유일한 사람은 자신뿐이다. 우리를 쥐고 흔드는 주체는 자극이 아니니, 자극에 무의식적으로 반응하지 말자.

《성공하는 사람들의 7가지 습관 The 7 Habits of Highly Effective People》의 저자 스티븐 코비 Stephen Covey 는 자극과 반응 사이에 공백이 있다고 일러 준다. 이 공백이 바로 엘리스의 ABC 중 B, 즉 믿음에 해당한다. 부정을 줄이는 방법의 하나는 그 잠깐의 틈을 이용해서 자극의 진짜 의미가 무엇인지 판단하는 것이다. 구태여 자극에 많은 의미를 부여해 봐야 자신을 부정의 구렁텅이로 더 확실하게 몰아넣는 꼴이 될 뿐이다.

예를 들어, 타인이 나를 존중하지 않아서 힘든 상황을 생각해 보자. 그러면 이후에 내가 보일 반응은 부정적인 기분을 바탕으로 결정될 것이다. 반대로 타인이 그런 태도를 보이는 이유가 그 사람이 개인적으로 불행한 일을 겪었기 때문이라고 믿는다면, 나는 연민을 품고 대응할 수 있다.

## 근본적 수용

이쯤에서 다른 사람을 대할 때 도움이 될 중요한 전략을 소개하고자 한다. 그중 하나는 근본적 수용으로, 어떤 측면에서는 마음 챙김이 떠오른다. 두 개념 모두 통제할 수 있다는 환상을 내려놓고 모든 것을 아무런 판단 없이 있는 그대로 수용하는 행위이기 때문이다.

근본적 수용은 불교에서 유래한 개념이다. 해당 개념은 본래 경계선 인격 장애가 있는 사람을 돕기 위해 고안되었다. 서구 사회로의 도입은 변증법적 행동치료 Dialectical Behavior Therapy, DBT 의 창시자 마샤 리네한 Marsha Linehan 덕택에 이루어졌다.

근본적 수용을 실천하는 방법은 자신의 기분과 감정을 판단하지 않고 있는 그대로 인정하는 것이다. 또한 자신을 향한 생각과 말을 하나씩 짚어 볼 수도 있다. 그리고 이들 생각이나 혼잣말에 관한 자신의 믿음에 의문을 제기한 뒤, 부정적인 믿음을 흘려보낸다.

물론 우리를 못살게 구는 사람이 나타나거나 곤란한 사건이 발생해서 부정이 촉발될 수도 있다. 그러나 이미 일어난 상황에 관한 판단을 배제하고, 있는 그대로 받아들임으로써 그 사람이나 사건을 훌훌 털어 버릴 수 있다. 그 사람에게 굳이 동조하거나, 잊거나 용서하지 않아도 된다. 근본적 수용은 촉발 사건을 원래 자리에 그대로 내려놓을 수 있도록 도와준다. 결국 무언가를 있는 그대로 받아들일 수 있음은 사람이나 사건이 공정하지 않다거나 바뀌어야 함도 인정하는 것을 뜻한다.

나는 현실에 개의치 않는 편이다. 여러분도 마찬가지겠지만, 내가 살아가는 세상은 바라던 모습과 다소 차이가 있다. 내게는 우주가 어떻게 돌아가야 한다고 목소리를 낼 기회조차 없었다. 내 관점으로 현실은 우리가 지구에서 벌어지는 일의 좋음과 싫음에 조금도 신경 쓰지 않는다. 이때 우리는 마치 신이라도 된 양 이 세상에서 바꿔야 할 것들을 밤새도록 써 내려갈 수도 있겠지만, 그래 봤자 더 부정적인 사람만 될 뿐이다. 우리가 이만 내려놓아야 할 것은 다음과 같다.

* **자신에게 더는 도움이 되지 않는 믿음**

    **우**리는 믿음을 바꿈으로써 성장을 이룬다. 철 지난 믿음을 오래 붙들수록 새로운 믿음을 채택하는 데 더 오랜 시간이 걸리기 마련이다. 성인이 된 후 자신의 성장 궤적을 돌아보고 싶다면, 그간 자기가 내려놓은 믿음이 무엇인지 적어 보자. 사람이 갑자기 180° 바뀌었다는 말을 듣는다면, 비로소 세상을 새로운 눈으로 보게 된 것이다. 우리 역시 낡은 믿음과 관점을 순식간에 새것으로 바꿀 수 있다.

* **합리화의 욕구**

    **부**정의 이유를 외부에서 찾지 말자. 어린 시절, 우리는 어른들에게 혼나는 것이 두려웠다. 그러므로 잘못을 들키더라도 남 탓을 하기 바빴다. 그러나 부정은 남이 아닌 '나'에게 돌리는 편이 낫다. 엘리스가 우리에게 준 교훈이 하나 있다면, 우리를 화나게 하고 부정적으로 몰아가는 사람은 다름 아닌 '우리'라는 것이다. 이 작업은 어느 정도 나이가 차면 어지간한 일에 신경을 덜 쓰게 되므로 수월해진다.

* **미루는 버릇**

**꼭** 필요한 순간에, 그리고 아직 무언가를 달라지게 할 수 있을 때 행동하자. 이 장에서는 타인에게 공감하고 자신을 속이는 법을 다루었다. 이후에는 시기적절한 행동으로 이뤄낸 변화가 우리의 부정을 어떻게 치유하는가를 심도 있게 파헤칠 것이다.

* **소인배 같은 선택**

**부**정은 소인배 같은 선택이다. 부정을 택하기보다는 우리에게 긍정적인 힘을 불어넣는 선택을 내리자. 그릇이 큰 사람은 부정적인 기분이 들 때, 긍정성을 되찾는 선택을 한다. 내가 부정적인 기분에 빠질 때면 그 모습이 아내의 표정에 그대로 드러난다. 따라서 나는 아내의 얼굴을 보며 더 나은 선택지를 두고도 나쁜 것을 고르고 말았다는 사실을 깨닫곤 한다. 기혼 남성 독자라면 아내의 그 떨떠름한 표정을 익히 알 것이다. 반면 기혼 여성 독자라면 남편에게 그런 표정을 지을 타이밍을 알 것이다. 아니면 그 반대일지도 모르겠다.

* **두려움**

**두**려움은 부정을 부른다. 두려움을 내려놓을수록 긍정적인 태도를 유지하기 쉬워진다.

* **부**정적인 사람

  **부**정적인 사람은 멀리하는 편이 좋다. 적어도 부정 단식을 마치기 전까지는 말이다.

## 경계 설정하는 방법

나는 갈등 상황에도 매우 침착하게 대처한다. 외부 자극에 대한 반응을 조절하려고 노력해 왔기 때문이다. 그러나 가끔 도전을 받을 때는 방어적인 태도를 보이기도 한다. 이것이 에니어그램에서 8번 유형인 도전자 Challenger 의 단점인지라 나는 평화주의자 Peacemaker 라 불리는 9번 유형처럼 행동하려고 노력한다. 그러면 까다로운 사람을 대하는 상황에서 갈등을 줄이고 협력을 끌어내기 수월해진다.

부정적으로 행동하거나, 그보다 더한 분란을 일으키지 않는다면 저마다 욕구를 표출하고 경계를 설정할 권한이 있다. 우리는 각자가 정한 경계를 다른 사람들에게 효과적으로 주지시킴으로써 자신의 부정을 줄인다. 한편, 우리에게서 이득을 취하려 하거나, 우리가 베푸는 호의를 당연하게 여기거나, 우리를 함부로 대하는 사람들로부터 자신을 지킬 수 있다.

따라서 여러분이 정한 선을 명확하고 솔직하게 전달하자. 다른 사람은 우리가 정한 선을 보지 못하므로, 스스로 나서서 경계의 위치를 정확히 알려 주어야 한다. 그리고 거절하는 법을 익히자. 다만 단호하되

정중해야 한다. 나는 내게서 이익을 취하려는 사람에 무척 예민하다 보니, 그런 사람을 만날 때면 정중하고 전문가다운 태도를 유지하고자 부단히 애써야 한다. 하지만 노력만큼 잘 안될 때가 많기는 하다.

누군가와 껄끄러운 대화를 해야만 하는 상황이라면 하고 싶은 말을 하나하나 항목별로 전부 적어 보자. 그리고 믿을 만한 사람에게 시험 삼아 들려준 뒤 어디가 좀 지나치고, 어디를 수정해야 하는지 조언을 구하자. 그러고 나서 해야 할 말이 입에 잘 붙도록 연습하면 된다.

우리는 전문가다운 모습을 완벽하게 유지하면서도 "그런 식의 말씀은 삼가 주셨으면 합니다." 혹은 "이런 식의 대우는 용납하지 않겠습니다." 같은 말로 얼마든지 자신을 보호할 수 있다. 경계를 설정할 때는 감정을 전혀 내비치지 않은 채 침착하고 냉철한 태도를 유지하는 것이 좋다. 원래 아무런 감정 없이 말하는 사람이 제일 무서운 법이다.

## 거리두기

어릴 때 나는 어울리면 안 될 사람들과 어울려 다녔다. 나는 말썽거리를 찾아다녔고, 그렇지 않을 때는 말썽거리가 나를 찾아왔다. 어느 날 밤, 이대로 살다간 스물다섯 살이 되기도 전에 꼼짝없이 죽겠다는 예감이 불쑥 머리를 스쳤다. 이후 내 인생과 미래를 바꾸기로 마음먹은 나는 문젯거리를 가져다주는 사람들을 멀리하기로 했다.

여러분도 부정적인 사람들을 피할 수 있어야 하며, 실제로도 그래야 한다. 부정적인 사람은 우리를 부정으로 물들이기 때문이다. 부정을 더 많이 유발하는 까다로운 사람과도 거리를 두는 편이 좋다. 이 외에 다음 유형에 속하는 사람도 가능하다면 피하는 것이 좋다.

- 험담하는 사람
- 믿음직스럽지 않은 사람
- 진실하지 않은 사람
- 남을 도구처럼 이용하는 사람
- 비평하는 사람
- 뒤통수치는 사람
- 소문을 퍼뜨리는 사람
- 남을 괴롭히는 사람
- 피해망상에 젖은 사람
- 옷을 기괴하게 입는 사람

## 인생은 짧다

미국인의 평균 수명은 약 4,108주다. 믿기 어렵겠지만, 미국인은 평균적으로 77.28년을 산다. 4,108주는 77.28년을 주로 환산한 수치이다. 미국인의 기대 수명은 금연 인구의 증가로 뒤로 몇 년은 늘어났다. 그러나 최근에는 세 가지 원인으로 기대 수명이 다시 줄어드는 추세다. 바로 자살, 펜타닐, 코로나19이다. 2021년에는 무려 7만 명이 넘는 미국인이 펜타닐로 목숨을 잃었다. 그리고 알코올 중독, 약물 중독, 자살은 2022년 한 해에만 미국에서 18만 6,763명의 목숨을 앗아간 원흉이다. 이 와중에 우리가 지구에서의 4,108주를 어떻게 보낼 것인가?

나는 '카운트다운 Countdowns'이라는 애플리케이션으로 내 인생의 마감 기한을 점검한다. 한참이나 늦어 버린 이 책의 원고 마감일을 말하는 것은 아니다. 언젠가 나는 적어도 여든두 살까지는 살겠다고 결심했다. 그 말인즉슨 이 책을 쓴 시점을 기준으로 내게 1,377주가 남아 있다는 뜻이다. 그러나 가능하면 그보다 오래 살려고 노력할 작정이다. 그만큼 지구에서 누리는 이 삶이 퍽 마음에 들기 때문이다.

내게 남은 수명을 사람들에게 주 단위로 이야기할 때, 가끔 소름 끼친다는 반응을 보이는 이도 있다. 하지만 우리는 태어나는 순간부터 사형선고를 받은 처지나 다름없다. 위대한 로커 짐 모리슨 Jim Morrison의 말을 빌리자면 "살아서 이 세상을 벗어나는 사람은 아무도 없다." 이처럼 우리에게 주어진 시간이 유한한 만큼 부정의 근원은 놓아 버려야 마땅하다.

내가 사랑하는 사람은 모두 이곳에 있다. 나를 사랑하는 사람도 마찬가지다. 그리고 내게는 아직 할 일이 남아 있다. 내 사무실과 우리 집 지하실에는 아직도 읽어야 할 책이 차고 넘친다. 하지만 안타깝게도 우리는 책을 원하는 만큼 많이 읽을 수 없다. 일주일에 책을 한 권씩 읽더라도 나는 앞으로 1,377권밖에 더 읽지 못한다.

우리가 지구에서 살아 숨 쉬는 한 인생을 즐기면서 맛있는 음식을 먹고, 사랑하는 사람과 시간을 보내며, 가고 싶었던 곳을 여행하고, 하고 싶은 것을 다 하지 못할 이유는 없다. 우리에게 상처 준 사람을 용서하자. 그리고 우리가 상처 준 사람에게도 사과하자.

혹시라도 촉발 사건을 일으키는 주체가 때로는 우리라는 사실을 아직 모르는가? 솔직히 여러분도 가끔은 심술궂게 군다는 것을 스스로 알지 않는가? 하지만 나는 여러분이 나쁜 의도로 부정적인 사건을 일으키지는 않았다고 믿는다.

## 공감의 효과

2021년, 폰 비버슈타인 von Bieberstein 과 동료들은 〈친사회성과 호혜성의 증거로서의 공감 Empathy: A Clue for Prosociality and Reciprocity 〉이라는 논문을 발표했다. 이 연구에서는 공감이 친사회성의 핵심이며, 사람들은 자신에게 공감해 줄 것이라 믿는 상대에게 관대하다고 주장한다. 저자는 실험 참가자에게 지시한 과제를 통해 주장을 검증하고자 하였다.

첫 번째는 대인관계 반응성 지수 Interpersonal Reactivity Index 검사이다. 이 검사를 통해 연구진은 검사를 통해 참가자의 공감 능력을 측정했다.

두 번째는 독재자 게임이다. 이 게임은 한 참가자가 연구진에게 받은 돈을 상대 참가자와 나눌까, 아니면 독차지할까를 선택하는 과제이다. 그중 대인관계 반응성 지수가 높은 참가자는 해당 게임에서 전자를 선택할 확률이 높게 나타났다.

마찬가지로 참가자는 공감 능력이 있다고 믿는 상대에게 돈을 나눠 주었다. 그리고 공감 능력이 높은 참가자는 상대방과 나눈 액수를 과대평가했다. "이상의 연구 결과, 공감은 우리가 타인의 친사회적 행동을 인식하는 방식에 영향을 미친다. 또한 우리의 친사회적 행동에도 영향을 준다고 볼 수 있다."

한편, 공감은 간접적인 호혜성을 촉진한다. 이는 타인을 도울 때, 직접적인 보답으로 돌아오지 않더라도 호의가 사회 내에서 긍정적인 결과를 불러오는 사회적 상호 작용을 의미한다.

인간은 공감할 때 타인의 시각으로 세상을 봄으로써, 그렇지 않을 때보다 더 많은 아량을 베풀며 연민을 느낀다. 그러면 사람들은 당장 이익이 전혀 없더라도 자연히 서로를 돕는 친사회적 행동을 한다. 그리고 공감은 타인과의 연결감을 형성하여 외로움을 줄인다. 이처럼 공감은 전반적으로 우리의 부정을 낮추고 긍정성을 높인다.

왕 Wang 과 동료의 논문에서는 중국인 범죄자 200명의 사례를 분석했다. 부모의 보살핌과 격려를 비교적 많이 받은 사람들은 '인지적, 정서적 공감' 수준이 높았다. 반면 일관성 없는 양육 환경에서 성장한 범죄자는 공감 능력이 낮았다.

나는 아버지가 없는 가정에서 자랐다. 그리고 우리 집 주변에는 온통 남성 범죄자로 가득했다. 하루는 같은 동네에 사는 아이와 함께 집으로 걸어가고 있었다. 집에 도착할 때까지 한참 남은 시점에 그 아이가 어느 집 앞마당에 놓인 자전거 두 대를 발견했다. 이웃집 아이는 내게 자전거를 가져가자고 꼬드겼다.

나는 그 말을 듣지 않고 계속 걸었지만, 그 아이는 돌아가서 결국 자전거 한 대를 훔쳤다. 시간이 지나고 그 자전거를 어떻게 했냐고 물으니, 그 아이는 대형 쓰레기 수거함에 버렸다고 대답했다. 내가 그에 관해 마지막으로 들은 소식은 샌 퀜틴 교도소에 수감 중이라는 것뿐이었다.

## 부정적인 상황에서 공감 능력 발휘하기

- 타인으로 부정적인 감정이 일어나더라도 위해를 가할 목적이 아닌 이상은 그 사람의 의도를 가급적 좋은 방향으로 상상해서 자신을 속이자. 혹여라도 그 사람의 목적이 실제로 그렇다면, 공감 능력을 다른 사람에게 발휘해야 한다.

- 우리가 만나는 사람은 누구나 보이지 않는 곳에서 자기만의 싸움을 이어 나간다는 사실을 유념하자. 그들의 속사정을 알면 그들에게 한층 더 공감할 수 있을 것이다. 당장 그들의 속사정을 나름대로 구상해 보자. 제이크도, 나도 할 수 있다면 여러분도 가능하다.

- '내 장례식에 오지도 않을 사람 때문에 염려할 필요는 전혀 없다.'라는 말처럼 우리를 진정으로 해치지 못하는 것들은 이만 훌훌 털어 버리자. 이 말을 부디 기분 나쁘게 받아들이지 않기를 바란다. 나는 이 말을 모든 사람에게 전파하거나 팔뚝에 문신으로 새길 때까지 계속할 것이다.

- 부정의 원천을 내려놓으려면 시간을 들여 연습해야 한다. 이 책의 목적은 여러분이 붙들던 것을 내려놓도록 돕는 데 있다. 그러니 가치도 없는 일에 귀중한 시간과 감정적 에너지를 낭비하지 말자.

# 제4장
# 불평을 다루는 방법

갓 태어난 아기만큼 사랑스러운 존재는 없다. 우리 부부는 첫아들을 출산한 뒤 쌍둥이 자매를 낳아 자녀가 셋이다. 세 아이 모두 내가 전일제 직장에 다니면서 법학전문대학원에서 공부하던 시절에 태어났다.

나는 의사에게 쌍둥이가 나와 아내 중 어느 한쪽의 영향으로 생긴 것이냐고 물었다. 아무래도 나는 고등학교 생물 시간에 배운 게 별로 없었던 모양이다. 의사는 한 번에 배출되는 정자의 개수가 10억 개쯤 되고, 우리 아내가 난자를 여러 개 배출해서 쌍둥이가 생겼다고 설명했다.

의사는 또한 우리에게 쌍둥이뿐 아니라 세쌍둥이를 낳을 가능성도 있다고 덧붙였다. 이날의 대화를 끝으로 나는 아이를 더 가져야겠다는 생각을 깨끗이 접었다.

아기는 물론 귀엽고 사랑스럽지만, 너무나 잘 토라진다. 아기들은 대부분 부정적인 상태로 시간을 보낸다. 그리고 그 기분을 수면 부족에 시달리는 부모에게 전가한다.

아기들이 이렇게 불만을 표출하는 데는 대단히 중요한 이유가 하나 있다. 바로 아기는 스스로 아무것도 해결하지 못하기 때문이다. 어딘가 불편한 구석이 생기면 아기는 문제를 해결해 줄 사람을 찾는다. 자기보다 키가 크고, 움직임이 자유로우며, 늘 주변에 머물면서 자기를 편안하게, 조용하게 해 주는 어른 말이다.

하지만 성인인 우리는 어떠한가? 우리는 아기가 아니므로 자신과 남을 돌보는 등 자기 일은 스스로 해결할 능력이 있다. 그런데도 나는 이 장에서 우리가 지닌 놀라운 불평 능력을 다루려고 한다.

그렇다고 여러분이 나만 한 불평쟁이 축에 낀다는 뜻은 아니다. 올림픽에 불평하기 종목이 있었다면 나는 아마 금메달을 땄을 것이다. 지금은 많이 나아졌지만, 여전히 중요하지도 않은 일로 투덜거릴 때가 있다.

성인인 우리가 불평하는 이유는 아기가 칭얼거리는 이유와 같다. 무언가가 마음에 들지 않기 때문이다. 나는 그간 사람들이 불평하는 이유를 주의 깊게 관찰했다. 사람들은 무언가가 자신의 기대에 미치지 못할 때 불만을 드러낸다.

지점도 하나 없고, 예약하려면 몇 주 전부터 연락해야 하는 고급 레스토랑에 가 본 적이 있는가? 그렇게 어렵사리 레스토랑에 방문한 날 저녁, 그날따라 하필이면 레스토랑의 사정이 여의치 않다고 생각해 보자. 손님들의 항의가 식당 지배인을 향해 빗발치고, 옐프 Yelp [07]에도 나쁜 후기가 속속 올라온다. 어렵사리 방문한 손님의 수고가 무색하게 레스토랑이 손님의 기대에 부응하지 못했기 때문이다.

또한 사람들은 시끄럽거나, 온도가 너무 뜨겁거나 차가울 때처럼 불편함을 느끼면 불평한다. 사람들이 가장 많이 하는 불평이 무엇인지 지켜본 결과는 다음과 같다.

---

[07] 식당을 방문한 고객이 평점과 후기를 남기는 온라인 플랫폼. 옮긴이.

* 날씨와 환경 문제
* 교통 상황 및 대중교통
* 고객 서비스, 일과 인간관계에서 겪는 어려움
* 사생활 문제와 시간 부족
* 돈 문제와 인플레이션, 세금
* 수면과 건강 문제
* 정치
* 기술과 인터넷 연결 상태
* 소음
* 줄 서서 기다리기(특히 차량 관리국)[08]
* 교육

불만을 촉발하는 자극이 사람에 따라 천차만별이지만, 아기와 달리 성인은 반응을 조절할 수 있다. 즉 우리는 식당에서 형편없는 음식을 먹거나, 불친절한 대우를 받는 등 부정적이고 실망스러운 경험을 하고도 불평하지 않고 넘길 수 있다는 말이다. 맛없는 저녁 식사를 마친 뒤 "그 음식을 먹고도 죽지 않아서 다행이야."라는 말도 결국은 불평에 해당한다. 어쨌거나 그 말이 칭찬은 아니지 않은가?

여러분에게 유독 불평을 유발하는 자극을 열 가지 적어 보자. 그리고 그중 여러분이 어찌할 도리가 없는 자극에 동그라미를 쳐 보자. 이에 해당하는 것에는 날씨, 교통 상황, 정치, 기술, 소음, 세금, 교육, 툭하면

---

[08] 미국 차량 관리국(BMV)은 일 처리 속도가 느리기로 유명하다. 옮긴이.

불평을 늘어놓는 사람들이 있다.

불만을 일으키는 원인을 제거할 수 없다면 "그냥 그런가 보다." 하고 받아들이는 편이 좋다. 우리 입에서 불평이 나오게 하는 진짜 원인은 날씨가 아니라 날씨에 관한 우리의 믿음이다. 물론 나도 선선한 바닷바람이 산들산들 불어오는 23℃ 기온의 화창한 날씨가 좋다. 이 이야기를 들으면 아마 샌디에이고가 떠오를 것이다. 내가 일기 예보관이라면 내일도 변함없이 23℃를 유지할 샌디에이고에서 일하고 싶을 것 같다.

대통령 선거에서 내가 뽑지 않은 후보가 당선되었다면, 4년 내내 대통령으로 분통을 터뜨려도 변하는 것은 없다. 경험은 우리가 집중하고 믿는 것에 따라 다르게 구성된다. 그러니 이왕이면 좋은 면, 긍정적인 면에 주의를 기울이자.

## 좋은 것이 없는 불평

우리는 종종 남이 동조해 주기를 바라는 마음에서 불평하기도 한다. 다른 사람도 우리처럼 생각해 주기를 은근히 바라는 것이다. 그리고 불평은 타인을 통제하려는 욕구로 말미암기도 한다. 혹은 불평이 아예 몸에 뱄을 수도 있다.

여기서 우리는 불평이 미치는 부정적인 영향을 알아야 한다. 혹여 아직 부정적인 사고방식을 가지지 않은 사람이라면 불평하는 과정에서 그런 사고방식이 굳어질 수 있다. 또한 불평은 삶에서의 즐거움과 긍정적인 부분에 감사하지 못하게 함으로써 비관주의와 불만족에 빠지는 원흉이다. 이 부분은 감사를 주제로 한 제5장에서 더 자세히 다룬다.

앞서 스트레스에 관해 언급한 내용을 기억하는가? 지금보다 스트레스를 더 많이 받고 싶다면 불평이 딱 알맞은 방법이다. 불평은 정신 건강을 해치고 불안감을 조성해 신체 건강에까지 악영향을 미친다. 불만족스러운 상태가 지속된다면, 매번 못마땅한 소리를 하기보다는 기쁨이나 감사처럼 긍정적인 감정을 경험하도록 노력해야 할 것이다.

그리고 불평하다 보면 피해의식이 생겨 자신의 자유와 주체성을 포기하게 된다. 우리는 불평의 원인이 된 문제를 빠르게 해결할 때, 한층 단단해지고 긍정적인 방향으로 발전한다. 나는 피해자로 남는 것이 용납되지 않는 환경에서 자랐다. 우리가 쓰는 인생 이야기의 주인공은 바로 우리다.

이뿐 아니라 불평은 가족, 친구, 동료와의 관계도 해친다. 불평하는 사람은 단순히 어려움을 토로한다고 생각하겠지만, 그걸 듣는 주변 사람에게는 고문이 따로 없다. 자꾸 짜증만 내다가 인간관계에 금이 갈 것을 걱정한다면 애초에 어떤 사안으로든 불평할 필요가 없다는 사실을 기억하길 바란다.

사람들은 불평하는 사람과 가까이하기를 꺼린다. 불평쟁이가 주변에 끼치는 사회적 영향이 적지 않으므로, 사람들은 쉬지 않고 툴툴거리는 사람을 피한다. 여기서 '툴툴거리다'라는 것은 세계 최고 수준의 불평을 가리키는 전문 용어다.

## 직장에서 하는 불평

　직장 생활을 하다 보면 간혹 다른 직원의 잘못을 일러바치는 직원을 칭찬하는 상사가 있다. 다른 사람의 실수를 들추는 직원은 상사에게 붙어 콩고물이라도 얻어먹으려는 속셈이다. 아랫사람의 실수를 보고받은 상사는 자신에게 알랑방귀를 뀌는 직원과 실수한 직원의 험담을 늘어놓기 시작한다. 직장 문화는 바로 이렇게 망가진다.

　또한 의도치 않았음에도 상대방이 고의적인 악행으로 오해하는 일도 있다. 예를 들어 고객이 약속한 날짜에 대금을 지급하지 않았을 때를 생각해 보자. 돈이 들어오기만을 기다리던 직원은 고객이 구매한 물품이나 서비스를 거저먹으려고 대금을 일부러 지급하지 않거나, 미룬다고 치부할 수 있다. 그러나 실상은 청구서가 고객사 회계 부서의 이메일 수신함에 파묻혀 그대로 잊힌 경우가 대부분이다.

　한번은 상사의 일처리 방식이 죄다 틀려먹었다면서 자신의 실적 저조를 모두 상사 탓으로 돌리는 한 영업사원의 변명을 들은 적이 있다. 그는 얼마든지 실력 있는 영업사원이 될 수도 있었다. 다만 그러려면 모든 것이 틀려먹었다고 투정하는 대신 상품 판매에 주력해야 했다.

　록 밴드 에어로스미스 Aerosmith 의 멤버 스티븐 타일러 Steven Tyler 는 "개에게 유달리 친구가 많은 이유는 개가 헛바닥을 놀리는 대신 꼬리를 흔들기 때문이다."라는 불후의 명언을 남겼다. 하지만 그 영업사원은 꼬리를 흔드는 대신 혀를 놀렸다. 그것도 아주 많이! 그는 나머지 직원들에게 악영향을 끼쳐 영업부의 물을 흐렸다. 이에 많은 이가 회사를 떠난 이후에 그도 퇴사했지만, 분위기는 이미 망가질 대로 망가진 뒤였다.

또 언젠가는 불평이라면 세계 정상급 선수가 될 법한 사람이 동료 직원을 한 명씩 따돌려 부서 전체를 망가뜨리는 모습을 목격했다. 그 직원은 같이 일하는 사람들에게 특정 직원을 험담하고 따돌려 참다못해 회사를 그만두게 했다. 이 불평쟁이 직원은 웬만한 부서 사람들이 그만둔 뒤에야 회사를 떠났다. 이로써 해로운 직장 문화도 자취를 감췄다.

나는 열세 살 때 대형 이탈리안 연회장에서 처음으로 일을 시작했다. 그곳에서 일할 수 있는 구역은 두 군데로 나뉘었다. 그중 식기세척기 앞쪽으로 배정되면 접시를 닦아야 했다. 접시 닦는 일은 무척 고됐고, 일을 마치고 나면 자정이 넘은 시각에 몸이 흠뻑 젖은 채로 4km를 걸어서 집으로 돌아가야 했다. 식기세척기 뒤편 구역에서는 막 씻어 나온 뜨끈뜨끈한 접시를 다시 주방으로 날라야 했다. 나는 이 일을 할 수 있어 감사했다. 돈을 벌면서 최상급 갈비도 매일 맛볼 수 있었기 때문이다.

반면 다른 설거지 담당자들은 다들 물에 젖는 게 싫다거나 접시가 뜨겁다면서 불평을 늘어놓기 일쑤였다. 나는 물에 젖기를 무서워하는 귀여운 녀석들을 보며, 참 유약한 친구들이라 생각했다. 그들은 적당히 무던하게 굴지도 못하면서 고작 뜨거운 접시 쌓는 일에 겁을 냈다. 그렇게 불평하던 이들은 결국 다른 일을 구해서 이곳을 나갈 때가 되어서야 비로소 조용해졌다.

## 불평하면 문제 해결력이 떨어진다

다시 아기 이야기로 돌아가 보자. 아기는 무력한 존재이므로 할 수 있는 게 울고 떼쓰기밖에 없다. 불평하다 보면 정작 문제에 대처하는 데 소홀해진다. 자기 힘을 불평하는 원인을 해결하는 것보다 남들에게 불만을 표출하는 데 쓰기 때문이다. 그렇게 가만히 앉아 불평만 늘어놓으면 문제 해결 능력이 떨어지는 악순환에 빠지고 만다.

따라서 불평할 힘이 남아 있을 때 바로 해결책을 찾는 편이 낫다. 개인적인 의견이지만, 불평은 일종의 '학습된 무기력'을 유발하는 것으로 보인다. 그러니 이왕이면 힘을 내서 불평의 원인을 해결하기 위해 적극적으로 대응하는 것이 좋다.

이 목적을 달성하는 나만의 방법은 날마다 가장 하기 싫은 일을 제일 먼저 처리하는 것이다. 나는 불평하는 대신 문제나 어려움을 해결하려고 노력한다. 가장 하기 싫은 일을 해치우고 나면 남은 시간은 내리막길을 걷듯 수월해진다.

## 월요병에서 탈출하기

일요일 밤을 보내는 중이라 가정해 보자. 월요일 아침에 출근할 생각을 하니 몸서리치게 끔찍한 기분이 든다. 내일이 월요일이라서 속상한 여러분은 불평을 늘어놓는다. 바로 그때, 갑자기 누군가 문을 똑똑 두드리는 소리가 들린다. 문을 열어 보니 그곳에 죽음의 신이 서 있다.

본문에 무척 충실한 죽음의 신은 여러분을 저세상으로 데려가러 왔다고 속삭이면서도 정확히 저승의 어느 곳으로 데려가는지는 말해 주지 않는다. 그리고 몇 분 뒤, 여러분은 죽음의 신과 함께 술을 한잔하면서 미국 프로 미식축구 리그를 시청한다.

짐작했겠지만, 죽음의 신은 뉴잉글랜드 패트리어츠 New England Patriots 팀의 팬이다. 이제 벌써 4쿼터에 접어들었고, 여러분은 경기가 끝나기 전에 죽음의 신을 술로 쓰러뜨리려 마음먹었을 것이다. 그러나 여러분의 노력이 무색하게도, 그는 이미 죽은 몸이라 그럴 수 없다는 사실을 새삼 깨닫는다.

자, 이렇게 생각하면 이제 월요일이 꽤 괜찮아 보이지 않는가? 앞으로 맞이할 수백, 수천 날의 월요일을 다른 것과 바꿀 수 있겠는가? 사랑하는 사람들과 함께 이승에 머무를 수만 있다면, 주말을 반납한 채 월요일만 몇십 년 동안 계속되어도 좋을 것이다. 세상에는 월요일 출근보다 끔찍한 일이 널렸다. 뇌 수술이나 심장마비, 케이블 뉴스 채널의 정치 프로그램 시청보다 차라리 월요일 출근이 낫다.

여기서 잠시 현실적으로 따져 보자. 만약 여러분의 부모님이 아직 살아 계신다면, 부모님에게 남은 월요일은 여러분보다 적을 가능성이 크다. 그렇다. 여러분이 부모님과 함께 보낼 수 있는 월요일이 생각보다 많이 남지 않았다는 뜻이다.

운이 좋으면 조부모님도 살아 계시겠지만, 조부모님에게 남은 월요일은 부모님보다도 적을 것이다. 여기까지 읽다가 부모님이나 조부모님께 전화를 드려야겠다는 생각이 들었다면, 그 심정을 충분히 이해한다. 기다릴 테니 천천히 다녀와도 좋다.

### 실천하기

❶ 자신에게 가장 소중한 사람을 모두 적는다.
❷ 소중한 사람들에게 연락해서 사랑한다고 말한다.

## 스토아 철학으로 해결하기

스토아학파  Stoicism 의 철학자들은 보통 사람이라면 불평했을 사건이나 영향력 앞에서도 그렇지 않을 수 있는 열쇠를 쥐고 있었다. 만약 몸이 덜덜 떨릴 정도로 추운데 담요마저 없는 상황이라면, 스토아주의자는 오히려 이것을 기회로 삼아 자신의 극기심을 시험했을 것이다. 어떤 사람들은 담요 없이 자는 것을 신의 시험이라 여기고, 이러한 행위가 행복에서 이불을 덮는 편안함 따위는 필요 없다는 사실을 일깨워준다고 믿기도 했다.

이렇게 같은 상황도 다르게 재구성하는 능력은 강력한 효과를 발휘한다. 대표적인 스토아 철학자인 에픽테토스 Epictetus 는 다음과 같이 기록했다.

> "행복으로 향하는 유일한 길은 우리 의지로 어찌할 수 없는 일에 대한 걱정을 멈추는 것이다."

그는 또 이렇게 말했다.

> "현명한 사람은 가지지 못한 것에 슬퍼하지 않고, 가진 것에 기뻐한다."

금욕주의를 실천한 고대 그리스인과 로마인은 무언가 알았던 것이 틀림없다. 불행하다는 생각이나 불평은 외부에서 일어난 사건이나 상황은 물론, 타인의 책임도 아니다. 불평은 그것들을 어떻게 생각하느냐에 따라 비롯된다. 같은 일을 겪더라도 어떤 사람은 감정적 반응을 보이지 않을 수 있지만, 누군가는 그 반대일 것이다.

유약함은 금욕주의와 반대되는 개념이다. 스토아 철학자, 그중에서도 특히 마르쿠스 아우렐리우스 Marcus Aurelius 는 말을 삼갔다. 우리가 아우렐레우스의 저서인 《명상록 Meditations 》을 읽는 이유는, 그가 불평하거나 부정적인 태도를 보이지 않는 삶의 표본을 가장 잘 보여주기 때문일 것이다.

우리가 부정적인 사건을 겪으며 살아온 것은 사실이다. 버몬트에서 캔자스시티로 가는 비행기에서 두 사람 사이에 끼어 앉은 채 뒷좌석에 앉은 네 살짜리 아이의 발길질을 견뎌야 한다고 상상해 보자. 아마 우리 가운데 인내심이 가장 강한 사람도 시험에 들었을 것이다. 이런 상황이라도 부정적으로 해석하지 않는다면 피해자 신세는 면할 수 있다.

무슨 일을 겪든 그에 불평해야 할 이유는 없다. 일단 장기간에 걸쳐 계속되는 부정적인 사건은 걱정하지 않아도 된다. 이에 장기적인 부정적 경험을 긍정적으로 재해석하는 방법은 다음 장에서 본격적으로 다루고자 한다.

## 불평을 멈추는 방법

다른 사람은 불평을 멈추고 싶을 때 무엇을 하는지 모르겠지만, 내게 효과가 있던 방법을 소개하겠다. 쉽지는 않지만 그렇다고 매우 어렵지도 않다.

먼저 스스로 불평을 얼마나 많이 하는지 주의 깊게 관찰해야 한다. 생각보다 불평을 많이 한다는 사실을 인식하면, 머릿속에서 울리는 불평을 들을 수 있을 것이다. 이것이 바로 앞에서 다루었던 내적 대화다.

그다음 머릿속의 불평을 인지했다면, 그것이 입 밖으로 나오기 전에 입을 다문 채 아무 말도 하지 말자. 좋은 말을 하지 않을 것 같으면 차라리 아무 말도 하지 않는 것이 낫다. 굳이 다른 사람의 기분까지 망가뜨릴 이유는 없다.

### 불쾌감을 전부 걷어낸다

주문한 음식이 늦게서야, 그것도 차갑게 식은 채로 나왔다. 배는 꼬르륵거리는데 한참 동안 기다려 겨우 받은 음식은 기대보다 훨씬 뒤떨어지는 수준이다. 설상가상으로 우리의 기분이 상하기 시작한다. 종업원과 요리사 모두 우리를 화나게 하려고 작당이라도 했나 하는 생각도 든다.

하지만 불쾌감을 걷어낸 자리에 공감을 채우면 이 식당 주방이 오늘따라 어수선한 이유가 궁금해질 것이다. 그리고 지금이라도 얼마든지 자리에서 일어나 다른 식당에 가도 된다는 사실이 생각날 것이다. 이처럼 자신이 해를 입었다고 생각하지 않는 한, 우리는 불쾌감을 느끼지 못한다. 식당 음식이 마음에 차지 않으면 언제든 파이브가이즈 Five Guys [09]라는 대안이 있다.

새 차를 처음으로 운전하던 날, 뒤에 있던 차가 40km/h 정도로 달리던 내 차를 쳤다. 룸미러를 보니 상대 운전자는 스마트폰을 보고 있었다. 나는 그와 함께 도로를 빠져나와 주차장으로 차를 몰았다. 그리고 내 차와 함께 상대방의 차와 운전면허증을 사진으로 찍었다.

속이 부글부글 끓었지만, 두 사람 모두 다친 곳은 없었다. 다행히도 그때는 내가 불평하는 버릇을 고친 뒤였다. 만약 그보다 옛날이었다면 상대 운전자는 한층 더 곤란한 상황을 겪었을 것이다.

그는 운전을 업으로 삼고 있기에, 사고 기록이 남으면 직장에서 잘릴 수도 있으니 제발 경찰에 신고하지 말아 달라고 사정했다. 또 잘못을

---

[09] 햄버거 프랜차이즈. 옮긴이.

사과하면서 형이 고급 자동차 정비소를 운영하고 있으니 그곳에서 수리를 도와주겠다고 말하며, 곧장 형에게 전화를 걸어 내게 바꿔 주었다.

그 운전자가 부주의했던 것은 사실이지만, 나쁜 의도는 없지 않았는가. 그리고 그의 형은 내 차를 새것처럼 꼼꼼히 수리하는 동안 대신해서 운전할 다른 차를 내주기까지 했다. 그 일은 단순한 사고였을 뿐 악의로 벌어진 일은 아니니 말이다.

### 자신이 통제할 수 없는 때를 인정한다

우리가 겪는 문제는 크게 두 가지로 나뉜다. 첫 번째 유형은 자기 자신에게 속한 문제다. 이를 가리켜 MP, 즉 '내 문제 My Problem'라고 한다. 자신에게 속한 문제라면 우리는 불평의 원인에 대처할 수 있고, 마땅히 그래야 한다. 두 번째 유형은 SEP로, '타인의 문제 Someone Else's Problem'를 뜻한다.

만약 미국 대통령의 권한에 속한 문제로 불만스럽다면 그가 지구, 어쩌면 태양계에서 가장 어려운 자리에 올라서기 위해 힘들게 노력했다는 사실을 기억하자. 통제할 수 없는 영역이 사람을 얼마만큼 힘들게 하는지 알고 싶다면, 대통령들이 임기를 시작하고 나서 얼마나 빠르게 노화하는지 지켜보면 된다. 대통령은 대통령대로 빨리 늙게 내버려두고 우리는 불만을 털어 버리자.

우리는 통제할 수 없는 대상에게 불만을 터뜨림으로써 부정을 널리 퍼뜨리고 주변을 불행하게 하며 긴 시간을 허비할 수도 있다. 그러나 최고의 선택은 현실을 있는 그대로 받아들이고 불평 없이 흘려보내는 것이다.

## **해결책에 집중한다**

집에서나 직장에서나 불평보다 해결책에 집중하자. 불평은 사람이 감정을 분출하는 창구이기도 하지만, 다른 한편으로는 상황을 개선하기 위해 행동에 나설 기회가 되기도 한다. 불평하는 대신 행동한다면 부정이 줄어드는 것을 느낄 것이다. 문제를 해결하려면 창의력을 발휘해야 하기 때문이다. 우리가 불평하는 문제를 해결할 방안은 언제나 존재하기 마련이다.

불평을 멈추는 최고의 방법은 문제를 해결하거나, 어려운 과제를 두고 고심하거나, 고장 난 부분을 고치는 쪽으로 주의를 돌리는 것이다. 그러면 잘못된 부분에 매몰되는 대신 바꾸어야 할 대상과 상황을 효과적으로 개선할 방법이 서서히 눈에 들어오기 시작한다.

인간에게서 뛰어난 면을 꼽자면 무한한 창의력을 들 수 있다. 당장 주위만 둘러봐도 수많은 발명품이 눈에 들어올 것이다. 인간에게 날개를 달아 준 비행기부터 하늘을 찌를 듯 높이 솟은 고층 건물, 전기 자동차, 우주로 나갔다가 지구로 돌아올 수 있는 로켓에 이르기까지 인류는 매우 어려운 문제도 해결해 왔다. 내가 해내지는 않았지만, 머스크는 성공하지 않았는가.

내 사무실로 통하는 문은 작은 호수를 마주 보고 있는 건물 측면에 나 있다. 여기에는 바람구멍이 있어 한 번씩 문이 갑작스레 열리곤 한다. 문 위에는 처마가 있는데, 바람으로 문이 세게 열리는 일이 잦아 손상되었다.

나는 골칫거리인 문과 씨름하며 혼잣말로 불평을 하루도 거르지 않고 몇 년 동안을 늘어놓았다. 그런데 막상 문제를 해결하려고 보니, 그저 처마에 나사를 두 개 박아서 문이 걸리지 않게 열리도록 하면 될 일이었다. 첨단 과학 연구에 비하면야 우스울 만큼 쉬운 일이었다. 나는 여러분 각자의 삶에 존재하는 고장 난 문이 무엇인지는 모른다. 다만 문제를 해결하려는 노력은 전혀 기울이지 않으면서 불평만 하는 대상이 하나쯤 있을 것이다.

마지막으로 우리는 갓난아기가 아님을 명심하자. 우리는 자기 일을 스스로 해내면서 타인을 도울 능력도 충분한 성인이다. 그러려면 무엇보다 해결책에 집중하는 것이 먼저다. 아기는 해결책을 생각해 낼 수 없지만, 어른은 가능하다. 그래야만 긍정적인 영향력을 발휘할 수 있다.

우리에게는 현실을 있는 그대로 직시하고, 이를 개선할 방법을 궁리할 능력을 갖추고 있다. 인간에게는 언제나 자기만의 세계에서 변화를 일으킬 힘이 있다. 그러니 불평을 거두고 문제를 해결하기 위한 행동에 나서도록 하자.

**관점을 바꾼다**

우리 입에서 불평이 튀어나오게 하는 범인은 외부에서 일어난 사건이 아니라, 그에 관한 믿음임을 유념하자. 나는 신이 스토아주의자의 결의를 시험하려 했다고는 생각하지 않는다. 하지만 문제가 발생했을 때, 신이 우리 인내심을 시험하는 것이라 여기는 편이 불평만 하다가 부정적인 기분에 빠지는 것보다 낫다고 본다.

이 글을 쓰기 전날 밤, 나는 아내와 함께 저녁 식사를 하러 나갔다. 식당 직원은 우리를 왁자지껄한 단체석 옆자리로 안내했다. 그곳에는 어린아이 다섯이 시끄럽게 떠드는 데다 도무지 가만히 있을 줄을 몰랐다.

급기야 아이들의 부모가 더 큰 소리로 말하기 시작하자 나는 그 이유를 이해할 수 있었다.

나는 그들에 관해 어떤 언급도, 불평도 하지 않았다. 불평해 봐야 우리 부부의 저녁 식사 분위기만 망칠 게 뻔했기 때문이다. 나는 뒤쪽 테이블보다 아내와 함께하는 시간에 집중했다.

내 두 딸은 바가 딸린 식당에서 일한다. 돈은 많이 벌지만, 고객층은 약간 개선이 필요해 보인다. 게다가 식당 사장은 늦은 밤에 젊은 여직원에게 가게 문을 닫게 한다. 보안을 위해 무슨 조처를 해 주는 것도 아니다. 나는 이것이 특히 걱정스럽다.

직장으로서 만족도가 높지는 않지만, 딸들은 다른 직원과 모두 친해진 터라 그들을 남겨둔 채 떠나고 싶어 하지는 않는다. 그래도 아이들은 곧 그 식당을 그만둘 것이다. 그렇지 않으면 내가 직접 개입해서 사장의 책임에 관한 나만의 의견을 설명하려 들 테니 말이다.

## 직장에서 불만 해결하기

내가 여러분의 직장에 직접 방문한 적은 없지만, 분명 여기저기 개선할 만한 부분이 많으리라고 생각한다. 그리고 현 상황에 불만을 품고 그것들을 바꾸어야 한다며 열을 올리는 사람도 분명 많을 것이다. 그런 사람들이 제기하는 불만은 대체로 타당하지만, 그들이 하는 일이라고는 휴게실에 옹기종기 모여 서로 불평하는 것뿐이다.

직장에서 부정이 문제가 되는 이유는 부정이 접촉을 통해 전파되는 암과 같기 때문이다. 부정이라는 암세포가 전이되면 해로운 직장 문화가 형성되고 만다. 거기다 퇴근하고 집에 가서도 불평을 멈추지 않으면 가정의 분위기도 덩달아 나빠진다.

직장에서 불평을 멈추기란 어려운 일이다. 직장에는 다른 사람과 함께하는 데다 사내 정치까지 있으니, 문제를 해결하려면 더 큰 노력을 기울여야 한다. 지금은 사업에 더 도움이 되지 않으나, 자기가 만든 절차를 고수하려는 선임자가 있을 것이다.

무릇 변화를 일구어내려면 그만한 비용이 필요한 법이다. 고작 나사 두어 개 값으로는 어림도 없을 것이다. 이렇듯 변화를 위해 넘어야 할 산이 많지만, 불평의 대상이 되는 문제를 해결하려고 노력한다면 상황은 나아질 것이다. 사업 상황 개선안을 동료들과 합의하고, 불만 사항을 한 번에 하나씩 해결하는 것도 좋다.

불평을 금지하는 규칙을 도입하는 것도 좋은 직장을 만드는 또 다른 방법이다. 이때 문제점을 발견한 사람은 불평하는 대신 해결책을 직접 구상해야 한다. 경영진이 우리의 불만 사항을 진지하게 받아들이기를 바란다면, 그들이 고려해 볼만한 해결책이나 잠재적인 개선 사항을 제시해 보자. 그 뒤 무엇을 어떻게 바꾸어야 실적을 개선할 수 있을지 논의하자.

문제 해결에는 손 하나 까딱하지 않으면서 변화는 경영진의 몫이라 믿고 불평만 하는 직장인이 너무 많다. 문제에 대한 해결책은 대부분 현장에서 매일 어려움을 마주하는 사람에게서 나온다. 그러니 업무 환경을 비롯해 이런저런 문제를 해결해야 한다고 경영진을 설득하자. 구체적으로 집중해야 할 문제를 짚어 주고, 이를 해결하기 위한 행동에 나서야 한다. 앞선 바는 문제를 쉬쉬하며 그대로 놓아두었다간 금세 곳곳으로 퍼져 나가는 해로운 직장 문화를 없애는 데 도움이 된다.

## 양질의 삶

  삶의 질은 우리가 경험을 어떻게 다루느냐에 따라 결정된다. 문제점을 인식하는 것은 괜찮다. 다만 그 문제를 두고 불평하기 시작하면 잘못된 측면에만 집중하게 되어 정작 문제 상황을 개선할 해결책은 잊게 된다. 불평은 너무나 큰 대가를 요구하며, 우리와 주변 사람의 행복까지 빼앗아 간다.
  불평을 멈추는 법을 익히면 부정을 줄여 긍정성이 들어올 자리를 더 마련할 수 있다. 그러나 불평을 멈추는 순간 주변에서 들리는 다른 사람의 불평에 민감해질 것이다. 그 사람도 부정 단식에 참여한다면 좋겠지만, 타인의 불평이 귀에 거슬리더라도 불평하지 말자.

## 불평에 비춘 과학

  불평에 관한 과학적 사실은 이야기하기가 조금 조심스럽다. 불평에도 순기능이 있다고 오해할 여지를 남기기 때문이다. 어쩌다 할 수도 있는 것이 불평이라지만, 이때도 반드시 부정을 배제하려고 노력해야 한다. 여기에서는 적절한 때에 불만을 제기하는 방법을 알려 주고자 한다. 이제 불평의 과학적 사실을 살펴보자.

첫째, 불평은 우리가 부정적인 측면에 주의를 기울이게 한다. 부정적인 측면에 집중하면 부정적인 시각을 갖게 되고, 그 결과 우리가 그토록 피하고 싶은 스트레스와 불안감이 커지는 결과를 낳는다.

둘째, 우리가 통제할 수 없는 영역을 두고 불평하다 보면 무력감을 유발한다. 무력감 역시 결국 스트레스와 불안으로 이어진다.

셋째, 불평불만이 심하면 인간관계가 망가진다. 몇몇 사람들, 특히 부정 단식 중인 사람들은 정신 건강을 지키고자 우리를 피할 것이다.

과도한 불평을 줄이는 방법에는 여러 가지가 있다. 그중 하나는 운동이다. 운동은 스트레스를 완화하고 엔도르핀 분비를 촉진해 기분을 좋아지게 한다. 운동의 효과는 뒤에서 더 자세히 다루도록 하겠다.

긴장을 완화하는 신체 활동 또한 불평 줄이기에 도움을 준다. 요가, 명상, 심호흡 운동 등을 한다면 긴장이 풀린다. 반대로 스트레스를 느끼려면 숨을 참으면 된다. 이처럼 호흡 조절은 정서와 정신 상태에 즉각적인 영향을 미친다.

그리고 가족, 친구, 심리상담사 등 믿을 만한 사람에게 마음을 터놓고 이야기하는 것도 좋다. 나는 인지 행동 치료를 받은 적이 있다. 인지 행동 치료 기법은 실용적이면서 부정과 비관주의를 날려 버리는 데 아주 효과적이다. 부정과 비관주의가 사라지면 불평 또한 줄어든다.

이 외에도 부정에서 긍정의 대상으로 주의를 돌려 볼 수도 있다. 우리에게는 관점을 바꿀 능력이 있다.

## 바르게 작동하는 불평

물론 불평은 자연스러운 현상이다. 인간은 불평으로 불만족을 표현하거나 감정을 분출하고, '정신 내적 목표 Intrapsychic Goal'라고도 불리는 대인관계에서의 목표를 달성한다. 비록 부정적이거나 비관적인 측면이 있기는 하지만, 이상처럼 중요한 가치도 존재한다.

불평은 우리가 문제점, 어려운 측면, 개선해야 할 부분을 찾고 확인하도록 한다. 우리는 불평할 때 주목해야 할 부분을 짚어 낸다. 이때 불평이 의미 있는 문제 해결 과정의 발단이 되어야 한다는 것이 핵심이다.

문제점을 밝혔다면, 이를 해결하기 위한 행동에 나서야 한다. 이 단계에서는 긍정적인 변화를 일으킬 방법을 고심하거나, 그 문제가 그다지 중요하지 않다고 판단하고 내려놓을 수도 있다. 이처럼 불평이 문제 해결 과정의 첫 번째 단계라면 긍정적으로 작용한다. 문제는 불평만 한 뒤에 아무런 행동도 취하지 않을 때 일어난다.

일반적으로 사람들이 불평을 입에 달고 사는 사람을 꺼리는 것은 사실이다. 그런데 '어쩌다 한 번' 제기하는 불만은 오히려 관계를 개선하는 원동력이 되기도 한다. 인간은 복잡다단한 생물이다. 사람들은 '가끔' 불만을 나누는 상대를 신뢰하고 가치 있게 여기는 경향이 있다. 함께 문제를 헤쳐 나가는 것만큼 사람 사이의 결속력을 강화하는 것도 없다.

또한 불평은 스트레스와 불안을 초래하지만, 한편으로는 스트레스 대처에 도움을 준다. 불평을 통해 부정적인 감정을 표출하기 때문이다. 불평의 정신 내적 목표는 자신이 남보다 더 나은 사람이라고 느끼는 것이다. 이에 다른 사람을 조종하고 통제하기 위해 불평을 이용하는 사람도 있다.

다음은 부정의 늪에 빠지지 않고 건강한 방식으로 불만을 표현하기 위해 지켜야 할 네 가지 규칙이다.

### ❶ 문제를 구체화한다.

**일**반화는 금물이다. 불만이 있으면 다른 사람이 이해할 수 있게 설명해야 한다. 단순히 "여긴 뭐 제대로 하는 게 하나도 없네요."라고만 말하면 너무 광범위하다. 그러한 발언은 과장에 불과하며 아무런 문제도 해결할 수 없다. 그 대신 "고객을 관리할 인원이 없습니다. 새로운 직원이 필요해요."라고 말해 보자.

### ❷ 문제에 집중한다.

**이** 규칙은 위보다 조금 더 어려울 수 있다. 우리는 사람이 아니라 문제에 초점을 맞추어야 한다. 그러다 보면 그 사람의 잘못이 아니라 애초에 절차 문제가 있다는 사실을 발견할 수도 있다. 설령 특정인의 잘못으로 밝혀지더라도, 자녀가 일터에서 실수했을 때 대우받기를 원하는 것처럼 그 사람에게 관용을 베풀자.

**❸ 타인의 관점이나 의견을 존중한다.**

다른 사람은 어떠한 관점을 취하는지 물어보자. 사람들은 불만을 제기하는 문제를 둘러싸고 의견이 조금씩 충돌한다. 우리뿐 아니라 상대방도 몰랐던 정보가 있을지 모르니 말이다. 그러니 전문가다운 태도와 인내심을 바탕으로 상대방에게 현재 상황은 어떻고, 무슨 방법을 시도했으며, 어떻게 하면 문제를 해결할 수 있을지 설명해 달라고 요청하자. 사람들이 우리 의견에 귀 기울여주기를 바란다면, 우리도 그들의 의견을 경청해야 한다.

**❹ 협상이나 타협에 대비한다.**

원하는 해결책을 매번 얻을 수는 없는 법이다. 각자 원하는 바를 이루려면 양쪽의 의견을 어느 정도 조율해서 서로 조금씩 도와야 할 수도 있다. 타협책과 절충안을 모색하면 더욱 성공적인 결과를 거둘 것이다.

부정 단식을 진행하는 동안에는 아무쪼록 불평하지 않도록 노력하자. 하지만 나는 여러분이 불평을 내뱉더라도 입을 꾹 다문 채 어떤 지적도 하지 않을 것이다. 어쩌면 여러분의 불평은 수면 위로 꼭 드러나야 하는 것이었는지도 모를 일이다.

# 제5장
# 감사하는 마음이 주는 이점

## 감사와 태도

    감사를 실천하면 행복 증진, 우울과 불안 완화, 자아존중감 향상, 스트레스 대처 능력 향상 등 여러 가지 이점을 누릴 수 있다는 사실이 입증되었다. 그리고 수면의 질 상승과 혈압 강하, 면역력 강화와 더불어 만성 통증 및 염증 감소로 신체 건강도 증진한다. 이 외에도 유대감이 강화되어 인간관계가 한층 끈끈해지고, 모두에게 필요한 덕목인 '너그러운 용서'가 가능해진다. 또한 분노 같은 부정적인 감정이 줄어드는 등 인간관계에서도 긍정적인 효과를 누릴 수 있다.

    감사하는 마음을 품으면 긍정성이 늘어나고 부정이 줄어든다. 그러나 사람들은 부정 편향으로 잘된 점보다 잘못된 점만을 찾는다. 2021년 9월에 발표된 세계 부자 순위 Global Rich List 에 따르면 3만 2,400달러 이상의 재산을 보유한 사람은 세계 상위 1% 이내다. 우리가 가진 것의 반의반도 가지지 못한 이들은 할 수만 있다면 당장이라도 우리와 자리를 바꾸겠다고 나설 테다. 실제로 그런들 그 사람들도 시간이 지나면 점차 부정 편향에 젖어 들 것이다. 불평을 끊어 내려면 감사를 실천해야 한다.

도교에서는 음양의 개념으로 세상의 이치를 설명한다. 음양은 서로 반대되면서도 연결된 힘을 가리킨다. 음은 수용적이고 양은 능동적이다. 추위를 겪어 보지 않은 사람은 따뜻함을 알 길이 없고, 아래가 없으면 위도 없다. 이처럼 도교에서는 상반되는 두 요소가 본디 한 관념의 양면이라고 본다. 따라서 감사는 불평의 다른 면이라 할 수 있다.

감사는 살면서 마주하는 긍정적인 부분에 고마워하는 마음을 뜻한다. 그러나 감사의 정의가 정말 이러하다면 우리는 긍정적인 일이 있을 때마다, 즉 매 순간에 감사해야 한다. 의지만 있다면 긍정적인 면은 날마다 발견할 수 있다. 진정으로 감사하고자 한다면 건강, 가족, 비바람을 막아 주는 지붕, 충분한 음식, 친구 등 우리 손안의 좋은 것과 함께 그 근원을 이해해야 한다. 세상에는 우리가 당연히 여기는 것조차 갖지 못한 사람들이 많기도 하니, 우리는 가진 것에 감사할 줄 알아야 한다.

우리가 받은 복을 하나하나 꼽자면 끝이 없어서 수를 셀 수도 없을 것이다. 그중에서 사람들이 주로 감사히 여기는 대상을 몇 가지 추리자면 건강, 실없는 음모론을 퍼뜨리는 엔리고 삼촌까지 포함한 가족, 친구, 자연, 기회, 집, 음식, 사랑, 정서적 지지, 재정적 안정, 자유, 안전 등이 있다.

위에서 언급한 대상에 먼저 감사를 표하는 것도 좋다. 또한 강아지, 고양이, 서점, 음악, 영화, 예술, 대학 미식축구 외에도 우리가 이 시대에 태어났다는 사실 등 다른 감사할 거리는 다양하다. 경제 대공황이나 제2차 세계 대전 때처럼 훨씬 더 어려운 시기에 태어났을 수도 있지 않은가.

우리는 주의를 심각하게 분산시키는 현대 무기인 스마트폰을 들여다보다가 그만 가지지 못한 것에 눈길을 주고 만다. 스마트폰이 보여 주는 물건을 막상 손에 넣어도 즐거움은 얼마 가지 않는다. 우리 모두 가슴에 손을 얹고 집 앞에 매일 쌓이는 택배 상자를 떠올려 보자. 아마 상자 안의 어떤 것도 여러분을 행복하게 하거나 마음을 충만하게 하지는 못했을 것이다.

최근 나는 택배원에게 우리 집이 이 근방에서 택배를 가장 많이 받는 곳이냐고 물은 적이 있다. 당시 나는 택배 상자를 더 수월하게 옮기고자 지게차 구매를 고민할 정도였으니 말이다. 그런데 택배원은 우리 집은 택배를 많이 받는 축에도 못 낀다고 대답했다. 우리 이웃 중에서는 얼마나 물건을 자주 시키는지 그 집으로 가는 택배가 뜸하다 싶으면 그 집에 별일이 없는지 확인해 봐야 할 것 같은 기분이 들 정도라고 했다.

쇼핑으로 기분을 전환하는 독자에게 미안한 말이지만, 아무리 물건을 사들인들 우리의 부정을 줄이는 데는 전혀 도움이 되지 않는다. 이처럼 물건을 사고 얼마 지나지 않아 기분이 평소처럼 돌아오는 현상을 '쾌락 적응 hedonic adaptation'이라고 한다. 큰맘 먹고 고급 자동차를 새로 뽑았을 때는 분명 기분이 날아갈 것 같지 않았는가? 하지만 아무리 비싼 자동차라도 몇 달만 지나면 그저 한 대의 자동차에 불과하다.

우리가 소유한 수많은 물건이 결국에는 우리를 소유한다. 이 말이 사실임을 증명해 보겠다. 예를 들어 아이폰이 있으면 우리는 언제 어디서나 아이폰을 들고 다녀야 한다. 소비자 분석 기관의 조사에 따르면 스마트폰 사용자는 스마트폰을 열어 보는 횟수가 하루 평균 76회나 된다. 사용량이 많은 사람이라면 그 횟수는 무려 132회에 달한다.

나는 여러분이 부디 삶에서 일어나는 모든 좋은 일에 감사하기를 권한다. 감사는 스스로 선택하기 나름이고, 택배 상자에 든 어떤 물건보다 삶의 질을 높여 줄 것이다. 소비 지옥에 빠진 수많은 사람은 행복이 곁에 있다는 사실을 모른다. 또한 누군가는 10대 청소년처럼 감사할 줄 모른다는 사실조차 알지 못한다. 이처럼 우리는 감사할 것이 넘쳐나는데도 이를 느끼지 못한다.

영업직 종사자를 대상으로 쓴 첫 책에서 나는 감사 일기를 꾸준히 쓰라고 조언한다. 판매에는 으레 손실이 따르기 때문이다. 어떤 사람들은 잠재 고객이 사적인 감정으로 제안을 거절했다며 사실과 다르게 치부해 버리기도 한다. 상품 판매뿐 아니라 어떤 일을 하더라도 긍정적이고, 낙관적이며, 미래지향적이면서 힘이 넘칠 때 더 좋은 성과를 낸다. 이 사실을 염두에 두면 피해의식을 줄이는 데 도움이 된다.

### 감사를 실천하는 첫걸음

감사는 감사할 대상을 전부 적어 보는 것부터 시작한다. 삶 전반에 걸쳐 겪은 일을 포함해 과거나 최근에 겪은 좋은 일을 빠짐없이 기록하사. 좋은 일을 잘 떠올리려면 목록으로 작성하는 편이 쉬울 때도 있다. 빈칸을 채우려고 자연스럽게 머리를 굴리기 때문이다. 이 목록에는 우리 인생에 커다란 영향을 미친 사람들이 들어가야 한다.

우리는 부정 편향으로 잘못된 부분을 끊임없이 더듬어 찾는다. 이때 감사 목록을 작성하면 가진 것에서 긍정적이고 감사할 만한 것을 인식할 수 있다. 사람은 손안의 것을 당연하게 여기는 경향이 있으므로, 감사할 대상을 온전히 생각해 내기는 쉽지 않다.

감사 목록을 작성할 때는 너무 빨리 포기하지 말자. 막상 쓰기 시작하면 처음에 예상한 바보다 훨씬 많은 것을 떠올릴 수 있다. 일단은 고마운 사람이나 경험부터 적는 것이 좋다. 물건과 달리 사람이나 경험은 쾌락 적응이 작용하지 않기 때문이다.

혹은 감사 일기를 써도 좋다. 방법은 간단하다. 매일 일정 시간을 할애해서 하루를 돌아보고, 감사한 것을 모두 적으면 된다. 나는 아침에 글 쓰는 시간을 따로 정해 두고 나서야 감사 일기 쓰는 습관을 들일 수 있었다. 감사 일기를 쓸 때 어떤 사람은 종이에 적기를 선호하는 한편, 디지털 매체로 기록하는 것이 익숙한 사람도 있다. 개인적으로 추천하는 바는 돈이 들더라도 저마다 가장 즐겁게 일기를 쓸 방법을 선택하는 것이다.

예를 들어 일기장으로 쓸 예쁜 공책을 살 수도 있고, 데이원 Day One 애플리케이션 같은 디지털 일기장을 구매해서 사용해도 좋다. 굳이 그렇게 하기 번거롭다면 간단히 구글 독 Google Doc 이나 마이크로소프트 워드 Microsoft Word 같은 문서 프로그램에 기록해도 된다. 나는 옵시디언 마크다운 Obsidian.md 이라는 소프트웨어를 사용한다. 파일을 클라우드가 아닌 내 컴퓨터에 저장하기 때문이다. 또 나는 단순한 메모장에 글쓰기도 좋아한다. 형식에 구애받지 않고 글쓰기에만 온전히 집중할 수 있기 때문이다.

여기서 중요한 점은 아무리 사소한 것이라도 매일 기록하는 것이다.

우리는 어떤 상황에서도 감사할 거리를 찾을 수 있다. 예전에 참새 두 마리가 현관 전등에 둥지를 튼 것을 보았다. 이때 아내는 집 앞 나무에 먹이통을 매달아 참새들이 우리 집을 최대한 편안하고 따뜻하게 느끼도록 했다. 그날의 기쁨을 감사 일기로 썼다고 생각해 보자. 그러면 봄이 오고 새들이 돌아올 때마다 신이 나서 몇 년 동안 같은 일을 일기장에 적음으로써 자연의 경이로움을 계절마다 느낄 수 있을 것이다.

감사 일기를 꾸준히 쓰다 보면 매번 비슷한 내용을 적게 된다는 애로사항이 있다. 그러나 이전에 썼던 내용을 얼마든지 다시 써도 무방하다. 해마다 돌아오는 새를 보며 언제나 처음처럼 즐거워하는 사람이 있는가 하면, 해가 갈수록 처음에 느꼈던 흥분이 조금씩 무뎌지는 사람도 있다. 자주 일어나는 작은 일에 감사하기는 그보다 더 어려울 수 있다.

예를 들어 친구들과의 저녁 식사 자리가 즐거웠다면, 이를 감사 일기에 적을 수 있다. 하지만 비슷한 일을 반복해서 쓰면 지루해질 가능성이 있다. 감사할 만한 새로운 일이 떠오르지 않거나 썼던 일을 또 쓰기가 질린다면 다음 방법을 통해 난관을 타개할 수 있다.

### 집중력 연마하기

감사 일기의 운을 떼는 가장 쉬운 방법은 배우자, 연인, 자녀, 여타 가족 구성원 등 사랑하는 사람을 기록하는 것이다. 감사 일기를 쓰다 보면 이 사람들의 이야기가 주기적으로 등장할 테니 신선함을 유지하는 것이 중요하다. 똑같은 사람의 이야기를 쓰면서도 신선함을 잃지 않으려면 일반적인 사실에서 구체적인 사실로 전환해 보자.

우리는 배우자와 자녀를 사랑한다. 그렇다면 각 가족 구성원에게 고마운 점은 무엇인가? 먼저 그 사람의 구체적인 성격 특성에 초점을 맞추는 방법이 있다. 다음으로 최근 그 사람 덕분에 특별히 자랑스러움이나 감사 또는 행복을 느낀 일이 있었다면 그것을 집중 조명해 볼 수도 있다.

이상처럼 일반적인 감사에서 구체적인 사실에 대한 감사로 발전하면 감사하는 마음이 길러진다. 또한 감사 일기의 질적 수준이 한 단계 높아진다. 일상적인 사건을 새로운 시선으로 보는 것도 감사하는 능력을 키우는 데 보탬이 된다.

### 셀리그먼의 '좋은 일 세 가지 쓰기'

내가 가장 좋아하는 전기는 긍정 심리학의 아버지인 마틴 E.P. 셀리그먼 Martin E.P. Seligman 이 쓴 《희망 회로 The Hope Circuit》이다. 이 책에서는 심리학계에서의 주요 변화 가운데 한 가지를 설명한다. 셀리그먼이 심리학계에 발을 막 내디뎠을 때, 그의 주된 목적은 고통을 완화하는 법을 밝히는 것이었다. 그러나 그는 대신 삶을 가치 있게 하는 요소를 찾고자 연구 방향을 틀었다. 이는 긍정 심리학이 발달하는 계기가 되었다.

셀리그먼은 '좋은 일 세 가지 쓰기 Three Blessings'라는 활동을 제안한다. 이 활동은 그날 일어난 좋은 일이나 성과를 세 가지 적고, 그 이유도 기록하는 것이다. 셀리그먼은 해당 활동을 일주일간 실천하여 사고방식의 긍정적인 변화를 느껴 보라고 조언한다. 그러나 이를 굳이 일주일만으로 끝내지 않고 일상에서 꾸준히 지속함으로써 습관화할 수도 있다.

셀리그먼은 이중맹검 위약 대조군 실험을 통해 심리 치료와 약물 치료가 우울증 환자에게 미치는 효과를 측정한 연구 자료를 분석했다. 그리고 연구 결과를 좋은 일 세 가지 쓰기 활동을 실천한 사람들과 비교했다. 그 결과 후자의 효과가 "우울증이 완화되었고, 이후 6개월간 삶의 만족도가 향상되었다."라고 나타났다. 뒤이어 그는 이렇게 언급했다.

"중증 우울증 치료 시 '좋은 일 세 가지 쓰기'의 효과는 약물 치료나 심리 치료의 효과에 필적할 만했으며, 어쩌면 더욱 효과적인 것으로 나타났다."

나는 심리학자가 아니지만, 우리의 부정 편향이 잘못된 부분에만 집중하도록 내버려두면 긍정보다 부정적이어야 할 이유만 잔뜩 생길 것이라고 본다. 하지만 그 반대도 성립한다. 긍정적인 면만을 찾으려 한다면, 인생의 좋은 측면에 감사하는 마음이 생김으로써 부정 편향을 뛰어넘을 수 있다.

좋은 일 세 가지 쓰기는 나도 직접 실천한 결과 우리 회사 직원에게도 권할 만큼 매우 뛰어난 효과를 보였다. 우리 회사 중 한 곳에서는 전 직원이 각자 작성한 세 가지 좋은 일을 구글 챗 Google Chat 에 공유하고, 댓글이나 이모티콘으로 서로를 축하한다. 비즈니스는 무슨 일을 추진하든 제대로 굴러가지 않는 경우가 다반사인 분야다. 나는 이 활동이 고작해야 몇 주 정도는 가겠다 싶었지만, 직원들은 매일 겪은 세 가지 좋은 일을 다른 사람과 함께 나눴다. 그러자 회의 때 불만이 줄어들고 긍정적인 에너지가 커졌다.

좋은 일 세 가지 쓰기는 간단하면서도 효과적이다. 이 활동으로 우울증이 나아진다면 부정을 누그러뜨리는 정도는 당연히 가능하고도 남을 것이다. 어떤 면에서 나는 그것이 감사 일기 쓰기의 상위 활동이라고 생각한다. 하루에 감사한 일보다 성공적인 일 세 가지가 반복이 비교적 적기 때문이다.

단순히 잘된 일뿐 아니라 사랑하는 사람과 있었던 일을 기록할 수도 있다. 셀리그먼이 제안한 방법대로 좋은 일 세 가지를 쓴 뒤, 구체적인 내용과 이유를 기록해도 좋다. 찬찬히 시간을 들여서 여러분이 기록하는 내용을 곰곰이 생각해 보자. 그리고 당시의 감정을 다시금 느끼면서 그 일로 기분이 좋았던 이유를 자세히 써 보자. 개인적인 경험을 적어도 좋고 쓰다가 막힐 때는 이전에 적은 내용으로 돌아가 보면 이 활동을 지속하기가 쉬워진다.

**뜻밖의 장소를 바라보기**

나는 삶에서 일어나는 부정적 사건까지 통틀어 모든 일에 감사하지 않는다면, 이는 진정한 감사가 아니라고 본다. 내가 일곱 살에 아버지는 가족을 두고 떠났고, 그 일은 어린 시절의 트라우마로 남았다. 어머니는 내 가슴에 증오라는 버거운 감정을 품고 살지 않도록 구해 주셨다.

열두 살이 되어도 주변에 긍정적인 남성 역할 모델은 없었다. 당시 나는 하고 싶은 일이라면 언제든지 마음껏 해도 된다고 생각했다. 그 덕에 나는 무모하기는 했지만, 꽤 흥미진진한 10대를 보냈다.

어머니는 당신의 가치관을 내게 가르치려 하셨다. 나는 지지리도 말 안 듣는 말썽꾸러기였지만, 시간이 지나자 결국 승리를 거머쥔 사람은 어머니였다. 나는 어머니에게서 정직성, 자비심, 책임감을 배웠다. 이러한 가치를 전해 주신 어머니께 감사할 따름이다. 이 기회를 빌려 그간 속을 썩여서 죄송했고, 좋은 본보기가 되어 주셔서 정말 감사하다는 말씀을 드린다.

나는 부정적인 사건 열 가지와 그에 감사한 각각의 이유를 일기장에 적는다. 아무리 좋지 않은 일이라도 나는 이를 완전히 부정적으로만 보지 않는다. 부정적인 사건 역시 내가 걸어온 길의 일부다. 나는 힘든 일을 겪으면서 얻은 긍정적인 결실을 스무 개쯤은 너끈히 더 쓸 수 있다. 이러한 내용을 기록하다 보면 내 생각이 자연스럽게 다음과 같은 패턴으로 재구성된다.

"만약 '이 부정적인 사건'이 일어나지 않았으면, '이 긍정적인 결과'도 발생하지 않았겠지."

부정적인 사건은 그간 우리가 걸어 온 인생 경로와 우리라는 사람을 긍정적으로 형성했다. 심리학자 칼 융 Carl Jung 은 지난 일을 돌아보고 재해석하는 작업을 가리켜 '그림자 탐구 shadow work'라고 칭했다. 그림자 탐구란 자신의 자랑스럽지 않은 부분을 직시하는 것을 가리킨다.

우리는 그림자에 빛을 비춤으로써 인생의 부정적 측면을 건설적인 방향으로 내면에 온전히 통합할 수 있다. 다만 현재 우울하거나 심적으로 힘들다면 전문가와 함께하는 것이 아닌 이상 그림자 탐구는 지양하는 것이 좋다. 그림자 탐구는 정신과 영혼을 다루는 과정이므로 감정적인 반응을 초래할 우려가 있다.

## 불만 일기 활용법

　여러분은 아마 이 책을 집어 들기 전에도 감사 일기가 무엇인지는 알았을 테지만, 불만 일기는 처음 들어 보았을 것이다. 불만 일기는 감사 일기와 반대로 "상사가 내 의견을 존중하지 않는 것 같아." 같은 생각이나 감정을 표출하는 창구가 되어 준다. 머릿속에 떠오르는 생각이 부정적인 태도나 감정을 일으킨다면, 그것을 불만 일기에 적으면 된다.

　불만 일기를 작성할 때 '나'를 주어로 여러분이 느낀 감정을 문장으로 적는 것이 가장 좋은 방법이다. 이때 3장에서 살펴본 앨버트 엘리스의 ABC 모델 가운데 촉발 사건(A)이나 이에 관한 믿음(B) 대신 감정을 적어야 한다.

　불만 일기의 진정한 가치는 자신의 감정과 정서를 객관적으로 보는 데 있다. 예를 들어 "나는 상사가 내게 악감정을 품는다고 느낀다."라는 문장과 "상사가 내게 악감정을 품는다."라는 문장은 엄연히 다르다. 엘리스의 ABC에 대입해서 생각해 보면 두 문장이 어떻게 구분되는지 다시금 이해할 수 있다. 우리의 느낌이 전부 사실은 아니지만, 그렇다고 무조건 거짓이라 치부할 수도 없다.

　객관성을 확보하면 자신의 감정을 외부자의 시각에서 고찰할 수 있다. 그러면 이 책에서 제시하는 다른 방법을 실천했을 때와 마찬가지로 정서를 조절하고, 부정을 줄이면서 정신 건강을 증진할 수 있다.

　반면에 감정을 인식하고 그것에 이름을 지음으로써 감정과 심리적 거리를 둘 수도 있다. 일기를 쓸 때 '나'를 주어로 '나는 지금 화가 났음을 인식한다.'라고 쓰는 것처럼 말이다. 이러한 작업은 마음 챙김과 유사하다.

사람이나 사건 또는 감정을 막론하고 부정의 원천에 일정한 패턴이 보인다면, 부정의 원천을 없애는 방안을 고민해 보자. 그렇다면 문제 해결을 위한 방법을 불만 일기에 적어 볼 수도 있다. 기업가이자 자기 계발 전문가였던 짐 론 Jim Rohn 의 "현 상황이 마음에 안 들면 바꿔라! 당신은 나무가 아니다."라는 명언처럼 말이다.

자신의 지위를 무기 삼아 우리에게서 이득을 취하는 사람이 있다고 하자. 우리가 전문가다운 태도로 정중히 거절하고 선을 분명히 긋거나, 처우가 더 나은 곳으로 이직하지 않는 이상 착취는 계속될 것이다. 바로 이때 여러분만의 힘을 발휘해야 한다. 아니면 주변 환경이 이미 너무 심하게 망가진 나머지 부정으로 가득한 곳에서 벗어나 더 긍정적인 환경을 찾아가야 할 때일 수도 있다.

불만 일기를 쓸 때 사람들이 흔히 저지르는 실수가 있다. 바로 주변 사람을 평가하듯 실명과 함께 그들이 저지른 일을 낱낱이 기록하는 것이다. 이는 불만 일기의 객관성을 떨어뜨리고, 특정인을 적으로 인식하는 경향을 강화한다. 불만을 기록하는 목적은 상황의 긍정적인 측면에 초점을 맞추기 위해서다. 동료와 의견 충돌을 겪었다면, 앞으로 더욱 생산적인 관계를 다지기 위해 어떻게 해야 할지 교훈을 얻었다는 점을 긍정적인 결과로 꼽을 수 있다.

이처럼 부정적인 상황에도 보이지 않는 이익이 숨어 있다. 손꼽아 기다리던 휴가 기간에 하필 몸이 아파서 즐길 거리를 거의 다 놓쳤다고 상상해 보자. 이럴 때는 먼저 자신이 느낀 실망감을 인정하고, 다음으로 그 감정을 곱씹는 대신 사소한 것이나마 상황의 긍정적인 면을 찾는다. 휴가 기간이 아니라 곧 있을 출장 기간이었다면 상황은 더 곤란해지지 않았을까. 아니면 날마다 쌓이는 집안일을 걱정하지 않아도 되는 아름다운 곳에서 푹 쉬며 재충전을 할 수 있다는 것만으로도 감사할 수 있다.

이때 현재 겪는 부정적인 상황을 사건 일지처럼 기록하는 것은 지양하자. 그랬다간 기분만 처질 뿐 긍정적인 변화에는 전혀 도움 되지 않을 것이 뻔하기 때문이다. 불편한 사람과 사건에 골몰할수록 부정은 더욱 깊게 뿌리 내린다. 따라서 불만 일기는 불쾌한 일을 곱씹으며 빠짐없이 기록하기 위해 쓰는 것보다 부정적인 감정과 거리를 두는 데 활용해야 한다.

## 방화벽 구축하기

'방화벽 Fire Board'이라는 아이디어를 낸 사람은 아마 내가 최초이지 않을까. 실제로 불이 난 것은 아니지만, 한때 내 앞에 신경 써야 할 문제가 산더미처럼 쌓인 적이 있었다. 나는 해결해야 할 문제에 우선순위를 정한 뒤 이를 방화벽이라고 불렀다. 이로써 나는 통제력을 되찾았다고 느꼈고, 덕분에 이곳저곳에 붙은 불을 하나씩 끌 수 있었다.

다들 문제가 끝도 없이 쌓이는 바람에 도저히 감당할 수 없는 지경에 다다른 적이 한 번쯤은 있지 않은가? 이때 우선순위 목록을 작성하면 문제를 우리에게서 분리할 수 있다. 그리고 이를 종이에 옮김으로써 문제와 거리를 두고, 문제를 객관적으로 바라볼 수 있다.

잠자리에 들기 전, 여러분의 힘으로 어찌할 도리가 없는 문제를 쭉 적어 보자. 그중 도저히 해결할 수 없는 문제는 선을 그어 지운다. 이후에는 해결할 수 있는 문제를 적고, 다음날에 이를 해결하기 위해 가장 먼저 할 일을 써 보자.

위의 과정은 숙면에 도움을 준다. 해결해야 할 문제에 이미 착수했고, 우리가 통제하거나 영향력을 미칠 수 있는 문제에 대처하기 위해 일어나자마자 무엇을 할지 미리 계획을 세워 두었기 때문이다.

문제의 목록을 살펴보면 두 가지 유형으로 나뉠 것이다. 첫 번째는 우리의 통제 바깥에 있는 문제다. 이는 거물급 고객이 아무런 언질도 없이 회사 본부를 다른 지역으로 옮기는 바람에 그대로 고객을 잃어버리는 경우와 같다. 이런 상황에서는 아무리 열심히 노력한들 다른 고객을 유치하는 것 말고는 문제를 해결할 도리가 없다. 그러니 자신의 통제권 밖에 있는 문제는 이만 내려놓고 의리 없는 고객을 대체할 다른 사람을 찾자.

두 번째는 중요한 프로젝트 하나를 제대로 완수하기에 다른 일이 지나치게 많은 경우다. 이 문제는 우리가 거절을 잘하지 못하거나, 다른 사람을 돕고 싶어 하는 것을 말한다. 다시 말하면 경계를 제대로 설정하지 않은 채 능력 이상의 일을 벌일 때 생기는 문제다. 이 또한 방화벽에 포함되어야 할 문제다.

설령 프로젝트 제안을 너무 많이 수락했을지라도 그 문제는 여전히 우리 통제하에 있다. 그러므로 우리는 다른 사람에게 도움을 요청하는 일 외에 일정을 재조정하거나, 위임자를 구하여 대책을 마련할 수 있다.

자녀가 학교에서 어려움을 겪거나 지붕에서 물이 새는 등 개인적으로 힘든 일 역시 방화벽에 속한다. 이러한 사건이나 상황은 우리가 통제할 수는 없지만, 조치는 가능하다. 문제를 하나하나 해결하며 침착하게 불을 꺼 나가면 된다.

세상에는 우리의 통제력에서 완전히 벗어난 문제도 존재한다. 그 예는 다음과 같다.

* 유전적 기질
* 타인의 행동
* 주변 환경이 변화하는 속도
* 인간의 직업을 대체하는 기술의 발전
* 노화와 죽음
* 자연재해
* 지구촌 곳곳에서 벌어지는 전쟁
* 전 세계적인 유행병

문제를 종이에 적어 포착해 두면 자신의 통제력을 더 강하게 느낄 수 있다. 다만 여러분의 통제력이나 영향력 밖의 문제는 그냥 내려놓아야 오히려 힘을 낼 수 있다. 또 통제할 수 없는 대상을 가능한 대상으로 오인하지 않는 것도 중요하다. 문제를 해결하는 데 여러분이 할 수 있는 일이 있다는 사실을 아는 것만으로도 난관을 타개하는 데 도움이 된다.

## 감사하다는 말에 담긴 힘

　단순히 다른 사람에게 감사를 표하기 위해서라도 고맙다고 말할 이유는 충분하지만, 그 외에도 타당한 이유는 많다. 감사를 표하는 데는 시간이나 노력이 얼마 들지 않고, 기회도 날마다 찾아온다. 크든 작든 고마운 일이 생긴다면 바로 감사하자. 고맙다는 말은 듣는 사람에게도 좋지만, 하는 사람에게도 유익하다.

### 관점의 전환

　감사하다는 말로 고마움을 표현하면 자연히 그 대상에 집중하면서 부정적인 관점을 긍정적으로 전환할 수 있다. 때로는 이토록 간단하고 손쉬운 방법으로 부정을 줄이고 긍정성을 끌어올릴 수 있다는 사실이 믿기 힘들 정도다. 그러나 이렇게 효과적인 방법은 학교에서 배울 수 없을뿐더러 일반에 널리 알려진 것도 아니다. 만일, 이 방법을 학교에서 가르친다면 어린 학생들이 갈수록 정신없이 빠르게 변화하는 현대 사회에 적응해서 살아가는 데 유용한 습관을 들일 수 있을 것이다.

### 정신 건강 개선

　연구에 따르면 감사를 표현하는 행위에는 스트레스, 불안, 고혈압, 심지어 우울증까지 완화하여 정신 건강을 개선하는 효과가 있다. 부정적인 상황에서도 감사할 수 있다면 감정 조절이 더 쉬워진다. 감사는 일종의 결단이자 부정을 완화하는 유용한 선택이다. 현대인에게 꼭 필요한 요소를 하나 꼽자면, 바로 정신 건강을 전반적으로 향상하고 행복을 증진하는 것이다.

## 더 나은 인간관계 형성

돈과 외도 문제를 제외하면 나는 결혼 생활을 어그러뜨리는 가장 큰 원인은 바로 다음 질문이라고 생각한다.

"오늘 저녁은 뭐야?"

그 질문에 하루도 빠짐없이 답하고 싶은 사람은 아무도 없다. 더군다나 그런 역할을 누구도 혼자 떠맡으려 하지는 않을 것이다. 단순히 저녁 메뉴를 묻는 것만으로 상대방에게 의도치 않게 저녁을 준비해야 한다는 의무를 부과할 수 있다.

우리 집 저녁 식사는 대부분 아내가 도맡아 준비한다. 나는 식사를 마칠 때마다 감사 인사를 잊지 않는다. 나를 위한 아내의 노력에 감사하기 때문이다. 이때 하는 감사 인사는 단순한 표현을 넘어선 존중이자 관계를 한층 견고하게 다지는 기반이 된다.

감사의 말을 전할 기회는 언제나 차고 넘친다. 때로는 외식할 식당을 직접 제안하거나, 집으로 돌아가는 길에 음식을 포장한다면 우리가 상대방에게 고맙다는 인사를 받을 것이다. 고맙다는 말 한마디와 한 번의 작은 배려는 이혼 변호사를 선임하는 사태도 면할 수 있다.

**긍정적인 분위기 조성**

감사는 긍정성을 북돋우고 부정을 감소시킨다. 동료, 고객, 거래처와 갈등이 발생할 수 있는 장소인 직장에서 감사 표현을 자주 하면 직장 분위기가 나빠지는 것을 방지하거나 이미 나빠진 분위기를 개선할 수 있다.

## 중요한 것에 집중하라

지난주에는 아내와 함께 점심을 먹으러 나가는 길에 스마트폰을 깜빡 잊고 집에 둔 것이 떠올랐다. 소셜미디어 애플리케이션을 죄다 지웠더니, 이제는 잠재의식이 스마트폰도 재미없다고 느낀 모양이다. 스마트폰 없이 점심을 먹으니 문자와 이메일 외에 다른 알림도 받지 않아서 오히려 좋았다. 며칠 뒤 나는 또다시 스마트폰을 집에 두고 나갔지만, 아쉬움은 없었다.

겉보기에 작은 것이 사실 중요하고, 큰 것은 실제로 사소할 때가 많다. 작은 것에 집착하여 큰 것에 소홀하면 삶의 질이 떨어지고, 건강도 나빠지면서 기대 수명이 짧아질 수 있다.

나는 조지 베일런트 George Vaillant 가 '하버드대학교 성인 발달 연구'를 맡은 1972년부터 쭉 해당 연구를 추적했다. 이 연구는 1938년부터 지금까지 이어져 왔다. 연구 결과의 핵심 내용은 행복하고 충만한 삶의 열쇠가 탄탄한 인간관계에 있다는 것이다.

과학적으로 행복하고 좋은 삶은 가족 및 친구와 친밀하며 서로 지지하는 관계를 맺는 것에서 온다. 양질의 인간관계는 행복하고 건강한 삶을 이루며, 수명에 긍정적인 영향을 미친다. 반면 사회적으로 고립된 사람은 그렇지 않은 사람과 비교해 불행하고, 건강 상태도 나빠서 수명도 짧다.

관계의 양은 질만큼 중요하지 않다. 친밀한 인간관계는 건강을 지키면서 스트레스도 줄인다. 하버드 연구에 따르면 외로움이 건강에 미치는 악영향은 하루에 15개비의 담배를 피우는 것에 맞먹는 수준이라고 한다. 삶의 목적이라 할 수 있는 사람들이 곁에 있을 때, 우리는 삶의 의미와 방향을 찾으며 앞으로 나아간다. 역경을 딛고 회복하는 능력, 즉 회복 탄력성 역시 행복한 삶에 대단히 중요한 요소다. 여러분은 하버드 연구 결과를 몰랐겠지만, 대부분은 그 결과를 알고도 진짜 중요한 것을 간과하고 산다.

## 불행하기 쉬운 시대

인간관계가 갈수록 일종의 거래가 되어 가는 세상에서 사람들은 올바른 삶의 경로를 벗어나고 말았다. 현대인이 타인과 관계를 맺으며 살아가는 방식은 잘못되었다.

우리 할머니는 이웃집 사람들과 알고 지내셨다. 음식을 하면 함께 나누어 먹었다. 이웃 사람 넷 중 세 명에게는 할머니 댁 열쇠가 있었으며, 할머니도 이웃집 열쇠를 가지고 계셨다. 할머니와 이웃들은 서로의 자녀를 돌봐 주었고, 밖에서 만나면 이야기꽃을 피웠다. 그에 반해 요즘 사람들은 이웃집 차고나 현관문 비밀번호를 알 것 같지는 않다. 대신 우리는 방문자의 얼굴을 녹화하는 초인종이 있고, 이를 넥스트도어Next Door[10]에 공유한다.

우리는 텔레비전 앞에 앉아 넷플릭스를 시청하거나 스크롤이 무한히 이어지는 손바닥만 한 화면을 들여다보며 시간을 보낸다. 인스타그램에 올라온 사진 또는 트위터에서 벌어지는 정치 논쟁을 훑어보거나, 틱톡과 유튜브에서 영상을 시청하며 시간을 보낸다. 마치 그것이 우리에게 주어진 4,108주를 보람차게 보내는 방법인 양 말이다. 이처럼 사람들이 스마트폰을 손에 드는 횟수는 어머니가 갓난아기를 안아 드는 횟수보다 많다. 삶의 우선순위가 어쩌다 이렇게 된 것일까?

기술은 사람들에게 더 나은 삶을 주겠다고 약속했다. 그러나 우리는 기술의 편리함을 누리는 만큼 어두운 이면도 함께 경험한다. 계속해서 주의를 빼앗기는 바람에 사람들은 정작 서로의 곁에 있어 주지 못하고, 너무 바쁜 나머지 좋은 삶을 위해 해야 할 일을 미처 다 챙기지 못한다.

게다가 이제는 메타버스로 나아가는 길을 찾아야 한다고들 말한다. 우리는 메타버스를 통해 현실 세계에서 빠져나와 만화 속 세상으로 들어간다. 그곳은 우리가 지금 살아가는 현실 세계에 비하면 경험의 깊이가 얄팍하기 그지없는 가상 세계이며, 우리를 자기 고객으로 끌어들이

---

[10] 이웃끼리 정보를 공유하고 교류하며 도움을 주고받는 애플리케이션. 옮긴이.

려는 낯선 사람들만 있을 뿐이다.

인간관계가 행복에 대단히 중요한 이유는 사람에게는 서로가 필요하기 때문이다. 우리는 어딘가에 소속되어야 한다. 우리에게는 타인과 가족과 친구가 필요하며, 서로를 돌아보고 살펴야 한다. 이처럼 타인과 관계를 맺고 살아가는 것이 인간의 본성이며, 다른 사람과 더불어 바람직한 인생을 사는 것이야말로 이 세상에 감사를 표현하는 방법이다.

## 감사의 효과

쯔시 쩡 Zixi Zeng 의 논문 〈감사에 관한 이론과 감사의 효과: 종설 연구 The Theories and Effect of Gratitude: A System Review〉에서는 부정을 완화하는 감사의 효과와 그 긍정적인 결과를 집중적으로 다룬다. 논문에서는 감사를 가리켜 행복을 증진하여 삶의 만족도를 높이고, 회복 탄력성을 길러 주는 긍정적인 감정이라고 소개한다. 감사는 우리가 부정적인 경험에서 눈을 돌려 인생의 긍정적인 부분을 보게 함으로써 부정을 덜어 낸다.

또한 감사는 관계의 질을 높여 타인과 더욱 끈끈한 유대를 맺게 한다. 감사를 생활에서 실천하는 방법은 감사 일기를 쓰고, 마음 챙김 습관을 기르며 다른 사람에게 감사를 표현하는 것이다.

로버트 에먼스 Robert Emmons 와 마이클 매컬러 Michael McCullough 의 연구에서는 참가자들이 감사 일기를 10주간 작성한 결과 행복 지수가 높아지면서 성격이 낙관적으로 변했으며, 감사하는 마음도 커졌다고 보고

했다. 이와 더불어 불안과 우울 증상도 감소했다. 제프리 J. 프로 ^Jeffrey J. Froh^ 와 자코모 보노 ^Giacomo Bono^ 의 연구에서는 감사를 느끼고 표현하는 사람들이 타인을 도울 확률이 높고, 험담하거나 불평할 확률은 적은 것으로 나타났다. 다음은 감사를 실천할 때 누릴 수 있는 긍정적인 효과이다.

* 행복
* 수면의 질 개선
* 스트레스 완화
* 낙관주의 강화
* 회복 탄력성 향상
* 인간관계가 탄탄해짐
* 더 너그러워짐
* 자아존중감 향상
* 신체 건강 개선

## 실천하기

- **감사 일기를 쓴다.**

일기장이나 공책에 감사 일기를 써 본다. 길지 않아도 괜찮다. 그저 지금 당장 감사하다고 느끼는 일을 적으면 된다. 뭘 써야 할지 몰라 막막하다면, 셀리그먼의 '좋은 일 세 가지 쓰기' 기법을 활용해 보자.

- **감사해야 할 순간을 놓치지 않는다.**

누군가 흔한 친절을 베풀거나 자기 일을 제쳐 두고 우리를 도와줄 때 그들에게 감사할 기회는 무수히 많다. 감사해야 할 상황을 기민하게 알아차리자.

- **다른 사람에게 감사를 표현한다.**

기회가 있을 때마다 감사의 말을 전하자. 고마움을 표현하면 유대감이 깊어져 관계가 한층 탄탄해지며, 말하는 사람도 행복해진다.

- **인생의 밝은 면에 집중한다.**

부정 편향을 물리치려면 긍정적인 면에 집중해야 한다. 우리 아들은 보통 내게 "좋은 일 있으셨나요?"라고 인사한다.

- **무엇보다 소중한 사람들에게 감사하자.**

삶에서 우리 곁을 지켜 주는 사람들보다 중요한 것은 없다.

# 제6장

## 부정을 긍정으로 바꾸는 방법

## 일생일대의 사건

1992년 10월 말, 정신을 차려 보니 승합차 안이었다. 나는 차 안에 있던 두 남자가 대체 내게 무슨 짓을 하는지 이해할 수 없었다. 무언가 나쁜 일을 당하기 전에 어서 탈출해야 한다는 생각이 뇌리를 스쳤다. 움직이려 했으나 손목이 결박되어 꼼짝할 수 없었다. 나는 아무런 잘못도 저지르지 않았으며, 그들에게 내 의사에 반해 나를 끌고 갈 권리가 없다며 소리를 질렀다.

알고 보니 두 남자는 응급구조사였고, 내가 있던 곳은 구급차 뒤편이었다. 집주인의 신고를 받고 출동한 응급구조사는 내가 조금 전에 심한 발작을 일으켰다면서 사정을 설명하려 애썼다. 발작을 겪고 나니 자초지종을 모르는 사람은 나뿐이었다.

구급차에서 빠져나가려는 나를 저지하는 두 사람에게 나는 스스로 무슨 말을 지껄이는지도 몰랐다. 내가 캘리포니아주 법을 안다느니, 당신들은 나를 풀어 줘야 한다느니 하며 소란을 피웠다. 솔직히 말하면 나는 캘리포니아주 법은 물론이고 다른 주의 법도 아는 게 없었다. 당시 나는 스스로 무슨 말을 하고 있는지도 몰랐다.

내가 몇 번이나 같은 말을 반복하자, 응급구조사는 상냥하게도 내 말이 맞다고 해 줬다. 캘리포니아주 법에 따르면 나를 풀어 줘야 한다고 말이다. 나는 구급차에서 내려 내가 사는 아파트로 걸어 들어갔다. 나를 잡아갔던 사람들이 내가 혼자 사는 자그마한 브렌트우드 아파트까지 따라 들어왔다.

응급구조사는 나를 주방 구석으로 몰더니 대뜸 몇 시에 집에 돌아왔냐고 물었다. 나는 5시 30분이라고 대답했지만, 그때는 6시 15분이 넘은 시각이었다. 이후 응급구조사는 그동안 어디에 있었느냐고 물었다. 405번 고속도로를 타고 퇴근한 이후 45분이 통째로 날아간 것이다.

머리가 제대로 돌아가지 않았다. 이웃은 내게 무슨 일이 있다는 사실을 알아채고 나를 UCLA 의료 센터까지 태워다 주었다. 나는 전문 의료인인 응급구조사와 함께 가는 대신 이웃의 1980년대형 쉐보레 셰비트를 얻어 타고 병원으로 향했고, 구급차가 그 뒤를 따랐다. 병원에 도착한 나는 급히 CT를 찍었고, 얼마 뒤 MRI까지 촬영했다. 이 상황은 무언가 한참 잘못됐다는 뜻이다.

얼마 후, 신경외과 의사가 병실에 들어오더니 전면 우측 측두엽에 있는 커다란 점을 보여주었다. 의사는 내게 악성 종양이 있다면서 좌측 측두엽을 보존하려면 전면 우측 측두엽을 절제해야 한다고 말했다. 나는 엽절단술 lobotomy 을 받고 싶지 않다고 호소했다. 이에 의사는 뇌의 절반을 절제하는 것뿐이니 엽절단술이 아니라 엽절제술 lobectomy 이라고 응수했다.

나는 뇌 일부를 떼어내도 될 만큼 내 뇌가 충분한지 확신이 들지 않았

제6장

다. 나는 의사에게 혹시 암이 아닐 수도 있지 않느냐고 물었다. 동시에 그 상황에서 최선을 다해 내가 암이 아닐 수도 있다는 가능성을 내비치려 애썼다. 그러자 의사는 내가 동정맥 기형 Arteriovenous Malformation, AVM 일 가능성도 있다고 말했다. 이 말이 사실이라면 의사는 지금까지 본 것 중 가장 크기가 큰 동정맥 기형이라고 덧붙였다.

다음 날 아침, 나는 MRI에서 본 검은 점을 확인하기 위해 넓적다리 동맥에 관을 꽂아 뇌까지 연결하여 머리뼈 내부의 동맥과 정맥에 조영제를 주입하는 시술을 받았다. 검사 결과 내 병명은 동정맥 기형이었고 나는 안도의 한숨을 내쉬었다. 물론 좋은 것은 아니지만, 뇌종양보다는 그나마 나았기 때문이다.

나는 부모님께 전화를 걸어 소식을 전했다. 이후 나는 다시 오하이오주 콜럼버스로 돌아가 세계 최고의 동정맥 기형 전문 신경외과 의사인 존 튜 John Tew 박사를 찾아갔다. 그는 신시내티에서 병원을 운영하고 있었다.

일주일 뒤, 나는 두 차례에 걸쳐 수술을 받았다. 첫날에는 에폭시 수지로 동맥과 정맥을 막는 수술이었다. 그 9시간 동안 나는 거의 의식이 깬 채로 하루를 보냈다.

다음 날, 튜 박사를 비롯한 의료진은 동정맥 기형과 훗날 발작을 일으킬 수 있는 커다란 뇌타박상 부위를 제거했다. 튜 박사는 수술을 마친 후에야 내 뇌 일부를 잘라냈다는 사실을 말해 주었다. 병원을 나선 나는 화가 났다.

개두술 때문인지, 깨어나고 보니 뇌 일부가 잘려 나가서인지, 아니면 병원에서 투여한 발작 방지제 때문인지는 모르겠지만 분노가 치밀었다. 아마 앞의 요인과 다른 요인이 복합적으로 작용했을 것이다. 그때의 분노는 오랫동안 지속되었다. 이 시기에 내가 주차장으로 진입하는 것을 막은 사람에게 화가 난 나머지 차에서 내려 그를 쫓아간 일은 부끄러운 기억으로 남아 있다.

## 큰 사건으로 얻은 교훈

나는 생후 9개월에 말하기 시작했고, 네 살이 되기 전에 글을 읽었다. 글을 읽는 법을 배운 순간부터 나는 매주 한 권씩 책을 읽는 열렬한 독자가 되었다. 그러나 고등학교 졸업에는 관심이 없었던 터라 툭하면 수업을 빠지고 접시 닦는 일을 했다. 만약 어머니가 수업 시간마다 옆에 앉아서 지켜보겠다고 엄포를 놓지 않았다면 아마 나는 고등학교를 중퇴했을 것이다.

뇌 일부를 잃어버린 나는 이를 스스로 보상하려고 스물여섯 살에 대학에 진학했다. 그리고 평점 평균 3.93점으로 수석 졸업자가 되었으며, 전공인 정치학과 부전공인 영문학에서는 4.0점을 받았다. 당시에는 이미 술을 끊은 후였고 방황하는 10대 청소년도 아니어서 공부가 수월했다.

대학에서 높은 학점을 받은 뒤, LSAT[11]에서도 고득점을 거두어 법학 대학원 학장 장학금까지 받았다. 그러나 변호사가 행복한 직업은 아님을 깨달으면서 변호사 시험에는 응시하지 않았다.

그리고 몇 년 뒤에는 하버드 경영대학원에서 소유주/대표자 경영 프로그램을 이수하며 9년에 걸친 학업에 마침표를 찍었다. 이상의 기나긴 공부는 수술로 뇌 일부를 잃은 과잉 반응의 결과였다. 마치 《오즈의 마법사》에서 인간의 두뇌를 원해 도로시의 여정에 동참한 허수아비처럼 행동한 셈이다. 그렇게 나는 9년간의 교육 과정을 마쳤다. 그 이전의 나는 로큰롤을 연주하는 사람이었다.

나는 그런지 grunge [12]가 헤어 메탈 hair metal [13]을 밀어내고 대세가 되던 무렵 로큰롤 연주를 그만두었다. 헤어 메탈은 재미있는 반면 그런지는 지나치게 부정적이었다. 커트 코베인 Kurt Cobain [14], 레인 스테일리 Layne Staley [15], 스콧 웨일랜드 Scott Weiland [16], 크리스 코넬 Chris Cornell [17], 체스터 베

---

[11] 'Law School Admission Test'의 두문자어로, 법학 대학원 입학시험을 말한다. 옮긴이.

[12] 록 음악 장르의 일종. 옮긴이.

[13] 록 음악 장르인 글램 메탈(Glam Metal)이 영미권에 정착하기 전의 명칭을 이른다. 헤어 메탈은 당시 화려한 장발의 밴드 구성원이 많아서 지어진 이름이며, 이를 낮잡아 이르는 의미도 포함한다.

[14] 밴드 너바나(Nirvana)의 리더.

[15] 밴드 앨리스 인 체인스(Alice in Chains)의 보컬.

[16] 밴드 스톤 템플 파일러츠(Stone Temple Pilots)의 보컬.

[17] 밴드 사운드가든(Soundgarden)의 보컬.

닝턴 Chester Bennington 18의 죽음에 부정도 한몫했을 것이다.19 이후 록은 신나는 파티 같은 음악이 아니라 어둡고 부정적인 음악으로 변했다.

수술 후 나는 곁에 있는 사람들을 더 소중히 여기게 되었다. 나는 스물다섯 살까지 살지 못할 줄 알았고, 실제로도 거의 그럴 뻔했다. 그러나 이제는 어떻게 살더라도 삶을 더 오래 누릴 수 있어서 감사하다.

나는 한 대규모 영업 회의에서 이 책의 주제를 간략하게 소개한 적이 있다. 이와 함께 암을 이겨 낸 사람들은 암을 인생에서 최고의 사건으로 꼽는다고 덧붙였다. 암 완치자는 트라우마를 통해 긍정적으로 변화한다. 그들은 삶을 새로운 시각으로 바라본다.

발표를 마치고 무대에서 내려오자, 청중 가운데 몇 사람이 나를 불러 세우며 내 말에 맞장구를 쳤다. 그들도 트라우마를 겪으며 성장했고, 자신에게 찾아온 끔찍한 불행에 감사한 마음을 품고 있었다.

노스캐롤라이나대학교 샬럿 캠퍼스 소속의 리처드 G. 테데스키 Richard G. Tedeschi 와 로렌스 G. 캘훈 Lawrence G. Calhoun 은 〈외상 후 성장: 개념적 기반과 경험적 증거 Posttraumatic Growth: Conceptual Foundations and Empirical Evidence〉라는 논문을 발표했다. 이 논문에서는 트라우마에 관한 몇 가지 사실과 더불어 부정적인 사건이나 결과에도 성장하는 사람이 존재하는 이유를 알 수 있다. 이에 21개 항목으로 이루어진 척도로 외상 후 성장을 측정하면 다섯 가지 요소가 드러나는데, 구체적인 내용은 다음과 같다.

---

18  밴드 린킨 파크(Linkin Park)의 보컬.
19  이들 음악가는 자살이나 약물 중독으로 생을 일찍 마감했다. 옮긴이.

"삶에 더욱 감사하게 되고, 타인과 전보다 더 따뜻하고 친밀한 관계를 형성하고, 자신이 더 강해졌다고 느끼고, 인생에서 새로운 가능성을 발견하고, 시각이 넓어진다."

트라우마를 겪고 나서 성장하는 사람은 주로 외향적이거나 다양한 경험에 개방적인 성향의 소유자다. 이는 해당 연구에서도 "활동성, 긍정 정서, 감정에 대한 개방성은 외상 후 성장과 가장 연관이 깊은 성격 요인이다."라는 설명이 근거가 된다. 운 좋게도 나는 외향적인 사람에 속했고, 트라우마를 겪은 뒤 삶에 더욱 감사하게 되었다.

## 프로이트와 아들러

이쯤에서 꼭 밝혀 둘 것이 하나 있다. 우리가 살면서 겪는 트라우마를 별것 아닌 일처럼 치부할 수는 없다. 어떤 식으로든 해를 입었다면 트라우마와 그 고통을 경험한 것이다. 트라우마를 보는 관점을 바꾸려면 오랜 시간이 걸리고, 그 과정을 빠르게 건너뛸 방법은 사실상 존재하지 않는다.

우리가 트라우마를 겪고 나서 내리는 선택에 따라 삶의 질과 방식에 커다란 영향을 미친다. 이제 우리 앞에 주어진 선택지가 무엇인지 알아보도록 하자. 이를 위해 두 정신분석학자가 인간이 트라우마를 처리하는 방법을 어떻게 설명했는지부터 살펴보자.

지그문트 프로이트 Sigmund Freud 는 다들 한 번쯤 들어 봤을 것이다. 하지만 프로이트와 동시대에 살았던 정신분석학자인 알프레드 아들러 Alfred Adler 는 다소 낯설지도 모르겠다. 프로이트와 아들러는 트라우마에 관한 견해가 서로 달랐다. 프로이트는 트라우마가 영구적인 손상이자 불행의 원천이라고 보았다.

실제로 어떤 사람들은 트라우마를 이유 삼아 자신의 현재 상태나 한계를 정당화하는 내러티브를 만들어 낸다. 이를 가리켜 '원인론' 혹은 '병인학 etiology '이라고 하며, 병인은 질병의 원인을 의미한다. 아마 여러분 주변에도 과거에 겪은 사건을 구실 삼아 얼마든지 할 수 있는 일도 못 하겠다고 변명하는 친척이 분명 있을 것이다. 그중에서도 친가 쪽 사촌 말이다.

반면 아들러는 어떤 부정적인 경험도 미래의 실패와 성공을 모두 보장하지 않는다고 보았다. 이를 '목적론 teleologic '이라고 한다. 아들러는 삶이 힘든 것은 사실이지만 인간이 변화의 가능성을 품고 있다고 믿었다.

나는 이마 위쪽 끝에서 오른쪽 귀 뒤까지 이어지는 커다란 흉터가 있다. 이 흉터는 내 삶을 더 낙관적으로 해석하게 하며, 긍정적인 영향을 주는 문신과도 같다. 수술 후 사후 점검을 받으러 신경과 전문의인 지그문트 박사를 찾아갔을 때, 그는 내가 작성해야 할 양식을 하나 내밀었다.

양식 맨 위에는 두 가지 선택지가 있었다. 첫 번째 선택지를 고르면 앞으로 평생 장애 수당을 받을 수 있었다. 두 번째 선택지는 일시적인 장애로 처리되어 회복 기간인 3개월간만 공과금이 면제될 예정이라는 내용이었다. 나는 지그문트 박사에게 내게 장애가 생겼느냐고 물었다. 그의 대답이 입 밖으로 나온 순간, 그 말은 그대로 내 가슴에 날아와 꽂혔다.

"환자분께서 그렇다고 생각하면 장애가 있는 거죠."

의사의 답변에 나는 장애인이 아니라는 확신에 차서 두 번째 선택지를 골랐다.

트라우마는 우리가 사건에 부정적인 의미를 부여하도록 한다. 그러나 그 이야기를 몇 번이고 반복하지 않는 이상 우리의 한계를 정하지 못한다. 우리는 위기에서 살아남아 트라우마를 극복했다고 이야기할 수도 있고, 그 탓에 자신의 역량이 전보다 떨어졌다고 변명할 수도 있다. 부정을 줄이는 한 가지 방법은 부정적인 사건과 트라우마를 재해석하는 것이다.

흔히 동기부여 연설가를 두고 하는 이야기가 있다. 동기부여 연설가는 청중에게 자신의 사업 실패, 배우자와의 결별, 반려견의 죽음과 암 진단 이야기를 죽 늘어놓는다. 그러던 중 가만히 있던 청중은 옆 사람에게 이렇게 속삭인다고 한다.

"왜 좋은 일은 죄다 저 사람한테만 일어나는 거야?"

## 상실의 재해석

우리에게 해를 끼치는 사건을 '상실'이라고 하자. 우리는 상실을 통해 삶의 질을 높이거나 미래를 밝히지 못한 채 상처만 안고 살아가기도 한다. 하지만 상실을 오히려 교훈으로 바꾸어 받아들일 수 있다.

우리는 여전히 이곳에 살아 숨 쉬며, 앞으로 살아갈 날도 아직 남아 있다. 그러니 설령 지나치게 가혹한 대가를 치르더라도 그 일을 교훈으로 남길 수 있다. 부모가 자식에게 어떤 일을 하지 말라고 말리는 이유는 그 결과를 이미 알기 때문이다. 이에 자식은 부모가 그것을 어떻게 알고 만류하는지 궁금해질 것이다. 우리 어머니는 내게 이렇게 묻곤 하셨다.

"사람들이 다 절벽에서 뛰어내린다고 하면 너도 같이 뛰어내릴 거니?"

그러면 나는 시체가 높이 쌓여서 내가 뛰어내려도 안전해질 때까지 기다리겠다고 대꾸했다. 부정적인 사건을 몇 번 겪은 뒤로 나는 나쁜 일이 벌어지기 전에 미리 피할 수 있는 육감이 생겼다. 대가를 톡톡히 치르고 얻은 교훈은 그만큼 진득하게 남는다.

고등학교 2학년 때, 나는 집에 돌아오는 길에 여동생의 남자 친구 마크가 여동생을 마구 때리며 자기 차로 밀어 넣는 모습을 목격했다. 나는 앞마당을 가로질러 달려가서 온 힘을 다해 그의 얼굴에 주먹을 날렸다. 그때 나는 고작 57kg이었고, 마크는 102kg에 달하는 거구였다. 그는 미식축구팀 선발 쿼터백이자 헤비급 레슬링 선수였다.

태어나서 한 번도 치고받고 싸워 본 적이 없는 사람은 아드레날린 수치가 떨어지면 입안에서 구리 맛이 난다는 사실을 모를 것이다. 싸움은 다행히도 불과 몇 분 만에 그쳤다. 마크에게 얻어맞은 나는 머리를 연석에 부딪혀 뇌진탕이 왔는데도 마크는 내 눈과 입을 때렸다. 나는 차를 타고 우리 동네를 유유히 빠져나가는 마크를 쫓은 것을 마지막으로 싸움은 끝났다.

그리고 집에 들어왔을 때, 나는 벽에 주먹을 날렸다가 새끼손가락이 부러지고 말았다. 마크가 이 모습을 봤다면 오금이 저려서 다시는 함부로 덤비지 못했을 것이다. 몸싸움에는 결코 흥미가 없었지만, 다른 선택이 불가능한 순간은 그때 이후에도 여러 번 있었다. 이를 통해 나는 맞서 싸우기만 해도 두 번째 싸움을 충분히 막을 수 있다는 사실을 배웠다.

우리는 상실을 교훈으로 재구성함으로써 부정적인 사건을 긍정적인 사건으로 바꿀 수 있다. 트라우마나 상실에서 무언가를 배웠다면, 그 교훈은 곧 우리가 부정적인 사건에서 긍정적인 결실을 얻었다는 뜻이다. 부정적인 사건에서 얻은 교훈을 기록한다면, 발전한 자신의 모습을 인식하면서 더 큰 어려움에도 거뜬히 대처할 수 있음을 깨달을 것이다. 이처럼 부정적인 경험을 극복하고 더 나은 미래를 만들어 갈 교훈을 얻는다면 부정적인 경험은 인생 수업이 된다.

보통은 불 켜진 가스레인지에 손을 단 한 번만 올려 보더라도 불에 손대면 안 된다는 교훈을 얻기에는 충분하다. 이렇게 얻은 교훈은 같은 잘못을 반복하지 않아도 가슴 깊이 새겨진다. 상실을 재해석하면 우리의 관점을 긍정적으로 바꾸며, 우리를 더 현명하게 할 교훈은 언제든 나오기 마련이다.

## 상처를 어떻게 볼 것인가

나심 니콜라스 탈레브 Nassim Nicholas Taleb 는 총 5권의 책을 쓴 바 있다. 그의 대표작은 《안티프래질 Antifragile 》이다. 탈레브는 금융 트레이더로서 시장의 동향을 예측하기는 불가능하다는 사실을 익히 알고 있었다. 그는 위기 상황에서도 안전성과 수익 성장을 보장하기 위해 언제나 풋옵션[20]을 매수한다.

탈레브는 시장이 내림세를 보이더라도 자신이 담당한 부유층 고객의 꾸준한 자산 유지를 보장할 책임이 있었다. 만약 우리가 탈레브를 통해 2,500만 달러를 헤지 펀드에 맡겼다면, 갑작스러운 팬데믹으로 4,000%가 넘는 이익을 거두었을 것이다.

탈레브가 남긴 더욱 중대한 업적 가운데 하나는 프래질 fragile 의 반대 개념인 안티프래질을 발견했다는 것이다. 시장이 하락할 상황을 예측해서 베팅하면, 부정적인 상황이 닥칠 때 이익을 얻는다. 즉 위기 속에서 오히려 성장하는 성질인 안티프래질을 확보할 수 있다.

---

[20] 언젠가는 시장이 급격히 하락하는 대형 사건을 예상한 베팅.

탈레브는 안티프래질의 개념을 설명하고자 '프래질', '튼튼한 robust', '안티프래질'이라는 세 가지 상태를 각각 묘사한다. 프래질, 즉 부서지기 쉬운 상태는 손상을 입으면 마치 유리가 가득 담긴 상자가 트럭 뒤편으로 굴러떨어져 깨지듯 산산조각이 난다. 튼튼하거나 탄력이 있는 것은 종이행주가 든 상자가 트럭 뒤로 떨어지는 상황처럼 충격을 가해도 손상되지 않는다. 그러나 본래의 상태를 유지하기만 할 뿐 기존보다 상태가 나아지지는 않는다. 한편, 안티프래질한 것은 충격을 받을 때마다 오히려 전보다 강해지는 것이 특징이다.

여러분은 이제껏 살아오면서 상처를 입으면 잿더미에서 부활한다는 신화 속 불사조처럼 회복력이 강해지기를 바랐을 것이다. 그러나 우리는 불사조가 아니라 히드라다. 히드라는 여러 개의 머리 중 하나를 자르면 그 자리에 머리 두 개가 다시 자라나는 생물이다.

프로이트는 인간이 상처 앞에서 프래질하다고 여겼다. 아들러는 인간에게 튼튼함과 회복력이 모두 존재한다고 말했을 테다. 그러나 그보다 더 나은 상태는 상처를 입었을 때 한층 강해지는 안티프래질이다.

철학자 프리드리히 니체 Friedrich Nietzsche 는 "나를 죽이지 못하는 고통은 나를 더 강해지게 한다."라고 말했다. 또 칼릴 지브란 Khalil Gibran 은 "가장 강한 영혼은 고통 속에서 탄생한다. 위대한 인물은 상처투성이다."[21]라는 말을 남겼다. 부정을 주제로 책을 쓰자니 마르쿠스 아우렐리우스 같은 스토아 철학자를 언급하지 않을 수 없다. 아우렐리우스는 수

---

[21] 이 인용문은 칼릴 지브란의 명언으로 알려졌지만, 출판물에서 등장하는 바와 정확히 같지는 않다.

천 년 전 다음과 같이 기록한 바 있다.

"인간은 외부 사건을 통제할 능력이 없으나 자기 정신을 지배할 힘이 있다. 이 사실을 깨달으면 그 힘을 발휘할 수 있을 것이다."[22]

## 히드라가 되는 법

우리는 스트레스가 나쁘다고 생각하지만, 꼭 그렇지만은 않다. 물론 스트레스는 신체 건강과 정신 건강에 해로울 수 있다. 하지만 그중에는 '유익 스트레스'라는 것도 있다. 이는 적절하거나 정상적인 수준의 '이로운' 심리적 스트레스다. 유익 스트레스는 스스로 해결할 수 있다고 믿는 어려움에 대처할 때 느낄 수 있다.

히드라 형 인간의 이점은 부정적인 사건이 벌어지더라도 긍정적인 결과가 나타나리라고 해석하는 것에 있다. 이 유형의 사람에게 상실은 곧 교훈이나 다름없다. 우리를 아프게 하는 것이 우리를 강하게 한다. 아들러가 말한 바와 같이 트라우마를 긍정적으로 재해석하는 능력이 있다면, 과거에 겪은 일로 미래가 망가지도록 두지 않는다.

사람들은 흔히 좋은 사람에게 나쁜 일이 일어난다고들 한다. 그러나

---

[22] 해당 문장은 스토아 철학의 핵심을 요약해 제시하고 있으나, 저서와 다르다. 이는 《명상록》 제4권 3절의 주요 구절을 의역하면서 나타났다고 본다.

나쁜 일은 사실 모두에게 일어난다. 유독 불행을 많이 겪는 사람이 일부 있을 뿐이다. 나쁜 일에 대처하는 방법은 그 일을 재구성해서 긍정적인 일로 탈바꿈하는 것이다. 부정적인 사건의 좋은 면을 인식하고, 이후의 발전상을 자각하려면 그만한 시간이 필요하다. 또 부정적인 사건을 되짚어 보고 소화하려면 그 사건과 일정한 거리를 확보해야 한다.

주위를 둘러보면 모든 걸 다 가진 사람도 있을 것이다. 이런 사람은 고생다운 고생을 한 적이 한 번도 없다 보니 응석받이로 자란다. 무슨 일이든 자기 손으로 직접 할 필요가 없는 사람은 특정 영역에 약하다. 그들은 보통 사람들이 기대하는 만큼의 역량을 갖추지 못한다. '호르메시스 hormesis'에 노출된 적이 없기 때문이다. 호르메시스는 약리학 용어로, 소량의 독성 물질이 인체에 유익하게 작용하는 현상을 가리킨다.

헬스장에서 무거운 역기를 들면 무슨 일이 벌어지는지 알 것이다. 근력 운동은 근육에 손상을 주어 근육의 부피와 힘을 강화하는 일이다. 당신이 근력 운동을 계속한다면, 사람들은 람보를 방불케 하는 팔뚝에 감탄할 것이다. 이처럼 근육질의 몸매를 뽐낼 수 있는 것도 호르메시스 덕택이기는 하지만, 굵은 팔뚝 탓에 등이 가려울 때 문간에 등을 대지 않고는 등을 긁을 수 없게 되었다.

## 외상 후 성장

 연구에 따르면 80%에 가까운 사람이 살면서 트라우마를 경험한다. 트라우마를 두 번 이상 겪는 사람도 있다. 미아 마우레르 Mia Maurer 와 다이바 다우칸타이테 Daiva Daukantaitė 는 "세상에 대한 개인의 가정을 산산이 부수어 신념 체계를 무너뜨린다."라는 말로 트라우마를 정의한다.

 '역경 후 성장'의 개념은 더 나은 삶을 추구하는 인간의 내재적 동기를 기반으로 한다. 인간은 역경에 맞서 싸우거나 역경을 통해 성장한다. 이 외에 과거의 가설을 채택하여 '트라우마 이전 수준으로 돌아가는' 방법도 있는데, 이를 '회복 탄력성 resilience '이라고 한다. 역경이나 트라우마를 겪고 나면 세계관이 바뀌기도 한다.

 정보를 긍정적으로 해석할 때, 우리는 기존의 가정을 새로이 구축하고 트라우마를 통합하여 새로운 의미나 긍정적인 결과를 찾아낸다. 이 방법은 "삶을 비롯한 모든 것에 감사하는 마음을 키우고, 자신이 소중하게 여기는 가치를 실현하여 진정성 있는 삶으로 거듭나면서 다른 사람과의 유대감도 한층 깊어진다."

 영화 〈코난 1: 바바리안 Conan the Barbarian 〉에서는 아널드 슈워제네거가 주인공 코난 역으로 분하여 열연을 펼쳤다. 영화 초반부에 어린 코난과 또래 아이들이 악당에게 납치당한다. 악당은 코난과 아이들에게 거대한 방아를 쉬지 않고 돌리게 한다. 이로부터 몇 분 뒤, 장면이 전환되면서 거구의 청년으로 자란 코난이 혼자서 방아를 돌리는 모습이 재생된다. 코난은 악당이 준 트라우마와 역경으로 훗날 그들에게 복수할 원동력을 키웠다. 물론 영화는 보지 않는 편이 좋다. 혹시라도 보게 된다면 내 탓을 하지 않길 바란다.

릴리아나 델로소 Liliana Dell'Osso 와 동료들은 〈외상 후 성장 PTG 의 생물학적 상관관계: 문헌 검토 Biological Correlates of Post-Traumatic Growth[PTG]: A Literature Review 〉라는 연구 성과를 발표하였다. 이 논문에서는 부정적인 사건을 재구성하는 외상 후 성장 증후군을 집중적으로 다룬다. 연구진은 재구성이란 과거의 경험을 되돌아보고, 그 안에서 의미를 찾는 과정이라고 설명한다.

재구성은 관점을 전환하여 부정적인 사건을 긍정적으로 보거나, 그 일을 통해 무언가 이점을 얻었다고 생각하는 능력을 가리킨다. 이를 위해서는 부정적인 경험에서 의미를 찾아내고 성장의 기회를 알아볼 수 있어야 한다. 예를 들어 트라우마를 겪은 사람은 그동안의 경험에서 삶에 감사함을 느끼거나, 새로운 목적을 찾거나, 주변 사람과의 관계에 더욱 집중할 수 있다.

델로소와 동료들의 논문은 외상 후 성장을 위한 방법을 최초로 제시한 연구이다. 심리상담사와 이야기하며 대처 전략을 모색하고 개발할 수 있다. 또 정신 건강에 관한 모든 글은 자기 관리로 시작한다고 해도 과언이 아닐 만큼 자기 관리는 필수적인 영역이다. 이에 제9장에서는 'SHED', 즉 수면 Sleep , 수분 공급 Hydration , 운동 Exercise , 식단 조절 Diet 을 자세히 다룰 것이다. 이들 방법을 잘 실천하면 스트레스를 줄일 수 있다.

사람은 의미를 찾으면 인생에서 앞으로 나아갈 힘을 얻는다. 그러려면 책과 논문을 읽고 지지 모임 support group 에 가입하는 것이 도움이 된다. 외상 후 성장은 상대적으로 새로운 개념이므로 이에 관한 연구는 아직 부족한 실정이다. 그러나 외상 후 성장이 실제로 존재하는 현상이라는 증거는 나날이 쌓이고 있다.

그 외에 디어드리 월시 Deirdre Walsh 와 동료들이 발표한 〈전립선암 환자의 심리 및 건강 관련 적응 예측 모형: 외상 후 성장, 신체적 외상 후 성장, 회복 탄력성, 마음 챙김의 역할 A Model to Predict Psychological and Health-Related Adjustments in Men with Prostate Cancer: The Role of Post Traumatic Growth, Physical Post Traumatic Growth, Resilience and Mindfulness 〉이라는 논문도 있다. 이 논문에서는 외상 후 성장이 마음 챙김, 회복 탄력성, 우울증, 불안, 삶의 질과의 연관성을 설명한다. 그리고 암 완치자의 외상 후 성장을 뒷받침하는 신체적 외상 후 성장 개념도 탐구한다.

외상 후 성장의 핵심은 부정적인 생각과 감정, 두려움, 억울함, 화를 내려놓는 법을 배우는 데 있다. 이는 물론 말처럼 쉽지 않고, 위에서 소개한 연구에 따르면 서서히 진행되는 과정이라 할 수 있다. 상처를 회복하려면 그만한 시간이 걸리는 것은 사실이지만, 사람은 상처를 딛고 일어서면 전보다 한층 단단해진다.

## 실천하기

- 긍정적인 면과 한 줄기 희망을 찾는다.

  긍정적인 측면은 어딘가에 존재하지만, 이를 발견하려면 그만큼 노력해야 할 때도 있으므로 언제나 쉽다고는 할 수 없다. 트라우마나 역경을 극복하려면 시간이 필요하다.

- 트라우마를 겪은 뒤 자기 자신과 세상의 이치에 관해 새로 깨달은 점을 돌아보면서 그 의미를 찾는다.

  이 작업을 할 때는 나중에 같은 상황이 닥쳤을 때 어떻게 달리 행동할지 생각해 보자. 이것이 바로 역경의 가치다.

- 어려운 일을 겪은 후에도 여전히 여러분의 곁을 지키는 존재에 감사한다. 역경을 딛고 성장했다면 더더욱 그래야 한다.

# 제7장
# 정치적 분열에서 나의 행복 지키기

　미국은 현재 극심한 정치적 분열로 몸살을 앓고 있다. 미국 사회는 서로 다른 의견과 이념, 신념 및 정치적 가치관으로 극명하게 나뉘었다. 그동안 미국의 뉴스 채널, 소셜미디어, 정치인들은 국민을 서로 물어뜯고 싸우는 두 개의 파벌로 갈라놓아 사회의 불안정을 불러왔다. 양쪽 모두 상대 진영이 나라를 망치고 민주주의를 위협한다고 손가락질하지만, 사실 진짜 위험 요소는 다름 아닌 정치적 분열이다.

　나는 기존의 정치 성향에서 벗어난 탈정치인이다. 현재 미국의 정치 담론은 천박한 데다 비생산적이기 그지없다. 수많은 정치인이 유권자에게 '여러분을 위해 싸워 줄 사람'이 필요하다고 역설한다. 우리를 위해 싸워 줄 사람이라니, 그것참 든든하지 않은가!

　그래서일까? 이 나라의 지도자들은 서로 다투고, 상대를 깎아내리면서 허위 사실을 유포하며 비방하는 데다 '다른 편'이 주장하는 정책이라면 덮어놓고 훼방하기에 바쁘다. 미국 정치판에서 유일하게 합의에 다다른 부분이 있다면 민주당과 공화당이 서로 미워한다는 것뿐이다.

　우리는 자신의 정치관과 가치관을 대표하는 후보에게 투표할 수 있어야 한다. 그러나 이를 넘어서서 정치를 곧 자신의 정체성이나 신앙으로 삼는다면 부정적인 성향이 커질 것이다.

　우리는 정치 이념보다 큰 존재다. 정치적 논쟁과 공포를 조장하는 행태와 그날그날의 논란거리에 잡아먹히면 정작 더 중요한 영역에 할애할 시간과 에너지가 줄어든다. 에너지는 자신이 가장 소중하게 여기고 자신에게 기쁨을 주는 대상에 쏟아야 한다. 다만 지지 정당이 사소한 논쟁이나 선거에서 이겼을 때, 상대편을 비웃으며 느끼는 쾌감과 고소함은 기쁨으로 취급하지 않는다. 정치에 몰입해 봐야 긍정적인 사람이 되기는커녕 부정적인 사람으로 나아가는 고속도로가 열릴 뿐이다.

미국 정치는 한때 지구상의 초강대국이자 가장 가까운 동맹국인 영국을 쓰러뜨리기로 마음먹은 시점부터 소란스럽고 난폭해졌다. 심지어 독립전쟁 시기에도 식민지 인구는 혁명 찬성파와 반란 반대파, 중립파의 세 분파로 갈라졌다. 게다가 독립전쟁 이후 100년도 채 되지 않아서 남북전쟁이 발발했고, 이는 역사상 가장 많은 미국 군인이 사망한 전쟁으로 기록되었다.

## 어쩌다 지금의 상황에 이르게 되었나

1978년, CNN에서는 〈크로스파이어 Crossfire 〉라는 정치 프로그램을 방영하기 시작했다. 이 프로그램에서는 진보와 보수 진영의 각 권위자인 톰 브레이든 Tom Braden 과 팻 뷰캐넌 Pat Buchanan 이 맞붙어 시사 문제로 토론을 벌였다. 이 가운데 두 사람은 예의를 지켰고, 정치 성향과 관계없이 서로를 인간적으로 좋아한다는 것이 눈에 빤히 보였다.

CNN의 창립자이자 소유주인 테드 터너 Ted Turner 는 〈크로스파이어〉

를 오후 11시 30분에 편성했다. 이 프로그램을 볼 사람이 과연 있을지 확신이 들지 않았기 때문이다. 그러나 해당 프로그램은 터너의 우려와 달리 인기 프로그램 반열에 올랐다. 얼마 가지 않아 CNN에서는 〈크로스파이어〉의 방송 시간을 황금 시간대인 오후 7시 30분으로 옮겼다. 이 프로그램은 2005년까지 방영하다가 정치적 격돌보다는 온건하고 심층적인 논조의 뉴스를 택한 CNN의 결정에 따라 막을 내렸다.

루퍼트 머독 Rupert Murdoch 이 설립한 폭스 뉴스 Fox News 의 최고경영자로저 에일스 Roger Ailes 는 2006년에 다음과 같은 발언을 남겼다고 전해진다.

> "언론계는 대중에게 맛 좋은 붉은 고기[23]를 먹이는 업계이지, 맛없는 브로콜리를 먹이는 업계가 아니다."

같은 해에 MSNBC가 개국하여 정치 스펙트럼의 나머지 절반, 즉 진보층에게 붉은 고기를 공급했다. 이러한 텔레비전 케이블 방송 프로그램을 시작한 데는 무언가 정치적 동기가 있었을 가능성이 커 보인다. 이상에서 언급한 채널은 대중의 정치적 두려움에 호소하여 안정적인 시청자층을 대규모로 구축하려는 사업 전략의 일환이었다. 그들은 사람들이 세상을 이분법으로 보도록 부추겼다.

---

[23] 붉은 고기를 뜻하는 영단어 'red meat'은 대중의 강력한 반응을 일으키는 자극적인 메시지나 이슈를 나타내는 표현으로 사용하기도 한다.

그 결과 모든 것이 '우리'와 '그들', 선과 악, 옳음과 그름으로 무 자르듯 나뉘었다. 이제 우리 사회에는 대중의 신념을 굳히고 두려움을 부추기도록 설계된 메시지를 받으며 형성된 두 파벌이 존재한다. 정치인과 정치 고문은 그 파벌을 이용해 표를 확보하고, 유권자와 그들이 지지할 가능성이 있는 후보 사이에 정치적 쐐기를 박는다. 미국은 이런 식으로 오랜 기간 조종당하다가 결국 이 지경에 이르렀다.

1990년대만 해도 음모론자 엔리코 삼촌과 함께하는 추수감사절 저녁 식사 자리를 제외하면 사람들과 정치 문제로 싸울 일이 많지 않았다. 그러나 2000년대 초반에 접어들면서 페이스북과 트위터의 등장으로 사람들이 친구와 친척, 지인은 물론이고 공인이나 낯선 사람과 맞붙기에 딱 좋은 장을 마련해 주었다.

그간 많은 이들이 페이스북과 트위터에서 정치 문제로 논쟁을 벌이다 결국 부모나 오랜 친구를 목록에서 삭제하는 상황에 다다르기도 했다. 주연 배우가 잘못된 정치 성향을 지닐 때, 그 배우가 등장하는 프로그램을 아예 시청하지 않는 사람도 있다. 일부 유명인은 자신과 정치적 견해가 다른 사람은 자기가 출연하는 프로그램을 보지 말라고 하기도 한다.

## 외부와 나 사이

정치에 지나치게 골몰하는 사람은 자기가 지지하는 후보가 경쟁 후보에게 지면 무척 우울해한다. 내가 지지하는 후보가 낙선하는 일은 대략 50%의 확률로 일어난다. 굳이 4년마다 속상해하고 분노하며, 부정에 찌들면서 불안에 떨어야 할 이유가 있는가? 그러니 선거일에 투표하고 나면 다시 일상에 집중하자.

나는 네트워크 뉴스 network news 24를 마지막으로 본 날이 언제인지 기억도 나지 않는다. 나는 내 미디어 식단에서 네트워크 뉴스를 빼고, 대신 CNBC에서 뉴스를 청취한다. 아무래도 부유층이 듣는 채널이다 보니 앤드루 로스 소킨 Andrew Ross-Sorkin, 베키 퀵 Becky Quick, 조 커넌 Joe Kernan 과 대담을 나누는 정치인들은 대체로 예의를 갖추어 조심스럽게 행동하기 때문이다.

그리고 나는 《뉴욕타임스 New York Times》와 《월스트리트저널 Wall Street Journal》을 동시에 구독 중이다. 그렇다면 나는 진보주의자일까, 보수주의자일까? 정답을 공개하자면 나는 우리 사회의 상태를 진단하고 양질의 글 읽기를 좋아하는 잡식성 독자다.

나는 정치에 휘둘리지 않으며, 부디 여러분이 지지하는 후보가 다음 선거에서 당선되기를 기원한다. 하지만 지금은 사람들이 어떤 경로로

---

24  전국 단위로 연결된 방송망을 통해 송출하는 뉴스.

정치에 물드는지 알아보아야 한다. 그러면 이제 밈으로 구성되어 밈을 전파하는 존재, 즉 '밈 머신 meme machine'으로서 인간의 특성을 살펴보도록 하자.

## 밈에 물들다

하워드 블룸 Howard Bloom 은 내 친구이자 《루시퍼 원리 The Lucifer Principle》의 저자이기도 하다. 하워드를 모르는 사람이라도 그가 책을 저술하기 전에 어떤 일을 했는지는 알 것이다. 하워드는 에어로스미스 Aerosmith, 조앤 제트 Joan Jett, 존 멜런캠프 John Mellencamp, 지지 탑 ZZ Top, AC/DC 등 음악가의 홍보 담당자였다.

ABC가 프린스 Prince 와 계약하게 한 사람도 바로 하워드다. ABC에서는 프린스를 마음에 들어 하지 않았다. 그러나 〈퍼플 레인 Purple Rain〉 앨범의 성공과 더불어 수백만 달러가 은행 계좌에 꽂히는 모습을 보고는 무척 기꺼워했을 것이다.

《루시퍼 원리》는 밈을 주제로 한 서적이지만, 귀여운 고양이나 아기 동영상 같은 것을 다루지는 않는다. 밈은 '미메틱스 memetics', 즉 밈 연구를 축약한 말로, 인간의 문화 및 사회 체계와 더불어 인간이 무언가를 믿게 되는 과정을 연구하는 학문이다. 밈은 진화생물학자 리처드 도킨스 Richard Dawkins 의 저서 《이기적 유전자 The Selfish Gene》에도 등장했다. 이 책에서는 밈을 유전자 복제와 돌연변이 발생 및 전파와 같이 아이디어 역시 같은 작용을 한다고 보았다.

인간은 스스로 아이디어를 소유하고 있다고 믿는다. 그러나 사실은 아이디어가 우리를 소유한다. 사람들은 대체로 부모의 종교와 같은 종교를 믿는다. 우리가 보유한 신념, 관습, 문화 그리고 언어는 전부 우리를 지배하는 다양한 밈을 통해 내면에 뿌리내렸다. 어머니 태중에서부터 골수 진보주의나 보수주의 신념을 품고 태어났다고 생각하는 사람은 아마 없을 것이다. 그렇지 않은가?

무언가가 입소문을 타고 퍼질 때는 몇 가지 요인이 작용한다. 일반적으로 밈은 이해하기 쉽고 주변에 잘 전달되는 특성이 있어 빠르게 확산한다. 그리고 강렬한 정서를 일으켜 기억에 잘 남는다. 또한 밈은 사람들의 공감과 동질감을 불러일으킨다. 게다가 등장하는 맥락과 활용 방식의 다양성으로 공동체를 물들인다.

반복적인 밈의 노출은 사람들의 이목을 끌어 확산을 가속한다. 누군가가 "미국을 다시 위대하게 Make America Great Again"나 "더 나은 재건 Build Back Better" 같은 밈을 반복해서 주창한다면 이곳저곳으로 퍼져 나갈 것이다.

이상과 같이 아이디어가 우리를 사로잡고 있다는 사실을 깨닫고 나면 머릿속에 자리 잡은 아이디어를 다시 지워 없앨 수도 있다. 정치에 몰입하는 시간을 점차 줄이면 세상과 친구와 가족을 부정적으로 보는 편협하고 왜곡된 렌즈를 빼고, 긍정적이며 올바른 시각을 갖출 수 있다.

## 다들 엔리코 삼촌의 옆자리를 꺼리는 이유

음모론에는 어딘지 모르게 귀가 솔깃해지는 구석이 있다. 음모론은 이해가 가지 않는 사건을 그럴싸하게 설명한다. 음모론 역시 일종의 밈이고, 널리 퍼져나가는 경향이 있다. 돈 많고 권력 있는 사람들이 배후에서 사회를 조종한다고 믿는 사람이 음모론을 들으면 귀가 팔랑이기 마련이다. 이것은 늘 사실로 밝혀지기는 했지만 말이다.

또 음모론은 악의적 주체들이 우리 삶에 영향을 미치고 있다는 증거를 내놓는다. 나는 모든 사람이 빅풋 Bigfoot , 달 착륙 조작설, 존 F. 케네디 암살 음모론 등 적어도 하나에는 가담했다고 본다. 이러한 음모 내러티브를 제3의 내러티브라고 하자.

모든 것이 음모라는 말로 정신을 피폐하게 물들이는 인터넷과 소셜 미디어, 알고리즘 탓에 요즘은 음모론을 믿는 사람이 전보다 늘어났다. 음모론을 곧잘 믿는 사람들을 보면 대체로 겁에 질려 있고, 때로는 피해망상에 시달리며, 인생에 부정적인 경향이 강하다. 심지어 음모로 실질적인 해를 입은 적이 없어도 마찬가지다.

추수감사절이 돌아오면 엔리코 삼촌이나 제니 고모는 도무지 참지 못하고 밈을 퍼뜨려 주변 사람을 음모론으로 물들인다. 그동안 누군가는 정치적 음모에 관한 대화를 피하려고 아이들이 노는 자리로 도망간

---

25 미국 로키산맥 등지에서 발견되었다는 미확인 괴생명체. 옮긴이.

다. 두 사람을 비롯해 밈에 감염된 사람들은 다른 주제로 대화하는 능력을 잃어버린다.

음모론은 복잡하게 작용한다. 심리학적 관점에서 사람은 인지적 편향을 통해 음모론에 젖어 든다. 인간은 패턴을 인식하는 '아포페니아 apophenia'라는 의식 작용에 따라 서로 관련 없는 요소 사이에서도 연관성을 도출한다. 사회학계에서는 음모론이 사회 집단에 퍼져 나가는 과정을 연구한다. 또한 음모론은 집단에서 사회 결속력을 다지는 도구로 이용하기도 한다.

미국 정치계의 문제는 양 진영 모두 서로를 깎아내리고자 음모론을 이용해 잘못된 정보를 퍼뜨리고, 이를 빌미 삼아 인신공격한다는 것이다. 이때 소셜미디어 플랫폼은 음모론을 더 빠르고 광범위하게 퍼뜨리는 발판을 마련해 주었다.

장담하건대 인구가 3억 3,500만 명 정도라면 그중 일부는 분명히 음모에 연루되어 있을 것이다. 나는 이따금 이메일로 일루미나티 Illuminati 가입 초대장을 받은 일을 빼면 그런 적은 아직 없다. 그러나 텔레비전 케이블 채널에서 시청자가 당파 정치와 음모론에 단단히 빠지도록 유도한다는 사실만큼은 똑똑히 발견했다.

이제 네거티브 정치가 판을 치는 세상에서 긍정성의 음모에 동참해 보지 않겠는가?

# 내러티브의 해악

우리 사회는 두 가지 내러티브가 장악하고 있다. 하나는 국민 절반의 마음을 움직이도록 설계했고, 다른 하나는 인구의 나머지 절반을 대상으로 구축했다. 뉴스 채널은 매일 그날의 위기를 비교적 현실감 있게 받아들일 수 있는 맥락은 죄다 걷어낸 채 화젯거리만 던진다. 미국인이 하나의 공통된 내러티브를 공유했던 시기는 9.11 테러가 마지막이었다. 하지만 그조차 정치권이 애국자 법 Patriot Act 제정과 국토안보부 Department of Homeland Security 신설 등을 둘러싸고 균열을 일으키는 바람에 얼마 가지 못했다.

이상에서 소개한 두 내러티브의 문제는 불완전하다는 데 있다. 반쪽짜리 진실은 온전한 진실이 될 수 없다.

에릭 호퍼 Eric Hoffer 는 미국 대통령 자유 훈장을 받은 사회철학자이다. 호퍼는 10권에 달하는 책을 집필했으나, 가장 잘 알려진 것은 첫 저서인 《맹신자들 The True Believer》이다. 호퍼는 광신적이고 극단적인 문화 운동은 삶이 쓸모없거나 망가졌다고 여겨 좌절에 빠진 수많은 사람이 급진적인 변화를 요구하는 운동에 동참할 때 발생한다고 주장했다. 그러나 그 사람들이 진심으로 바라는 바는 소망을 실현하는 것이 아니라 다음과 같이 자아로부터 탈출하는 것이다.

> "대중 운동이 추종자를 끌어들이고 붙잡아 둘 수 있는 이유는 대중의 자기 발전 욕구가 아닌 자기 포기 욕구를 충족시키기 때문이다."

또한 호퍼는 다음과 같은 견해를 제시했다.

"어딘가에 소속되려는 욕망은 자신을 잃어버리고 싶은 욕망이기도 하다."
"맹신자가 주변 세상의 불확실성과 뜻밖의 사건, 불쾌한 현실에도 아랑곳하지 않는 이유는 절대적인 교리를 굳게 믿기 때문이다."

이처럼 정치에 물들면 우리는 타인의 관점을 인식하거나 받아들이지 못한다.

## 리미널 씽킹

데이브 그레이 Dave Gray 는 시각적 사고 전문가이자 《기적의 리미널 씽킹 Liminal Thinking》를 비롯한 여러 책의 저자이다. '리미널'이란 경계선의 양쪽을 모두 점유한다는 뜻이다. 그레이는 우리의 믿음이 현실관을 형성하며, 신념도 스스로 만든다고 주장한다. 즉 우리의 믿음은 우리가 살아가는 세상을 창조하는 동시에 맹점을 만든다.

그레이는 믿음이 현실을 형성하므로, 이를 이해하고 바꾸면 자기 삶과 주변 세상에도 변화를 일으킬 수 있다고 보았다. 그는 신념을 바꾸기 위한 전략을 몇 가지 제시한다. 요약하면 판단 유보, 마음을 비워 기존의 믿음을 내려놓기, 교차 점검, 질문하기, 다양한 사람과 관계 맺기 등이 있다. 다음은 그레이의 저서에서 눈여겨볼 만한 핵심 내용을 일부 정리한 것이다.

* 정치의 손아귀에서 벗어나고 싶다면, 그레이의 제안대로 판단을 유보하여 최대한 갈등을 피하자. 그러면 정치적 친우와 입씨름을 벌이지 않고도 대화할 수 있다. 나는 벌써 정치적 판단을 수년간 유보했다.

* 그레이는 각종 주장을 교차 점검하라고 말한다. 넘쳐나는 허위 정보, 잘못된 정보, 노골적인 정치성 거짓말을 가려내야 하겠지만, 인터넷으로 그 진위를 확인하기는 그리 어렵지 않다. 신뢰할 만한 출처를 찾는다면 상대편의 주장이 옳음을 발견할 수도 있다.

* 그레이는 질문하기도 강조한 바 있다. 정치적이라고 할 만한 사람을 만난다면, 다음과 같이 질문을 던져 보자.

**첫**째, 상대방이 정치적 견해를 늘어놓는다면, 터커 칼슨 Tucker Carlson [26]이나 레이철 매도 Rachel Maddow [27]가 진행하는 프로그램 외에 논란거리를 제대로 조사했는지 알아봐야 한다.

**둘**째, 그 사람은 자기 견해를 뒷받침할 근거를 충분히 조사했다고 주장할 것이다. 그러나 이는 보통 유튜브 영상만 봤다는 뜻이다.

---

26 보수주의 성향의 언론인이자 시사 평론가. 옮긴이.
27 진보주의 성향의 방송인이자 정치 평론가. 옮긴이.

유튜브는 시청자의 가장 극단적인 믿음을 강화하는 콘텐츠를 제공하도록 설계되었으며, 사람들은 알고리즘에 떠밀려 정치 스펙트럼의 최극단으로 치닫는다.

미국의 정치 체계는 두 가지 신념으로 나뉜다. 정당 사이의 갈등은 오류가 아니라 정상적인 특징이다. 보수층과 진보층은 서로 도를 넘거나 극단적으로 행동하지 않도록 견제한다. 정치 체제는 이렇게 작동해야 나라가 적절한 속도로 발전할 수 있다.

한 국가에는 좌익과 우익이 존재하므로 두 내러티브가 모두 필요하다. 민주주의가 두 날개의 특성을 기반으로 꽃피는 이유는 정치 체계가 양보와 타협 속에서 작동하도록 설계되었기 때문이다. 문제는 양측 모두 상대편을 탓하며 민주주의가 도탄에 빠진다고 주장할 때 발생한다.

민주주의를 진짜 위협하는 것은 특정 정당의 존재가 아니라 양당의 부정적이고 미성숙하며, 적대적인 태도다. 당원들은 나라를 위해 합의점을 모색해도 모자랄 판에 어린아이처럼 굴고 있다. 국민이 정치인에게 기대해야 하는 태도는 대략 다음과 같다.

"이 정치인은 제 소중한 친구이자 동료예요. 그는 언제나 선한 의도로 문제에 동감합니다. 우리는 좋은 친구이고 함께 일하는 것이 매우 즐겁습니다. 다만 그 중대한 계획을 수행할 자금을 마련하기 위해 어디서 재원을 확보해야 할지를 두고 의견이 일치하지 않을 뿐이죠. 그럼에도 우리는 머리를 맞대고 문제를 해결할 방안을 찾기 위해 함께 노력할 생각이에요."

이처럼 정치인에게 상대가 요구하는 내용의 타당성을 인정할 용기만 있다면, 서로의 주장이 엇갈리더라도 반드시 해결책을 찾아낼 것이다.

## 당연한 다름

인간은 다른 사람의 정치적 견해를 포용하며 살아간다. 사실 우리는 평생을 이미 그렇게 살아왔다. 나라의 대략 절반이 우리와 반대되는 정치 성향을 지니고 있다. 그래도 우리는 멀쩡히 살아있고, 트럼프 대통령이나 바이든 대통령 때문에 딱히 피해가 생기지도 않았다.

우리 주변에는 우리가 운반하고 퍼뜨리는 밈과 반대되는 성향의 밈에 물든 가족과 친구가 존재한다. 선거를 치르는 해가 되면 동네 곳곳에 반대 정당이나 후보를 지지하는 메시지의 현수막을 내걸지만, 여전히 여러분과 원만하게 잘 지내는 이웃도 있을 것이다.

종교와 마찬가지로 누구나 자신이 원하는 정치적 신념을 품을 자유가 있다. 친구와 이웃을 개신교에서 악마 숭배자로 개종을 시도할 법한 사람이 아닌 이상 남에게 자신의 정치적 입장을 받아들이라며 종용할 이유는 없다.

나처럼 특정 정치 성향에서 벗어나 탈정치주의자가 될 용기가 있다면 부정이 확실히 줄어들 것이라 보장할 수 있다. 주말에 시간을 내어 각 후보의 공약을 읽고, 투표 후 2년간은 신경을 끄자. 그러면 그동안만큼은 전보다 홀가분한 기분을 만끽할 수 있을 것이다.

## 부정이 만연한 정치 예방하기

이제 정치적 분열을 초래하는 밈을 제거해 보자. 정치가 곧 나이고 내가 곧 정치인 사람이라면 이 작업이 어려울 수 있다. 그러나 직접 정치적 밈을 제거해 본 사람으로서 말하자면 누구라도 충분히 가능한 일이다.

더 긍정적인 사람이 되고 싶은가? 그 목적을 위해 여러분의 밈을 기꺼이 내놓겠는가? 일단 친구, 가족, 이웃, 동료가 받아들인 밈이 다르다는 이유로 그들을 원수로 여긴 적은 없었나 생각해 보자. 그렇게 생각하지 않는다면 지금 바로 자신의 교조적인 정치 신념을 제거하는 작업에 돌입하자.

부정을 일으키는 강력한 원천인 정치적 밈을 없애려고 막 나선 시점에 문득 주위를 둘러보면, 정치에 지나치게 집착하는 사람은 유독 부정적이라는 점도 눈에 띌 것이다. 대학 시절 어렵기로 악명 높은 수업에 들어간 첫날을 떠올려 보자. 교수는 이렇게 말한다.

> "여러분의 양옆을 둘러보세요. 아마 세 명 중 한 명은 이번 학기를 마칠 때쯤이면 자리에 없을 겁니다."

이번에는 우리가 매일 마주하는 사람들을 둘러보자. 아무리 봐도 우리보다 정치에 심취한 사람이 없다면 우리가 바뀌어야 한다. 그래도 확신이 서지 않는 독자를 위해 내 주장을 뒷받침할 연구 결과를 제시하겠다.

한 종단 연구에서는 2000년부터 2019년까지 뉴스 표제에 드러난 감정과 정서를 분석했다. 이 연구에서는 폴 에크먼 Paul Ekman 의 기본 정서[28]에 중립 상태를 추가한 분류 체계로 뉴스 표제를 유형화했다. 그 결과 시간이 지날수록 표제에서 부정적 감정이 강하게 드러났다. 이에 연구진은 다음과 같이 언급했다.

> "2000년부터 2019년까지 뉴스 표제에 드러난 정서성(emotionality)을 연대순으로 분석한 결과 분노, 두려움, 혐오, 슬픔의 비율은 증가했으나, 중립적인 표제의 비율은 감소했다."

이처럼 이용자에게 두려움을 주입하는 매체를 소비하는 것은 독극물을 매일 마시는 것과 다를 바가 없다.

한편 〈정치가 우리를 병들게 한다: 트럼프 정권 당시 정치 참여가 공중 보건에 미친 부정적 영향 Politics is making us sick: The Negative Impact of Political Engagement on Public Health During the Trump Administration 〉이라는 논문에서는 트럼프 행정부 시기에 주요 신체, 정신, 사회 건강 지표의 변화 양상을 분석했다. 이 연구의 주제는 트럼프 대통령이 아니라 극심한 정치적 긴장을 지속하던 시기에 나타난 국민 건강의 변화다.

위 논문의 저자인 케빈 B. 스미스 Kevin B. Smith 는 정치가 건강을 해치

---

[28] 분노, 혐오, 두려움, 기쁨, 슬픔, 놀라움.

는 메커니즘이 비교적 잘 알려져 있다고 언급한다. 정치는 대중문화를 점령하고 소셜미디어, 다양한 오락 플랫폼, 24시간 뉴스를 통해 일상에 침투하는 만성적인 스트레스 요인이다. 소극적인 관심이나 적극적 참여 양상과 관계없이 관계없이 정치가 사회의 안녕에 미치는 부정적인 영향은 기존의 여러 연구에서 입증되었다.

스미스는 정치 참여가 건강에 미치는 영향을 32개 항목의 설문[29]으로 측정, 추산하였다. 그 결과 미국인 9,400만 명이 정치를 주요 스트레스 요인으로 인식했다. 그중 4,400만 명은 수면 문제를 겪었으며, 약 3,000만 명이 신체 건강이 나빠졌다고 응답했다. 그리고 1,100만 명은 극단적 선택까지 고려했다고 보고했다. 스미스의 연구 과정을 보고 있자니 존 퀸시 애덤스 John Quincy Adams 전 대통령의 손자이자 존 애덤스 John Adams 의 증손자인 헨리 애덤스 Henry Adams 가 한 말이 생각난다.

> "입으로는 무어라 선언하든 실제 정치는 언제나 증오를 체계적으로 조직하는 행위다."

2018년, 앨런 I. 어브래머위츠 Alan I. Abramowitz 와 스티브 W. 웹스터 Steven W. Webster 는 미국인이 한 정당을 지지하기보다 다른 정당에 반대하는 현상을 연구했다. 이러한 경향은 최근 몇 년 사이에 증가했으며, 다양

---

[29] 해당 설문은 신체 건강, 정서 건강, 후회하는 행동, 사회 건강 및 생활 습관이라는 4개의 하위 척도로 나뉜다. 이 가운데 '후회하는 행동'에는 '정치에 시간을 덜 보내기로 다짐했는데, 실패했다.' 같은 문항이 있다.

한 방면에서 우리 사회를 형성한다.

그 예로 미국인들은 두 정당에 극심하게 부정적인 시각을 견지하고 있다. 2016년에 민주당 지지자는 공화당을 100점 만점에 23점으로 평가했다. 반면 공화당 지지자는 민주당을 27점으로 평가하여 상대적으로 후한 점수를 주었다. 무소속 지지자 역시 두 정당을 부정적으로 보아 민주당은 46점, 공화당은 44점으로 평가했다.

너무 극단적인 결과라는 생각이 드는가? 코로나19 유행 기간 중 마스크 착용에 관한 연구를 본다면 눈이 휘둥그레질 것이다.

어브래머위츠와 웹스터의 연구에 따르면 분열은 문화적 문제, 편파 매체, 양극화가 복합적으로 작용한 결과다. 정치 분열은 개인과 미국 사회에 부정적인 영향을 미친다. 특정 정치 성향을 띤 개인은 확증 편향에 빠져 기존의 신념을 계속 강화한다. 이 점에서 해당 연구는 정치 성향을 통해 개인이 허위 정보에 취약한 정도를 예측할 수 있다는 데 동의하므로, 호퍼의 연구와 일맥상통한다. 정당 지지자가 확증 편향에 빠지면 누가 봐도 거짓인 정보라도 믿을 가능성이 훨씬 커진다. 그리고 확증 편향은 자신과 관점이 다른 사람을 위협으로 간주하도록 유도하여 사회적 유대를 약화하고 양극화를 부추긴다.

## 실천하기

다음을 실천하면 허위 정보를 가려낼 수 있다.

- **선정적인 기사 제목을 거른다.**

오해의 소지가 있거나 의심스러운 내용을 곧이곧대로 믿지 않는다.

- **출처를 확인한다.**

지금 발견한 정보의 출처를 아는가? 글의 저자와 인용문 저자의 소속을 확인하자. 그리고 이 출판물이나 매체가 신뢰할 만한지 아니면 정치적 의제를 공공연하게 드러내는지 따져 봐야 한다.

- **균형적인 시각을 추구한다.**

특정 매체에서 편향성이 보인다면, 관점이 정반대인 매체에서 같은 사건을 다룬 기사를 찾아본다. 보도 내용을 비교해 보고 진실이 무엇인지 판단한다. 진실은 보통 그 사이의 어딘가에 있다.

- **회의적인 태도를 견지한다.**

소셜미디어에서 본 기사라면 일단 의심하고, 더 신뢰할 만한 매체를 찾는다. 어느 이야기가 단 하나의 매체에서만 등장한다면 더더욱 의심해야 한다.

- **내적 편견을 믿지 않는다.**

만약 반대 정당이 지지 정당과 정확히 같은 행동을 했다면, 어떤 반응을 보

> 였을지 생각하면서 확증 편향을 감지할 수 있다. 특정 조치에 동의한다면 시행 주체가 누구라도 태도가 바뀌지 않아야 한다. 반대편이라면 어깃장을 놓았을 사안을 우리 편이라는 이유만으로 지지하지 말자.

정치에서 벗어나기 전, 나는 정치 논쟁에 이골이 난 사람이었다. 정치 성향을 가리지 않고 모든 글을 읽었기 때문이다. 그러나 논쟁은 부정을 유발한다. 심지어 내가 논쟁에서 이길 때도 말이다. 그러니 모든 정치 매체의 스위치를 내리자. 어려운 것은 알지만, 이 책의 제목이자 주제가 부정을 부정하는 것이므로 부정의 원천은 전부 제거해야 한다. 여러분과 정치적으로 대립하는 사람이 여러분을 논쟁에 끌어들이려 하면 이렇게 말하고 물러나자.

"당신이 이겼습니다. 난 정치를 포기했거든요."

설령 너무나 재미있어 보이는 논쟁이라도 피하는 사람이 진짜 승자다. 누군가가 슬슬 일장 연설을 하려는 움직임을 보이면 "이 문제에 관해 아주 잘 아시는군요. 저도 곧 살펴보겠습니다. 알려줘서 고마워요."라고 응수하자. 그렇게 논쟁에서 물러나 시간과 에너지를 어디에 쏟아야 가치 있는 일에 영향력을 발휘할 수 있을지 생각해 보자. 타인의 정치적 견해를 바꾸려는 시도는 재능을 낭비하는 짓이다.

국가의 정치 체제는 북한이나 브라질처럼 극단으로 치우쳐도 안 된다. 양측 모두 서로 견제할 수 있을 만큼 적절한 세력을 유지해야 한다.

나는 여러분이 부디 이 책을 읽고 더 긍정적인 사람이 되기를 소망한다. 여러분은 책의 후반부에 다다를 때 부정 단식을 시작할 것이다. 그러려면 폭스뉴스나 MSNBC 같은 정치 매체를 비롯한 부정의 원천을 모두 제거해야 한다. 긍정성을 향해 나아가는 현시점에 정치를 내려놓는다고 해서 해가 될 것은 없다.

정치가 곧 정체성인 사람이라면 이제 새롭고 긍정적인 정체성이 필요할 것이다. 정치에는 투표에 참여할 만큼만 관심을 두되, 정치에 사로잡히지 않는 긍정적이고 행복한 탈정치주의자가 되어 보면 어떨까?

# 제8장
# 부정을 확대하는 소셜미디어

존스 가족은 완벽한 삶을 사는 듯이 보인다. 존스 부부는 황홀할 정도로 부유하고 매력적인 사람들이다. 아니나 다를까, 이 부부는 단란한 가족의 정석대로 슬하에 아들과 딸을 하나씩 두었고, 외모 또한 모델 뺨칠 정도로 흠잡을 데가 없다. 이들은 부동산업자 여러 명이 힘을 합쳐 집 안 구석구석을 한 땀 한 땀 계획한 듯 그림처럼 아름다운 집에 산다.

존스 가족의 인스타그램 페이지에 들어가 스크롤을 내리면 이국적인 분위기가 물씬 풍기는 곳에서 찍은 휴가 사진과 해사하게 웃는 표정이 눈에 띈다. 존스 씨는 심지어 직장에서도 별로 힘들이지 않고 실적을 올린다. 우리도 분명히 존스 씨만큼 시간을 투자한 것 같은데, 왜인지 칭찬과 공로는 언제나 그의 몫으로 돌아간다.

그러나 우리는 존스 가족의 불행한 단면을 알지 못한다. 우리가 소유한 것은 결국 우리를 소유한다고 말하지 않았는가. 완벽한 삶이라는 허울도 예외는 아니다. 남들 앞에서 완벽하게 사는 척하기는 쉽지 않다. 그러려면 매 순간을 꾸며내야 하므로 시간과 노력과 돈이 든다.

소셜미디어의 단점은 자신을 타인과 비교한다는 것이다. 존스 가족을 질투하면 그들의 것을 욕심낼 테고, 시기심이 지나치게 커지면 존스 가족에게 내심 끔찍한 불행이 닥치기를 바랄 수도 있다. 우리는 존스 부인이나 카다시안 가 여자들이 왜 남들에게 완벽한 삶을 사는 것처럼 보이려 하는지 궁금해하지 않은 채 비교의 늪에 빠진다. 그들은 누구를 따라잡으려 하고, 또 누구에게 깊은 인상을 남기려 애쓰고 있을까?

완벽한 삶은 허상이다. 대중을 충격에 빠뜨려야만 그들이 관심을 끌 수 있다면 더더욱 그렇다.

인간이 유독 다른 사람이 가진 것을 탐내는 이유는 모방 심리 때문이다. 모방 이론 mimetics 은 보이지 않는 상자에서 탈출하는 마임 mime 을 다루는 학문이 아니다. 루크 버기스 Luke Burgis 의 저서 《너 자신의 이유로 살라 Wanting》에서는 프랑스의 저명한 학자 르네 지라르 René Girard 의 통찰을 인용해 우리가 특정한 대상을 원하는 이유를 설명한다.

지라르는 스탠퍼드대학교에서 문학 강의 제안을 받은 적이 있었다. 그는 강의 계획서에 있는 책을 읽어 나가던 중, 대다수 등장인물이 자기 본보기에 해당하는 다른 인물에게서 자신이 원하는 것을 알게 된다는 사실을 발견했다. 지라르는 이 현상을 가리켜 '모방'이라고 칭했다.

모방은 단순히 무언가를 원하도록 하는 것에 그치지 않는다. 그것은 경쟁심을 낳으며, 타인이 실패하기를 바라는 시기심을 부추긴다. 그리고 시기심은 매우 강력한 부정적 감정이다. 버기스는 이러한 과정에 다음과 같은 견해를 밝혔다.

> "우리는 과도한 모방의 시대에 살고 있다. 유행과 입소문에 열광하는 것은 현대인이 곤경에 처했다는 징후다. 정치적 양극화도 마찬가지다. 정치적 양극화는 미묘한 차이를 파괴하고 가장 고결한 목표조차 오염시키는 모방 행동에서 일부 기원한다."

그러나 핵심은 우리가 특정한 대상이나 결과를 욕망하고 난 뒤, 그것을 가지지 못하는 시점에 이르러서야 질투하거나 시기하는 것이 아니라는 점이다. 대신 우리는 애초에 우리가 무엇을 원해야 하는가를 알고자 본보기에 해당하는 사람에게로 눈을 돌린다. 버기스는 다음과 같이 말했다.

> "인간이 무언가를 욕망하려면 본보기, 즉 단지 자신이 원한다는 이유로 대상에 가치를 부여하고 그러한 자신의 욕망을 타인에게 전가하는 사람이 있어야 한다."

내 주된 직업적 목표 가운데 하나는 나와 내 고객 주변의 세상을 들여다볼 수 있는 고해상도 렌즈를 발견하는 것이다. 버기스는 이를 위한 매우 실용적이고 전략적인 방법인 가치의 위계질서를 명확히 세우고, 이를 전달하는 것을 제시한다. 버기스는 이 방법이 모방적 순응에서 벗어나는 해독제라고 주장한다. 가치의 위계질서를 세우려면 각자 중요하게 여기는 가치를 나열하고 순위를 정하면 된다. 다음은 모방의 욕망에서 벗어나기 위한 가치 목록의 예시이다.

* **건강**: 일단 건강해야 다른 가치도 실현할 수 있으므로 심신의 건강이 최우선이다.
* **인간관계**: 가족과 친구를 비롯한 여러 인간관계.
* **공헌**: 나는 사람들에게 긍정적이고 가치 있는 무언가를 제공하고 싶다. 부디 이 책으로 사람들을 도울 수 있으면 좋겠다.

* **부**: Z세대에 속하는 우리 자녀들은 경제적으로 녹록지 않은 시기를 거칠 것이다. 아이들이 재정적 어려움에 부딪혔을 때 도와줄 능력이 있는 부모가 되고 싶다.

존스 가족도 결국은 우리와 같은 인간이라는 사실을 기억해야 한다. 그들은 심지어 인스타그램에서도 각자의 고충과 불안에 시달린다. 그러니 단순히 성공한 삶이 곧 만족스러운 삶이라고 치부하기보다는 더 확실한 영역에 시간과 에너지를 투자하자. 사랑하는 사람과 함께 시간을 보내고, 꿈을 좇으며, 몸을 움직여 지금처럼 꾸준히 자기 계발에 힘쓰자. 진짜 행복은 외부의 인정에서 오지 않는다. 우리를 인정해 주는 사람의 반은 그 행위가 곧 자신을 인정하는 일이 되므로 그렇게 하는 것뿐이다.

더 긍정적인 사람으로 거듭나고 싶다면 인플루언서를 무시할 줄 알아야 한다. 인플루언서 역시 다른 본보기를 모방하는 사람에 불과하며, 결국은 모두가 서로를 따라 할 뿐이다. 가지지 못한 것을 바라는 것이 무조건 나쁘다고 할 수는 없으나, 사람의 장단점은 저마다 다르다. 불행해지고 싶다면 자신의 약점을 계속 타인의 강점과 비교하면 된다. 게다가 그들이 자신의 단점을 숨기기에 급급한 사람이라면 여러분의 불행은 배가 될 것이다.

# SNS 폭력

따돌림을 당하는 가여운 학생들은 인스타그램, 스냅챗, 틱톡, 트위터를 발판으로 삼아 벌어지는 심리적 괴롭힘으로 정서적 고통에 시달린다. 실제로 어린 학생들은 인스타그램 계정이 두 개인 경우가 많다. 하나는 대외용 전체 공개 계정이고, 다른 하나는 일명 핀스타 Finsta 라 불리는 '가짜 인스타그램 Fake Instagram' 계정으로 가장 가까운 친구들에게만 공개된다. 자녀가 핀스타에서 무슨 짓을 하더라도 부모가 볼 수 없으므로, 해당 계정은 10대들이 서로를 괴롭히기 좋은 장이 된다. 이러한 SNS 폭력은 다음의 심각한 결과를 초래한다.

* **정서 및 심리 문제**: 사람은 괴롭힘을 당하면 극심한 정서적 고통을 겪는다. 공과 사를 떠나 괴롭힘이나 창피를 당하면 마음이 불안해지고 자존감이 낮아진다. 이뿐 아니라 스트레스를 받고 집중력도 떨어진다.

* **고립**: 괴롭힘과 사이버 폭력은 보통 특정 대상을 고립시키려는 의도에서 시작한다. 사이버 폭력 피해자는 소셜미디어를 떠나거나 가족이나 친구로부터 자신을 고립시킨다. 아직도 많은 학생이 고등학교 심지어 초등학교나 중학교에서 정해진 서열이 성인이 된 후에 경험하는 사회의 양상과 다르다는 사실을 미처 깨닫지 못하고 있다.

* **외모 비하**: 소셜미디어는 보통 외모 비하를 통해 비현실적인 외모 기준

과 신체 이미지를 퍼뜨린다.

* **명예 훼손**: 거짓 소문이나 추문을 공유하기는 쉽다. 어떤 사람들은 상대를 따돌리려는 목적으로 사진이나 동영상을 조작해서 상대방에게 굴욕을 주기도 한다. 한번은 씩씩하고 예쁘고 매력적인 우리 막내딸이 인스타그램 팔로워 목록에서 전 남자 친구를 발견했다. 딸은 전 남자 친구의 사진을 올리며 "내 팔로워 중 한 명을 보고 있자니 얘랑 못생긴 한 쌍이 되면 얼마나 끔찍할까 싶은 생각이 드네."라고 덧붙였다.

* **신체 건강 문제**: 괴롭힘으로 받는 스트레스는 두통이나 복통, 수면 장애를 초래한다. 괴롭힘을 당하면 마음의 상처는 물론이고, 지속적인 정신 건강 문제를 겪는 등 장기적인 영향을 받는다.

소셜미디어는 특히 젊은이들 사이에서 음침하고 위험한 공간으로 변질되기도 한다. 10대 청소년으로서는 인스타그램 없이 살기는 힘들다고 생각할지 모르겠다. 그러나 아무런 제약 없이 날로 악랄해지는 괴롭힘이 일어날 가능성이야말로 훨씬 더 심각한 문제다. 부모들은 혹시라도 자녀에게 문제의 징후는 없는가를 주의 깊게 살펴야 하고, 있다면 최대한 빨리 개입해야 한다.

## 부정 확산의 주범 소셜미디어

소셜미디어는 우리 사회 구석구석에 널리 퍼진 달갑지 않은 존재다. 실제로 부정을 퍼뜨리는 것이 소셜미디어의 주특기다. 소셜미디어 알고리즘은 상호 작용을 가장 많이 일으키는 콘텐츠가 눈에 잘 띄도록 짜여 있다.

알고리즘의 선택을 받는 콘텐츠는 대개 사람들이 철석같이 믿거나 경멸하는 극단적인 정치나 음모론 관련 정보다. 기존 매체와 케이블 뉴스가 합작하여 수십 년간 시청자의 공포를 조장해 왔으니, 반응이 이토록 극단적으로 갈리는 것은 당연한 결과라 하겠다. 그러나 현대인은 이전과 전혀 다른 새로운 맥락에서 반응한다.

현대인은 옛날처럼 텔레비전 화면을 향해 소리를 지르지 않는다. 그 대신 처음부터 끝까지 잔뜩 강조한 장문의 글로 모르는 사람이든 '친구' 목록에 있는 사람이든 가리지 않고 헐뜯는다. 이제 그 부정이 어떻게 전파되는지 하나하나 따져 보자.

소셜미디어가 부정을 퍼뜨리는 첫 번째 경로는 잘못된 정보와 가짜 뉴스를 기정사실로 굳히는 것이다. 이유야 어쨌든 사람들은 온전한 진실보다는 반쪽짜리 진실이나 노골적인 거짓 정보를 퍼다 나를 가능성이 크다. 이러한 콘텐츠는 특히 정치를 둘러싼 두려움, 혼란 또는 반감을 유발한다. 그리고 이들 콘텐츠가 한번 게시되면, 다른 여러 플랫폼까지 한순간에 퍼지는 것은 일도 아니다.

소셜미디어가 부정을 확산시키는 두 번째 경로는 '트롤링 trolling'이다. 여기에서 '트롤'은 대화의 논점을 흐려 감정적인 반응을 끌어내거나, 순전히 불화를 일으키려는 목적으로 자극적 또는 주제와 관련 없는 엉뚱한 내용을 게시하여 타인을 도발하는 사람을 가리킨다. 대부분 소셜미디어 플랫폼에서 다른 사용자를 차단하는 기능을 제공하는 이유는 그만큼 트롤링이 빈번히 발생하기 때문이다.

소셜미디어가 타인에게 부정을 전달하는 세 번째 경로는 혐오 발언과 차별이다. 개인적으로 권리 장전이 수정헌법 제1조[30]로 시작하는 이유는 이 법이 특정 개인이나 집단의 폭압과 횡포를 막는 데 필수적이기 때문이라고 본다. 물론 그것까지는 바람직하지만, 언론의 자유에는 혐오를 퍼뜨릴 자유까지 포함하는 일이 적지 않다.

온라인과 오프라인을 가리지 않고 혐오를 퍼 나르는 사람을 피하는 것은 상대적으로 쉽다. 그러나 안타깝게도 특정 사건이나 특성을 부정적인 방향으로 이용하려는 사람은 하나쯤 있기 마련이다. 어쩌면 우리는 지능 지수보다 인성을 갈고닦는 쪽에 더 신경을 써야 할지도 모르겠다.

소셜미디어로 부정을 널리 퍼뜨리는 네 번째 방법은 같은 소리만 끝없이 메아리치는 반향실 효과를 이용함으로써 플랫폼 전반에 걸쳐 이용자의 편을 가르는 것이다. 모든 소셜미디어 알고리즘은 이용자를 플랫폼에 최대한 오래 붙잡아 두도록 우리가 이미 본 콘텐츠를 또 보여주는 방향으로 설계되어 있다. 그렇다면 우리는 이용자로서 우리가 할

---

30  종교, 언론, 출판, 집회의 자유를 규정한 조항. 옮긴이.

일을 하면 된다. 행복한 고양이나 웃는 아기 같은 단어를 더 자주 검색하고 지구 평면설을 검색하는 빈도를 줄이는 것이다.

마지막으로 소셜미디어는 부정 편향으로 부정을 옮긴다. 앞에서 살펴본 바와 같이 사람은 부정 편향으로 부정적인 뉴스와 사건에 집중하면서 두려움과 불안을 낳는 악순환에 빠진다. 이 두려움에는 놓칠까 하는 두려움, 즉 'FOMO Fear of Missing Out'도 포함된다. 그러니 놓치는 '것'을 두려워하기보다는 'FOMO' 자체에 대한 건강한 두려움을 품는 쪽이 나을 것이다.

## 더 긍정적으로 생각하기

소셜미디어 플랫폼에서 긍정적으로 소통하면 변화는 작게나마 시작될 것이다. 대부분 뉴스는 자극적이어야 잘 팔린다는 원칙을 따른다. 하지만, 이 원칙은 단순히 좋은 소식만을 방송한다고 해서 해결되지는 않는다. 따라서 소셜미디어를 이용할 때는 긍정적으로 소통하고 유용한 정보를 공유하자. 그러면 우리 의견에 동의하지 않을지도 모르는 사람의 마음마저 열어서 긍정적인 감정을 일으킬 수 있다.

조던 피터슨 Jordan Peterson 의 《12가지 인생의 법칙 12 Rules for Life》에 등장하는 법칙 중 하나는 "내가 도와야 할 사람을 대하듯 자신을 대하라."이다. 조던 피터슨에 대한 개인적인 평가를 차치한다면 그 법칙만큼은 믿을 만하다. 이를 실천하는 첫걸음은 자신에게 건설적으로 말하는 것부터 시작하면 된다.

주변을 보면 자신에게 끔찍한 말만 내뱉다가 결국 부정적으로 변하는 사람이 있다. 나는 실수를 저지르고 나서 "나는 멍청해."라고 하거나 "나는 제대로 하는 게 하나도 없어."라고 말하는 사람들을 본 적이 있다. 여러분이 실수를 몇 번이나 저질렀든 앞선 바와 같은 일반화는 전혀 도움이 되지 않는다. 이런 상황에서 더 긍정적이고 유익한 방향으로 말하려면 "이번에 실수했으니까 다음번엔 더 잘할 수 있겠다."라고 하면 된다.

소셜미디어나 현실 세계나 다른 사람의 의견과 감정을 존중하는 것은 기본이다. 그들은 우리가 해 보지 못한 경험을 했을 테고, 더군다나 고작 140자 이하의 글로는 함부로 판단할 수 없다. 다른 사람과 의견이 충돌하면 그들의 시각과 관점을 열린 마음으로 대하자. 타인이 그간 걸어온 삶의 궤적을 알면 그들의 시각을 이해하기가 한결 수월해질 것이다.

그렇다고 긍정적으로 소통하기 전부터 상대의 의견에 동의해야 할 의무는 없다. 연구에 따르면 소설만 읽어도 타인을 이해하는 능력과 공감 능력이 길러진다고 한다. 그렇다면 다른 사람의 이야기에 귀 기울이는 것도 결국 같은 효과를 내지 않겠는가?

나는 티베트에 갔던 13일을 제외하면 2009년 12월 28일부터 지금까지 블로그에 글을 매일 한 편씩 올렸다. 그간 내가 블로그에 올린 수많은 글 중 대다수가 다른 사람의 이야기에서 비롯된 것이다. 여담으로 와이파이 품질로만 따지면 에베레스트산 1번 베이스캠프에 설치된 와이파이가 오하이오주 콜럼버스에 있는 우리 집 와이파이보다 오히려 나왔다.

상황에 따라서는 침묵이 긍정적인 소통 방식일 때도 있다. 한번은 비행기 좌석에 앉아 이륙을 기다리던 중 친구에게서 걸려 온 전화를 받았다. 친구는 웬 영국 남자, 그것도 다 큰 어른이 내 X 팔로워에게 나에 대한 부정적인 소문을 퍼뜨리고 있다는 소식을 숨 가쁘게 전했다. 친구는 그 남자에게 본때를 보여주자고 했지만, 나는 팔로워들에게 이렇게 전해 달라고 부탁했다.

"굳이 반응하지 마세요."

친구는 내가 너무 관대하게 군다고 여겼지만 사실 내가 그 남자의 공격에 대응해 봐야 그에게 힘을 실어주는 꼴밖에 되지 않았을 것이다. 역시나 내가 아무런 반응이 없으니 시들해진 모양인지 그 불쌍한 친구는 두어 날 정도 수확 없는 트롤링을 이어 가다 이내 포기했다. 나는 언제나 "내 장례식에 오지도 않을 사람의 의견은 신경 쓸 필요가 없다."라는 말을 가슴에 품고 살았다. 이 말대로라면 내가 지구상에 사는 약 80억 명의 사람들에게 스트레스를 받을 이유는 없다는 것이다.

## 관계의 규모

영국의 사회학자 로빈 던바 Robin Dunbar 는 수년간 침팬지를 연구했다.

물론 침팬지처럼 살고 싶은 사람은 정말 없을 것이라고 본다. 침팬지는 먹이를 구하러 다니면서 하루를 다 보내는 데다 먹고 소화하는 데 시간과 에너지가 많이 드는 나뭇잎을 주식으로 한다. 오래도록 걸으며 먹이를 먹고 나서 다른 침팬지의 털에서 이를 잡아 주는 것 외에 다른 일을 할 시간은 거의 남지 않는다. 침팬지 무리가 소수로 구성되는 이유는 침팬지가 감당할 수 있는 관계의 규모가 딱 그 정도이기 때문이다.

던바는 관계 규모에 관한 연구 결과를 침팬지처럼 털이 북슬북슬하지 않은 인간 사회에까지 적용했다. 그의 연구에 따르면 사람은 평균적으로 150명과 관계를 유지할 수 있으며, 최대 225명까지도 가능하다. 내 트위터 팔로워 수는 8만 5,000명이고, 링크드인 팔로워는 5만 4,000명에 달한다. 팔로워가 이렇게 많은 이유는 내가 사람들이 도움을 받고자 하는 분야, 즉 영업이나 리더십, 일 잘하는 법에 관한 콘텐츠를 게시하기 때문이다.

내 팔로워 수는 던바가 말한 관계의 최대치를 한참 넘어서는 수치이다. 만약 내가 모든 팔로워와 관계를 형성한다고 하면 상상만으로도 바보 같아 보일 정도다. 이처럼 이름만 아는 사람은 많아도 깊이 아는 사람은 그리 많지 않다.

여러분과 마찬가지로 나 역시 연락하는 사람은 많으나 진정으로 친하다고 할 만한 사람은 적다. 그나마 업무와 관련해서는 지인에게 약간의 시간과 에너지를 투자할 만한 가치가 있기는 하다. 하지만 그 대부분은 우리의 진짜 인맥이라 할 수 있는 150여 명에게 쏟아야 한다.

## 팔아먹은 집중력

소셜미디어가 초래하는 온갖 악영향 중에서도 우리의 귀중한 집중력을 빼앗기는 것은 가히 최악이라 할 수 있다. 애플이 스크린 타임[31]을 출시했을 때 사람들은 화면을 쳐다보며 보내는 시간을 확인하고서는 화들짝 놀랐다. 테크저리 Techjury 에 따르면 13세 이상에서 17세 이하 청소년은 하루 평균 8시간 39분 동안 전자 기기를 사용하고, 주로 소셜미디어에 쏟는 시간이 많다. 18세 이상에서 29세 이하 성인의 전자 기기 사용 시간은 하루 5시간 이상이다. 이후 나이가 들수록 스크린 타임과 전자기기 사용 시간은 30세 이상에서 49세 이하는 하루 4~5시간, 50세 이상은 하루 4시간 미만으로 줄어든다.

성별에 따른 소셜미디어 이용 시간을 보면, 남성은 하루에 약 11시간인 데 반해 여성은 12시간 이상이다. 연간 평균을 따져 보면 남성 4,015시간, 여성 4,365시간으로 나타난다. 이는 연간 평균 업무 시간인 2,080시간과 비교하면 소셜미디어 이용 시간의 절반 수준이며, 그 시간마저 소셜미디어에 할애하는 경우가 많다. 수천 시간에 걸쳐 쉼 없이 스크롤을 내릴 것을 생각하면 상상만 해도 엄지손가락이 아파져 올 정도다.

파란색 체크 모양의 인증 배지를 발급받을 때를 제외하면 소셜미디

---

31  전자 기기 사용 시간을 측정해 보여주는 기능. 옮긴이.

어 사용자가 플랫폼 사용료를 내지 않는 이유는 소셜미디어 플랫폼이 사용자의 시선과 관심을 광고주들에게 팔기 때문이다. 알고리즘은 사용자가 원하는 것을 보여주도록 설계되어 있고, 궁극적으로는 우리에게 '원해야 할 것'을 일러 준다. SNS에서 스크롤을 내릴 때마다 우리는 구매자인 동시에 상품이 된다.

## 소셜미디어 사용의 대가

요즘 우리에게 한 번 만난 적 없음에도 알고 지내는 사람은 많아졌지만, 진짜 친분을 나누는 사람은 적어졌다. 이에 따라 업무상 소통의 빈도는 늘어났지만, 대화다운 대화는 줄었다. 현대인은 사람보다 전자기기 화면과 소셜미디어 애플리케이션을 붙든 채 보내는 시간이 길어졌다. 심지어 많은 이들이 사람들이 모이는 자리에서조차 스마트폰에 매여 있다.

게다가 사람들은 집에서 근무하고 싶어 한다. 이제는 기술이 마련해 준 혼자만의 보금자리에 안착한 채 타닥타닥 키보드를 두드린다. 그리고 우리는 각자의 보금자리에 자리 잡은 다른 근무자들과 온라인으로 소통하는 삶을 바란다.

인간은 홀로 살아가는 존재가 아니다. 우리는 다른 사람들과 더불어 살아가야 하는 존재이니만큼, 이제부터는 소셜미디어에 관심을 쏟느라 중요한 인간관계를 방치하는 행태를 멈추어야 한다. 왜 우리는 온라인 세상에서 느끼는 사소한 도파민 자극으로 집중력을 흐트러뜨리지 못해서 안달일까? 우리는 무엇을 피해 달아나려는 걸까?

내 사무실에는 개인적으로 좋아하는 작가 중 하나이며, 무신론 성향의 사회학자이자 논객인 크리스토퍼 히친스 Christopher Hitchens 의 초상화가 있다. 직접 화가에게 의뢰해서 받은 그 그림을 걸어 둔 이유는 나 또한 작가로서 지루한 글은 절대 쓰지 않겠다는 각오를 늘 마음에 새기기 위해서이다. 히친스는 식도암을 진단받은 뒤 잡지 《배니티 페어 Vanity Fair》에 이렇게 썼다.

"미래에 무엇을 후회할지는 자신이 선택해야 한다."

이는 자신에게 시간이 얼마 남지 않았다는 사실을 너무도 잘 알았던 남자에게서 나온 묵직한 한마디였다.

## 현실에 살자

우리는 매트릭스에서 15분 거리에 있고, 사람들은 현실에서 달아나 숨기 위해 기꺼이 메타버스로 도망친다. 《사피엔스 Sapiens》의 저자 유발 노아 하라리 Yuval Noah Harari 는 미래에는 사람들이 약물에 취한 채 메타버스나 비디오 게임에 접속해 있으리라고 내다본다. 무척 디스토피아다운 전망이다.

유형을 막론하고 소셜미디어에서 제공하는 콘텐츠는 결국 현실 세계의 삶을 뛰어넘지는 못한다. 그러니 가능하면 주변에 전자 기기가 없는 곳에서 현실에 있는 사람과 시간을 보낸다면 부정을 완화할 수 있다. 먼저 가족이나 친구들과 시간을 보내는 것부터 시작해 보자. 사랑하는 사람들과 함께하는 시간은 우리의 긍정성에 날개를 달아 줄 것이다.

## 긍정적 소셜미디어 만들기

부정 단식 기간을 활용해 일정 기간 소셜미디어를 끊는 '디지털 디톡스'를 진행할 수도 있다. 예를 들어 잠자기 전 스마트폰 보기를 멈추면 수면의 질이 높아진다. 아마 지금까지 온갖 부정적인 콘텐츠는 다 흡수했을 테니, 일단 1~2주 정도라면 바람직한 첫걸음이 될 것이다.

하지만 소셜미디어 중독이 정말 심한 사람에게는 다른 전략이 필요하다. 내가 처음으로 30일간 부정 단식을 할 때 저지른 실수는 긍정적인 요소를 하나도 더하지 않은 채 냅다 부정만 제거한 것이다. 소셜미디어도 잘만 사용하면 긍정적인 효과를 낼 수 있다. 새로운 것을 배우거나 바람직한 사회 변화를 도모하고, 소중한 사람들과 진정한 대화를 나누는 수단으로 사용하는 것처럼 말이다.

따라서 나는 디지털 디톡스 계획을 다음과 같이 바꿨다. 소셜미디어 자체를 완전히 끊는 대신 60일간 긍정적인 콘텐츠만 소비하기로 한 것이다. 소셜미디어를 계속 사용하고 싶다면 긍정성을 북돋우거나 새로운 기술을 가르쳐 주는 유익한 계정을 팔로우하자.

  이 책은 부정 단식의 시작점에 조금씩 가까워지고 있다. 그 말인즉슨 여러분은 머지않아 부정의 원천을 제거해야 한다는 뜻이다. 본격적인 부정 단식에 들어가기에 앞서 실천하는 동안 어떤 콘텐츠를 소비할지 고민해 보자. 미리 말해 두자면 궁극적인 목표는 우리의 정신적인 식단에 부정적인 요소를 다시는 들여오지 않는 것이지만, 이 과정을 차근차근 나아가고자 한다.

## 실천하기

구독 목록에서 부정을 유발하는 계정을 언팔로우하고 긍정성을 불어넣는 계정으로 대체한다. 스크롤을 내리며 눈길을 끄는 콘텐츠가 나타나기만을 기다리기보다 적극적으로 나서서 긍정적이고, 낙관적이면서 미래지향적이며 유능한 계정으로 구독 목록을 구축하자.

❶ 자신의 X, 인스타그램, 페이스북, 유튜브 피드를 하나씩 점검한다. 새로운 규칙에 부합하지 않는 채널이나 계정을 모두 삭제한다. 부정적이거나 지나치게 정치적인 콘텐츠 또는 분노나 두려움을 유발하는 콘텐츠가 이에 해당한다. 이러한 콘텐츠 게시자가 지인이라 조치하기에 부담스럽다면 차단 기능을 활용해 보자.

❷ 긍정적인 사람들과 콘텐츠는 그대로 둔다.

❸ 소셜미디어를 건설적으로 소비하게 해 줄 새로운 계정을 추가한다. 팔로우하기 좋은 긍정적인 계정을 몇 가지 추천하자면 다음과 같다.

- @powerofpositivity(인스타그램)
- 팀 페리스(Tim Ferriss)
- 루이스 하우즈(Lewis Howes)
- 멜 로빈스(Mel Robbins)
- 브레네 브라운(Brené Brown)
- 오프라 윈프리(Oprah Winfrey)
- 리즈 위더스푼(Reese Witherspoon)
- 칼 뉴포트(Cal Newport, 유튜브 채널)
- 조코 윌링크(Jocko Willink)
- 로빈 샤르마(Robin Sharma)
- 밥 버그(Bob Burg)
- 헥터 라마크(Hector LaMarque)
- 라이언 홀리데이(Ryan Holiday)
- 제이 셰티(Jay Shetty)

❹ 부정적인 감정을 촉발하려고 만든 광고에 현혹되지 않도록 경계를 늦추지 않는다. 긍정적인 콘텐츠를 많이 소비하고 부정적인 콘텐츠를 적게 소비할수록 피드에 뜨는 광고도 사용자의 새로운 성향에 맞추어 바뀔 것이다.

❺ 자녀와 자신의 디지털 기기에서 틱톡을 아예 삭제하는 것을 고려해 본다.

최근 이와 관련한 CNN에서의 보도는 다음과 같다.

"비영리 단체인 디지털 혐오 대응 센터(Center for Countering Digital Hate)의 조사 결과 틱톡에 가입한 후 자살 관련 콘텐츠를 보기까지는 3분도 채 걸리지 않으며, 5분 정도만 더 있으면 섭식 장애 콘텐츠를 게시하는 커뮤니티를 발견하게 된다."

춤추는 동영상이 아무리 좋아도 그만한 위험 부담을 짊어질 만한 가치는 없다.

## 소셜미디어가 끼치는 악영향

〈소셜미디어 사용과 청소년의 건강: 개인별 영향 패턴의 유형 분류 체계 개발 Social Media Use and Adolescents' Well-Being: Developing a Typology of Person-Specific Effect Patterns〉이라는 논문이 있다. 이 논문에 따르면 소셜미디어의 콘텐츠 게시 및 생산에 적극적으로 참여하지 않는 수동적 성향의 이용자는 자신보다 우월한 사람과 비교하면서 정신 건강에 부정적인 영향을 받는다. 이쯤에서 존스 가족의 진실을 다시 한번 떠올리고 잘난 사람을 따라가려고 발버둥 치기를 그만두자.

이 외에 〈2013년에서 2017년 사이 온타리오주 학생들의 심각한 심리적 고통 증가: 소셜미디어 사용 시간이 미치는 영향 평가 Increases in Serious Psychological Distress among Ontario Students between 2013 and 2017: Assessing the Impact of Time Spent on Social Media 〉에서는 소셜미디어 사용 시간이 늘어나면 청소년이 경험하는 심리적 고통 수준이 높아질 수 있다고 보고했다. 소셜미디어가 없던 시대에 청소년기를 보낸 사람들은 소셜미디어가 해로워 봐야 얼마나 해롭겠냐며 그 악영향을 과소평가할 수도 있다. 그러나 자신이 10대 초반에 얼마나 힘들었는지를 떠올려 보면 지금의 청소년들이 소셜미디어의 악영향에 슬기롭게 대처하도록 돕고 싶은 마음이 피어날 것이다. 우리는 이제 졸업 무도회에서 누가 킹과 퀸에 등극하든 별일이 아니라는 사실을 익히 아는 어른이지 않은가.

다른 논문에 따르면 그 제목 그대로 '진보나 보수 성향을 띤 뉴스 기관의 부정적인 트윗이 공유될 가능성이 더 크다 Left-and Right-Leaning News Organizations' Negative Tweets Are More Likely to be Shared .'라고 한다. 그렇지 않아도 정치적 분열이 심각한 마당에 분열을 더 일으키는 것은 안 될 일이다. X 피드를 살펴보면 그런 트윗이 심심치 않게 등장한다. 댓글 하나 달지 않고 지나치기는 어렵겠지만, 우리는 다른 사람의 생각을 바꿀 수 없다. 이는 다른 사람 역시 마찬가지이므로 그냥 차단하자!

한편 〈소셜미디어와 행복: 위험과 진전과 다음 단계 Social Media and Well-Being: Pitfalls, Progress, and Next Steps 〉에서는 다음과 같이 보고했다.

"전반적으로 소셜미디어가 개인의 행복에 미치는 영향은 다면적이며,

사용 패턴과 콘텐츠 노출 및 개별 특성 등 다양한 요인에 따라 달라진다. 복잡한 이들 요인을 이해하고 소셜미디어와 행복의 관계를 더 정교하게 파악하려면 후속 연구가 필요하다."

지금쯤이면 여러분도 알고리즘의 잠재적 위험성과 함께 사용자의 행복에 악영향을 미친다는 사실을 알았으리라. 블로그 글을 5,000편 넘게 발행하고 X, 링크드인, 유튜브 콘텐츠 생산자로서 나는 부정적인 콘텐츠를 게시하지 않는다. 또 나는 소셜미디어 플랫폼에서 콘텐츠를 거의 소비하지 않는다. 소비하더라도 긍정적인 내용에 한하며, 여러분도 나처럼 하기를 추천한다.

* 소셜 플랫폼을 사용한다면 사용 시간을 제한하고 긍정적인 사람만 팔로우한다.
* 자극적인 콘텐츠와 부정적인 사람을 멀리한다. 논쟁을 일으키지 못해 안달인 사람이 있다면 차단한다.
* 소셜미디어에 게시물을 올릴 때는 긍정적이고 유용한 내용만 올린다.
* 노골적으로 부정적인 사람은 전부 차단한다. 빈자리는 행복하고, 건강하고, 긍정적인 사람으로 채운다.
* 자신을 타인과 비교하지 않는다. 우리는 사람들 앞에 그럴싸하게 전시된 좋은 면을 볼 뿐 그 뒤에 무엇이 감춰져 있는지는 보지 못한다.

이 책의 목표는 부정을 부정하는 것이므로 부정이 나올 만한 근원은 모두 차단해야 한다.

# 제9장
# 내가 만드는 기분

　우리 아이들은 어릴 때 종종 '멘탈 붕괴', 일명 '멘붕'에 빠졌다. 슬하에 자녀가 있는 사람이라면 아이들이 단 몇 초 만에도 돌연 부정적인 기분에 빠져 우리까지 물들인다는 사실을 알 것이다. 이럴 때 나는 세 꼬마 테러리스트의 요구에 굴복하는 대신 빠르게 도망치는 쪽을 택했다.

　아이들이 기저귀에 갇힌 작은 다리를 동동거리며 나를 쫓아오기는 힘들었다. 게다가 내가 위층으로 뛰어 올라가기라도 하면 아이들은 속수무책이었다. 이렇게 행동한 이유는 아이들이 내가 달리는 모습을 보면 부정적인 기분 상태가 깨져서 까르르 웃음을 터뜨렸기 때문이다.

　그 추격전은 꼭 게임 같았다. 아이들은 웃음을 터뜨리다가도 얼마 가지 않아 화를 내야 하는 시점임을 기억해 낼 때면 나는 또 내달렸다. 이 꼬마들 때문에 내 기분까지 나빠지도록 두어야 할 이유가 무엇이겠는가? 대신 내가 아이들의 기분을 좋게 바꾸면 그만이다.

　아이들이 점차 자라면서 내가 하지 말라고 한 행동을 두고 입을 삐죽이며 불퉁거리면 나는 영화 〈초콜릿 천국 Willie Wonka and the Chocolate Fac-

^tory ⟩의 등장인물 중 베루카 솔트 ^Veruca\ Salt ₃₂가 부르는 노래 ⟨I Want It Now⟩를 불러 주었다.

<blockquote>
세상을 갖고 싶어.

I want the world.

온 세상이 내 것이라면 좋겠어.

I want the whole world.

전부 가져다가 내 주머니에 넣어 버릴 테야.

I want to lock it all up in my pocket.
</blockquote>

나머지 아이들과 아내도 덩달아 노래를 부르면 우리 집 베루카는 이내 고집을 꺾고 방으로 들어간다. 그러면 집안에 달콤한 고요가 찾아들었다. 이것이 내가 아이들의 기분을 바꾸려고 사용한 전략이다. 어린 자녀를 둔 독자라면 내게 감사할 것이다.

자녀에게 벌을 주어야 할 때면 나는 아이를 사무실로 불러 이른바 '인성에 관한 대화'를 나눴다. 나는 단숨에 3시간에 가까운 일장 연설을 할 수 있다. 내 잔소리를 1시간 정도 듣고 나면 우리 집 10대들은 자진해서 자동차 열쇠를 내게 건네고, 본인에게 외출 금지령을 내려 달라고 말한다.

---

[32] 작중에는 영국에서 가장 큰 땅콩 공장을 운영하는 아버지를 둔 여자아이로, 원하는 것은 반드시 갖기 위해 떼를 쓰는 응석받이이다.

그러나 나는 아이를 충분히 오랫동안 붙잡아 두면서 다시는 심각한 잘못을 반복하지 않도록 타일렀다. 그러자 쌍둥이 자매 중 한 명은 이야기할 사람이 필요해지면 친구들을 데리고 내 사무실에 찾아오기 시작했다. 내 목표는 언제나 아이들의 기분을 바꾸는 것이다.

기분을 바꾸는 것은 우리에게도 마찬가지로 좋은 영향을 미칠 것이다. 부정적인 기분을 중립적 또는 긍정적으로 바꾸는 방법은 여러 가지가 있다. 뒤이어 등장하는 여러 전략 가운데 여러분에게 가장 도움이 될 만한 방법을 몇 가지 골라 실천해 보자.

## 운동으로 부정에서 달아나기

달릴 때는 부정적인 심리 상태를 유지하기가 거의 불가능하다. 처음 몇 분 동안은 분노가 차올라 꼭지가 돌아버릴 듯한 기분이 가시지 않을 수도 있다. 하지만 뛰면서 숨이 거칠어지고 땀이 나기 시작하면 부정적인 기분이 곧 가라앉을 것이다.

화가 나면 무의식적으로 숨을 참는다는 사실을 알아차린 적이 있는가? 사람이 분노하면 횡격막 위치가 높게 유지되어 체내에 산소가 부족해진다. 이때 다시 숨을 쉬기 시작하면 부정이 차츰 잦아들 것이다. 얕은 흉식 호흡은 전형적인 스트레스 반응이다. 복식 호흡을 하면 신경계를 가라앉히고 신체 긴장을 완화하여 건강에 여러 이점을 누릴 수 있다.

달리기가 싫으면 무거운 것을 들어도 같은 효과를 볼 수 있다. 우리의 정서 상태와 생리 상태는 긴밀하게 연결되어 있다. 둘 중 하나가 바뀌면 나머지도 덩달아 바뀐다. 어떤 신체 활동이든 몸을 움직이면 엔도르핀이 나온다. 엔도르핀은 뇌에서 분비하는 화학 물질로, 우리의 기분을 나아지게 한다. 또 신체 활동은 부정적인 사고방식에서 벗어나게 해주는 훌륭한 수단이기도 하다.

## 영양과 수분 공급

혈당이 낮거나 높을 때, 그리고 질 낮은 식단은 신체 및 정신 건강에 악영향을 미친다. 예를 들어, 달고 기름진 음식을 먹으면 잠깐은 기분이 좋을지 몰라도 얼마 안 가서 완전히 진이 빠질 것이다. 건강한 음식은 우리의 기분을 좋아지게 할 뿐 아니라 오랫동안 기운이 넘치고, 뇌에 영양소가 공급되어 원활한 두뇌 회전을 도와준다. 초콜릿은 건강식품이 아니다. 초콜릿을 먹으면 즉시 슈거 크래시 sugar crash [33]가 발생한다. 되도록 기름기가 적은 단백질과 푸른잎채소, 아삭한 과일, 견과류 섭취를 권장한다.

그리고 수분을 미리 보충하면 부정적인 기분에 빠지지 않도록 예방할 수 있다. 온몸이 축 처지고 기분이 좋지 않다면, 방광이 초과 근무 수

---

[33] 당분을 다량 섭취한 뒤 느끼는 극심한 피로감. 옮긴이.

당을 내놓으라며 소송을 제기할 때까지 물을 충분히 마셔 보자.

## 호흡하기

부정적인 정서 상태를 긍정적으로 바꾸는 방법이 하나 더 있다. 의식적으로 호흡하면 부정적인 감정 상태를 손쉽게 해소할 수 있다. 방법은 간단하다. 4초간 숨을 들이마신 뒤 4초간 참았다가, 다시 4초간 내쉰 후에 들이마시면 된다.

## 다른 사람들에게 털어놓기

우리를 든든히 지지해 주는 긍정적인 사람들과 함께 있는 것도 아주 훌륭한 방법이다. 상대는 가족이나 친구, 아니면 긍정적인 성격의 직장 동료도 괜찮다. 다른 사람들과 마음을 터놓고 이야기하면 부정적인 기분을 해소할 수 있다. 분통을 터뜨리지 않으면 더욱 효과가 좋다. 다만 격려가 필요한 순간에 누구에게 도움을 청할지는 신중하게 결정해야 한다.

동료 불평쟁이와 함께 투덜거리면 재미는 있을지 몰라도 부정적인 상태를 긍정적으로 전환할 수는 없다. 우리의 주의를 다른 데로 돌려놓을 줄 알고, 새로운 관점을 제시하면서 성가신 문제를 잊고 앞으로 나아가게 도와주는 사람에게 이야기하자. 어차피 불행한 사람이 또 다른 불행한 사람에게 백날 이야기해 봐야 기분은 나아지지 않는다.

## 음악 활용하기

음악도 기분을 변화시킨다. 에너지를 끌어올리는 음악이 특히 효과적이다. 내게는 AC/DC의 〈For Those About to Rock We Salute You〉와 밴 헤일런 Van Halen 의 〈Unchained〉가 그런 노래다. 여러분이라면 테일러 스위프트 Taylor Swift 의 〈Shake It Off〉를 즐겨 듣겠지만, 그렇더라도 상관은 없다.

최근 연구 결과에 따르면 강렬한 음악을 들을 때 흥분이 고조되어 변화를 일으킬 행동을 실천하려는 의지가 강해진다. 다른 연구에서는 속도가 빠르고 리듬감이 강한 음악이 운동 능력을 향상하고 의욕을 자극한다는 사실이 입증되었다. 따라서 기운찬 음악을 들으면 삶에서 긍정적인 변화를 일으킬 의욕과 활력을 얻을 수 있다.

## 감사 일기 쓰기

　감사 일기에 관해서는 제5장에서 다루었다. 감사할 수 있으며, 그래야 할 대상에 관해 시간을 들여 찬찬히 생각하고 기록하는 습관은 우리를 더욱 긍정적인 방향으로 이끈다. 감사 일기를 쓰면 자연히 감사하는 대상에 집중하게 되므로, 기분 전환에 효과적이다.

　감사의 힘을 과학적으로 입증한 연구 결과는 차고 넘친다. 감사 일기가 뭐 그리 대단하냐고 생각할 수도 있겠다. 그러나 연구자들은 감사가 부정을 줄이는 데 강력한 효과를 발휘한다고 입을 모아 말한다.

## 긍정 확언

　제2장에서는 내적 대화가 우리를 부정적인 방향으로 이끄는 과정을 살펴보았다. 내면에서 부정적인 목소리가 아우성칠 때, 긍정 확언은 부정을 격려의 목소리로 바꾸어 준다. 이처럼 긍정적인 면에 집중하면서 마치 힘든 하루를 보낸 친구를 대하듯 자신을 다독이면 기분이 나아진다. 다만 자신을 향한 부정적인 말은 단 한마디도 하지 않도록 주의해야 한다. 이에 일각에서는 우리의 뇌는 스스로 반복하여 말하는 내용은 무엇이라도 그대로 믿는다고 주장하는 사람들도 있다.

## 요가

지금 룰루레몬 Lululemon [34] 브랜드의 요가복을 입은 채 이 책을 읽는 사람에게 안성맞춤인 방법이다. 지금 요가 매트를 펴고 엎드려 개 자세를 취하면 기분이 나아질 것이다. 이렇게 몸의 움직임과 자세에 집중하면 호흡을 고르고 신경계를 진정하는 데 도움이 된다.

## 자연 요법

친환경 요법이라고도 불리는 자연 요법은 단순히 자연에 머무르면서 사고방식을 전환하는 방법이다. 자연에서 시간을 보내면 분노, 스트레스, 두려움을 진정시키는 효과가 있다. 어쩌면 이때 경외감이 들 정도의 초자연적, 영적 신비 체험을 할 수도 있다. 니체 등 위대한 사상가들은 자연을 거닐며 시간을 보냈다. 그들은 사유하고자 할 때 어김없이 자연을 찾았다.

---

[34] 요가복, 레깅스 등 운동복을 판매하는 브랜드. 옮긴이.

## 친절 베풀기

여러분을 둘러싼 문제와 부정적인 기분을 잊고 싶다면, 여러분의 도움이 필요한 다른 사람에게 집중해 보자. 남을 돕는 일은 부정적인 기분을 긍정적으로 바꾸는 가장 강력한 전략이다. 다른 사람에게 도움의 손길을 내밀면 여러분의 기분이 나아지면서 스스로 괜찮은 사람이라고 느낄 것이다. 이에 관해서는 11장에서 더 자세히 다룬다.

## 알코올과 약물 피하기

알코올과 약물은 일반적인 상황에서, 특히 부정적인 기분일 때라면 반드시 피하는 것이 바람직하다. 알코올과 약물은 불안과 우울을 촉발하고, 기분을 불안정하게 하기 때문이다.

## 웃음의 진화

웃음에는 스트레스를 줄이는 효과가 있다. 사람은 웃으면 행복감을 느낀다. 어쩌면 웃음의 진화론적 목적은 인간이 부정적인 사건에 대처할 수 있게 하는 것인지도 모르겠다. 이에 관하여 로빈 던바는 저서《멸종하거나, 진화하거나 Human Evolution》에서 다음과 같이 언급한다.

"여러 사람을 동시에 '그루밍 grooming' [35] 할 수 있는 행동이 하나 있다. 바로 웃음이다."

던바는 그루밍에서 비롯한 웃음이 멀리서도 엔도르핀 분비를 일으킨다고 주장한다. 또한 웃음은 쉽게 퍼지는 성질을 지닌다고 하였다. 개인적으로 웃음은 인간이 스트레스에 대응하는 방책에 속한다고 본다.

## 경혈 두드리기

감정 자유 기법 emotional freedom technique 은 다른 말로 '경혈 두드리기 tapping'라고도 한다. 솔직히 말하면 내가 이 기법을 직접 적용해 본 적은 없지만, 지인 중에 그 기법을 주기적으로 활용하는 사람들은 안다.

감정 자유 기법은 침술과 비슷한데, 광대뼈나 이마 등 신체의 특정 부위를 두드리는 기법이다. 개인적으로 이 기법을 쓰는 사람은 알지만, 그 효과를 과학적으로 증명한 자료는 찾지 못했다. 다만 〈감정 자유 기

---

[35] 영장류가 서로 털을 손질해 주듯 인간이 함께 웃거나 한담하며 유대를 형성하는 행위. 옮긴이.

법: 마침내 나온 전인 간호의 통합 이론인가 아니면 빛 좋은 개살구인가? The Emotional Freedom Technique: Finally, a Unifying Theory for the Practice of Holistic Nursing, or Too Good to Be True? 〉라는 논문에서는 다음과 같이 말한다.

"동료 심사 저널에 실린 60편 이상의 연구 논문에서 외상 후 스트레스 장애, 공포증, 불안, 우울증 등 심리적 고통을 겪는 환자에게 감정 자유 기법을 시행했을 때 무려 98%에서 효과를 나타냈다고 보고했다."

## 반려동물과 지내기

나는 강아지와 고양이를 두 마리씩 키운다. 크리스토퍼 히친스는 "강아지에게 밥과 물을 주고 산책을 데리고 나간다면 강아지는 우리를 신이라고 생각하지만, 고양이의 경우 자기가 신인 줄 안다."라는 명언을 남겼다. 여러분이 둘 중 무엇을 선호하든 간에 반려동물은 우리의 스트레스와 불안을 완화하고 기분을 좋아지게 한다.

내가 키우던 작은 강아지 첼시가 암을 진단받는 바람에 방사선 치료비로 2만 달러를 지출한 적이 있다. 친구는 치료비가 그 정도면 포기해야 하지 않았냐고 물었을 때, 나는 지각이 있는 생명체를 차마 포기할 수 없었다고 답했다. 나는 첼시에게 가족으로서 도리를 다할 수 있어 다행이라 생각하면서 치료를 망설이지 않았다. 수술 이후 첼시는 6년째 우리 가족과 함께하고 있다.

## 낮잠

마침내 내가 가장 선호하는 방법인 '낮잠 자기'에 도달했다. 나는 유독 기분이 처질 때면 침대에 누워 20분간 낮잠을 자며 컨디션을 회복한다. 이따금 침울하고 부정적인 기분은 인간이라면 누구나 당연히 겪는 일이며, 우리가 느끼는 모든 감정에는 각자의 역할이 있는 법이다. 그러나 부정적인 상태에 오래 머무르는 것은 피하는 편이 좋다. 더군다나 이 장에서 제시하는 여러 방법 가운데 효과적인 것을 찾아 기분을 곧장 긍정적으로 전환할 수 있다면 굳이 지체할 이유가 없다.

부정 단식 중이라도 부정적인 기분을 아예 느끼지 말아야 하는 것은 아니다. 부정적인 기분이 들면 얼마간은 그 감정에 머물러도 괜찮다. 사실 부정적인 기분을 충분히 느끼는 일도 우리에게 꼭 필요할 때가 있다. 하지만 부정적인 기분을 굳이 긍정적으로 바꾸고 싶지 않거나 마음의 준비가 덜 되었다면 기분을 억지로 바꾸지 않아도 무방하다.

## 스스로 돌보기

이 장을 쓰기 약 6주 전, 나는 커피와 설탕을 동시에 끊었다. 커피를 끊은 첫날 밤에는 잠을 이루지 못했고 온몸이 쑤셨다. 나는 열세 살 때 블랙커피를 마시기 시작했다. 향을 맡자마자 커피가 마음에 쏙 들었다.

속이 쓰려 애를 먹기는 했지만, 약을 먹지 않기 위해서라면 무슨 일이든 마다하지 않았다. 또 나는 술을 마시지 않고, 담배도 피우지 않는다.

체중 감량이 가장 중요하다는 심장 전문의의 조언에 따라 나는 설탕을 끊었다. 그러자 5주 만에 거의 10kg이 빠졌다. 동시에 전보다 물을 훨씬 더 많이 마시기 시작했다. 그리고 수면 시간은 6시간에서 7시간 30분으로 늘렸다.

신체 건강은 정신 상태에 크나큰 변수로 작용한다. 자신을 제대로 돌보지 않으면 몸 상태가 나빠지므로 부정행 직행열차에 타기 십상이다. 따라서 긍정적인 기분을 더 오래 유지하고 싶다면 자신을 잘 돌봐야 한다. 그렇다면 자기 돌봄에 가장 중요한 네 가지 요소인 수면, 수분 공급, 운동, 식단 조절을 총칭하는 'SHED'를 살펴보도록 하자.

### 수면: 최고의 명상법

기분을 나아지게 하려면 가장 먼저 무엇을 바꿔야 하느냐고 묻는 이가 있다면, 일단 잠부터 더 자라고 답하겠다. 수면 시간을 1시간만 늘려도 몸이 가뿐해져 온종일 긍정적인 기분을 유지하기 쉬울 것이다. 달라이 라마도 여러분에게 "최고의 명상은 수면"이라고 말할 것이다. 이처럼 수면 시간을 늘리면 잠도 더 자면서 친구들 앞에서는 매일 7시간 30분씩 명상한다고 말할 수 있으니, 그야말로 일거양득인 셈이다.

### 수분 공급: 인간은 대부분 물로 구성돼 있다

부정적 감정 완화에 필수적인 두 번째 변화는 수분 섭취량을 늘리는 것이다. 시간마다 한 번씩 화장실을 들락거리는 나를 보며 사무실 직원들이 어떻게 생각할지 의문이다. 이를 입 밖에 내는 사람은 아무도 없지만, 다들 내 방광이 콩알만 하다고 생각할 것이다.

하지만 내가 화장실에 자주 가는 진짜 이유는 그만큼 수분 공급을 매우 중요하게 여기기 때문이다. 탈수는 생리학적으로 기분이 나빠지는 원인에 해당한다. 잊을 만하면 한 번씩 두통이 오는가? 그렇다면 낙타처럼 물을 적게 마신 탓일 수도 있다. 여러분은 낙타가 아니다!

### 운동: 몸을 움직인다

규칙적인 운동은 기분을 개선하는 신경 전달 물질인 엔도르핀의 분비를 불러오면서 온갖 선하고 긍정적인 기운을 발휘할 수 있다. 뇌에서 엔도르핀이 분비되면 행복감이 증가하고 통증은 경감된다. 또 기운이 평소보다 더 넘쳐 하루 내내 긍정적인 기분을 유지하기 쉬워진다.

회전근개 수술이나 무릎을 갈아 끼우는 수술까지 불사하겠다는 사람이 아닌 이상 크로스핏 같은 고강도 운동을 할 필요는 없다. 걷기 운동만으로도 충분하다.

### 식단: 건강한 음식을 주식으로 먹는다

팀 페리스는 토요일 Saturday 을 '먹요일 Faturday' 36로 정해 두라고 한다. 주중에는 건강한 식단을 유지하다가 토요일 하루는 먹고 싶은 대로 마음껏 먹으라는 것이다. UFC 대표 데이나 화이트 Dana White 도 '다이어

---

36  살이 찐다는 의미의 'fat'과 토요일을 뜻하는 'Saturday'의 합성어이다.

트 따윈 없는 금요일 F**k-It Friday'만 돌아오면 영양가 없는 괴상한 음식을 먹는다.

음식은 가공을 적게 거칠수록 건강에 이롭다. 어떤 사람은 기분이 나아지려면 혈당을 유지하기 위해 무언가를 먹어야 한다. 이때는 통곡물 시리얼 같은 복합 탄수화물, 과일, 채소, 후무스 hummus [37]를 섭취하면 포만감을 유지할 수 있다.

반대로 나처럼 간헐적 단식을 해야 컨디션이 좋아지는 사람도 있다. 나는 하루에 한 끼 먹는 날이 많다. 먹지 않을 때 기운이 더 넘치기 때문이다. 결론적으로 몸의 소리에 귀를 기울이고 영양가 있는 연료를 공급하는 것이 가장 중요하다.

## 낙관주의자가 되는 법

나는 태어날 때부터 낙관주의자였다. 비록 21세기는 인류에게 암울한 미래를 가져다줄 심산인 듯하지만, 나는 언제나 미래에 일이 잘 풀리리라 굳게 믿었다. 비관주의자는 염려하지 않아도 된다. 그들은 이미 상황이 나쁘고, 계속해서 나빠지고 있다고 믿기 때문이다. 비관주의자는 "상황이 이보다 더 나빠질 순 없어!"라고 외치고, 낙관주의자는 "아

---

[37] 삶은 병아리콩을 으깨서 올리브유, 마늘, 레몬즙 등과 섞은 중동 음식. 옮긴이.

니, 당연히 그럴 수 있지."라고 응수한다.

마틴 셀리그먼은 비관주의와 낙관주의를 연구하는 대표적인 심리학자다. 셀리그먼은 저서 《낙관성 학습 Learned Optimism》에 연구 결과를 기록했다. 셀리그먼은 비관주의자를 두고 이렇게 이야기한다.

> "비관주의자의 결정적인 특징은 나쁜 일이 오랫동안 지속될 것이고, 자기가 하는 모든 일을 망쳐 놓을 것이며, 그것이 자기 잘못이라고 믿는 경향에 있다."

셀리그먼은 낙관주의자가 같은 상황에 부딪힌다면, 다음과 같은 반응을 보인다고 말한다.

> "낙관주의자는… 나쁜 일이 단지 일시적인 차질에 불과하다고 믿는 경향이 있다. … 그들은 어쩔 수 없는 상황이나 불운, 혹은 다른 사람들 때문에 나쁜 일이 벌어졌다고 생각한다. 낙관주의자는 나쁜 상황을 마주하면 이를 일종의 시험으로 여기고 더 열심히 노력한다."

이에 셀리그먼은 "비관주의에서 벗어날 수 있다."라고 말한다. 낙관주의자는 더 건강하고, 장수하며, 감염병에 걸릴 확률이 낮고, 건강한 생활 습관을 지녔으며, 면역계가 튼튼하다. 그리고 무언가를 성취하고 성공하려면 재능과 열정 외에도 더 많은 요소가 필요하다. 셀리그먼은 재능과 열정에 낙관주의가 더해져야 한다고 주장한다.

셀리그먼의 연구에 따르면 자기 대화, 즉 내면의 목소리는 낙관주의에서 아주 중요한 부분을 차지한다. 일이 술술 잘 풀릴 때 자신에게 긍정적인 말을 해 주는 것도 물론 좋지만, 이는 우리의 전반적인 긍정성에 거의 영향을 미치지 않는다. 중요한 것은 우리가 실패했을 때 무슨 생각을 하느냐이다.

낙관주의의 핵심적인 기법은 '부정적이지 않은 사고 non-negative thinking'의 힘을 활용하는 것이다. 낙관주의자는 어려움에 부딪혔을 때 자신을 다독이고 격려하여 부정적인 경험을 극복하고 돌파할 힘이 있다. 반면 비관주의자는 파괴적인 자기 대화를 긍정적으로 바꾸지 못한다. 그래도 희망은 있다. 꾸준히 연습하면 내면의 비평가가 늘어놓는 핀잔을 무시하고, 마음 한구석에서 힘차게 외치는 챔피언의 목소리에 귀 기울이기가 한결 수월해질 것이다

## 실천하기

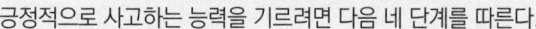

긍정적으로 사고하는 능력을 기르려면 다음 네 단계를 따른다.

**❶ 부정적 사고에 주의를 기울인다.**
낙관주의자로 거듭나는 첫걸음은 부정적인 생각을 유심히 살피는 것이다. 그런 생각이 들 때면 그것을 기록하고 재구성하여 중립적 또는 덜 부정적으로 바꿀 여지가 있는지 생각해 본다. 또 불행하다고 느낄 만한 일이 일어났을 때, 그 일이 그렇게 나쁘지만은 않다는 증거를 찾아 처음에 들었던 부정적인 생각을 반박해 볼 수도 있다.

**❷ 부정적 사고에 도전한다.**
자신의 부정적인 생각을 뒷받침할 증거를 찾으려고 마음먹더라도 막상 뜻대로 되지 않을 수도 있다. 부정적 사고는 대부분 두려움을 기반으로 생겨난다. 이렇다 할 증거가 나오지 않으면 부정적인 사건을 설명할 다른 방법을 찾아 보자. 설령 증거가 있더라도 그것이 무조건 옳다고 생각하지 않아야 한다. 나쁜 일을 뒷받침할 다른 설명이나 이유를 찾자.

**❸ 부정적 사건을 재구성한다.**
나쁜 일에서도 한 줄기 희망을 찾고, 부정적인 사건에 긍정의 빛을 비추어 이를 재구성한다. 삶의 부정적인 면 대신 긍정적인 부분에 집중한다. 부정적인 사건을 긍정적으로 재구성하는 방법을 알고 싶다면 제6장을 다시 살펴보자.

❹ **긍정적인 행동을 취한다.**

문제를 해결하기 위해 할 수 있는 일이 있다면 바로 실천한다. 잠을 설치게 하는 고민거리를 모두 기록한 뒤 어찌할 도리가 없는 문제는 지우고, 실천으로 상황을 바꿀 여지가 있는 것에 집중한다. 난관에 부딪힌다면 생각의 범위를 좁힌다. 지금 다른 사람을 위해 여러분이 당장 베풀 수 있는 단 하나의 친절은 무엇인가?

## 선택하는 긍정성

낙관주의자 기질을 타고나지 않은 사람은 그렇게 살기가 쉽지 않겠지만, 지금보다 긍정적이고 낙관적인 사람이 되고 싶다면 노력해 볼 가치는 충분하다. 긍정적인 사람이 되기 위해 가장 먼저 할 일은 긍정적인 면에 집중하는 것이다. 어떤 어려움이나 장애물에 부딪힐 때 부정적인 면에 집중하는 대신, 그 긍정적인 측면에 집중하여 부정을 재구성하자. 어려움에 대처하는 과정에서 얻을 수 있는 교훈이 있는가? 아니면 난관 속에서 숨은 기회를 포착할 수는 없을까? 긍정적으로 생각하면 해결책을 찾기도 그만큼 쉬워질 것이다.

### 자기 자신을 믿는다

우리는 과거에 이미 어려움을 극복한 적이 있고, 미래에도 거뜬히 이겨 낼 것이다. 스스로 성공하리라고 믿자. 설령 단번에 되지는 않더라도 결국에는 그 믿음을 이룰 것이다. 그리고 마음먹은 일은 무엇이든 할 수 있다고 마음속으로 되뇌어 보자. 이처럼 자신을 믿으면 성공할 확률이 높아질 것이다.

### 주변을 긍정적인 사람들로 채운다

어릴 적, 친구를 가려 사귀라고 말씀하시던 부모님이 옳았다. 우리는 우리와 어울리는 사람들을 닮아 간다. 새하얀 손수건을 흙탕물에 던져도 물은 깨끗해지지 않는다. 오히려 손수건만 더러워질 뿐이다.

주변에 부정적인 사람, 특히 비관주의자는 우리를 부정으로 물들일 것이다. 그 반대도 마찬가지다. 긍정적, 낙관적이면서 미래지향적이고 유능한 사람이 되고 싶다면 주변을 긍정적인 사람들로 채워야 한다.

## 낙관이 가져오는 이점

낙관주의는 조금씩 개발해 나갈 수 있다. 낙관주의를 견지하면 더 행복하고 충만한 삶을 살게 될 것이다. 일단 모든 일에서 밝은 면을 찾는 것부터 시작해 보자. 설령 일이 잘못되더라도 긍정적인 소득을 거둘 것이니, 부정적인 부분에 집중하지 말자. 유독 부정적인 부분에만 몰두한다면 부정 편향에 사로잡힌 것이다. 그것이 유용하지 않은 상황이라면 멀리 치워 버려야 한다.

인간이 때로 부정적인 정서와 감정을 느끼는 것은 지극히 정상이지만, 가능하면 긍정적인 부분에 주의를 기울이자. 긍정성을 향해 나아가는 여정에서는 인내하면서 종종 부정적인 기분에 빠지는 자신을 용서할 줄도 알아야 한다. 특히 부정적일 수밖에 없는 상황이었다면 더더욱 자신에게 너그러워야 한다.

낙관주의자가 되면 신체와 정신 건강 개선을 비롯한 이점이 수도 없이 많다. 낙관주의는 회복 탄력성을 길러 주는 한편, 인생에서 성공할 확률도 높인다.

# 제10장
# 마음을 챙기자

나는 선불교도가 아니지만 두 선사와 함께 수행한 경험은 있다. 처음에는 내 스승이자 미국 학계에서 가장 많이 인용된 철학자인 켄 윌버 Ken Wilber 가 내게 겐포 로시 Genpo Roshi [38]를 소개해 주셨다. 그의 이름 가운데 '로시'[39]는 선종 승려의 영적 지도자를 가리키는 말이다. 나는 솔트레이크시티에 사흘간 머물면서 겐포가 주최하는 행사에 참석했다.

1983년, 겐포는 '내면 대화 요법 Voice Dialogue '을 공부하기 시작했다. 내면 대화 요법은 의식적, 의도적 행동을 유도하면서 개인의 선택권을 확장하기 위해 융이 고안한 치료 기법이다. 내가 솔트레이크시티에 간 이유는 그가 동양의 불교적 통찰과 서양의 정신분석학 사상을 결합하여 고안한 개념인 '빅 마인드 Big Mind '[40]를 경험하기 위해서였다.

사흘간 치러지는 행사에 참석한 사람들은 불교를 통해 번뇌를 덜어내고 불교로 개종한 신자들이다. 나는 비불교도의 시각에서 행사 첫날 겐포가 참석자들에게서 빅 마인드를 끌어내는 모습을 관찰했다. 몇몇

---

[38] 본명 데니스 메르젤(Denis Merzel).
[39] '노사(老師)'의 일본식 발음.
[40] 에고(ego)와 대비되는 개념으로 이미 깨달은 나인 '참나', 즉 참된 나를 가리킴. 옮긴이.

참석자는 빅 마인드 연습을 어려워했다.

원래는 겐포가 "통제자에게 이야기하겠습니다."라고 말하면 참석자는 "제가 통제자입니다."라고 대답해야 했다. 그래야 참석자의 자아가 대화의 주체가 아닌 객체가 되기 때문이다. 그러나 많은 이들이 이 과정에 어려움을 겪으며 "밥이 통제자입니다."와 같이 대답했다. 그러면 겐포는 참석자의 대답을 고쳐 주었다.

참석자가 통제자의 자아를 취해 통제자의 목소리로 말하면 겐포는 이렇게 물었다.

"당신은 무엇을 통제하십니까?"

그러면 통제자는 다음과 같이 말했다.

"저는 밥을 통제합니다."

겐포는 질문을 이어 갔다.

"당신은 왜 밥을 통제해야만 합니까?"

그러면 통제자는 자신이 밥을 통제하지 않으면 밥이 온갖 문제에 휘말릴 것이라 답했다. 이 사례에서 밥은 자기 입장을 스스로 대변하는 대신, 삶에서 수동적인 역할을 취하고 있었다.

행사 둘째 날, 겐포는 내게 와서 내 통제자에게 이야기하겠다고 했다. 그러자 내 안의 통제자가 대답했다. 그리고 그는 내면의 무력한 어린아이를 불러냈다. 그러자 그 어린아이가 답했다. 다음으로 겐포는 아기 부처를 창조하는 부처에게 이야기하겠다고 말했다. 나는 그 존재에 관해서는 아는 게 없었다.

그러나 얼마 뒤 나는 아기 부처를 창조하는 부처의 목소리로 말하기 시작했다. 불교도들이 이른바 '일미 One Taste'[41]라 부르는 것을 경험한 것이다. 빅 마인드는 심오한 경지를 바라보는 눈을 뜨게 해 주었다. 이 깨달음의 여운은 거의 이틀 동안 계속되었다.

## 마음 챙김 실천하기

마음 챙김을 실천할 때 우리는 주체가 아니라 관찰자가 된다. 우리는 소리, 생각, 감정, 신념, 두려움, 허리 통증 등을 관찰한다. 이 과정에서 우리는 우리의 생각, 감정, 신념과 동일한 존재가 아님을 점차 깨닫는다. 이는 단지 우리 마음에서 일어나는 대상에 불과하다. 이처럼 마음 챙김을 실천할 때는 생각이나 감정을 무어라 판단하지 않고 그저 관조한다. 그리고 새로운 대상을 인식하는 과정에서 이전의 생각과 감정이

---

[41] 모든 사물과 가르침은 제각기 다른 듯 보이지만 결국 근본은 하나라는 개념. 옮긴이.

그대로 흘러가도록 내버려두어야 한다.

물론 내가 그럴 가능성은 죽었다 깨어도 없을 것이다. 겐포는 자기처럼 40년 동안 방석에 앉아 명상만 하고 있으면 절대 안 된다고 신신당부하면서, 가만히 앉아 있어 봐야 시간 낭비라고 했다. 나는 몇 년째 겐포가 일러 준 방식대로 명상을 실천하고 있다. 의자에 앉아 손을 다리 위에 올린 채 머릿속에서 흘러가는 생각을 관찰하고 인식하는 것이다. 인식한 대상은 붙들지 않는다.

겐포의 마음 챙김 수행은 명상 중에 떠오르는 생각과 나 사이의 거리를 벌려 준다. 자다 말고 한밤중에 깬다면 의자에 앉아 담요를 덮고 명상을 해 보자. 혹여 다시 잠들지 못하더라도 잔 듯한 기분이 들 것이다.

## 술 취한 원숭이 길들이기

석가모니는 인간의 마음이 술 취한 원숭이로 가득하다고 보았다. 이들 존재는 우리 마음속에서 시끄럽게 떠들고 싸우며 정신을 어지럽혀 혼란을 일으킨다고 여겼다.

명상을 해 보지 않은 사람은 마음을 보통 차분히 하지 못해 가만히 앉아 있기를 걱정한다. 그러나 명상의 목표는 머릿속 생각을 전부 비우는 것이 아니라 그때그때 떠오르는 생각을 알아차리는 것이다. 이는 술 취한 원숭이들이 우리의 집중력을 빼앗아 달아나려 해도 개의치 않고 현재에 머무르는 행위다. 시간이 지나면 차츰 생각과 감정 사이의 거리를 이용해 술 취한 원숭이를 길들일 수 있게 된다.

내가 만난 두 번째 선사 도신 로시 Doshin Roshi 는 수개월간 나의 마음 챙김 명상을 도와주었다. 선사들은 삶이란 자신이 이미 죽었음을 아는 것이라 믿는다. 이 사실에 관한 깨달음은 크나큰 해방감을 선사한다. 도신 로시와 함께 몇 개월에 걸친 수행 끝에 나는 가장 두려운 대상이라 여겼던 죽음이 이제 더는 두렵지 않다고 고백했다. 이에 그는 내 말을 듣자마자 조금의 망설임도 없이 이렇게 말했다.

"당신이 두려워하는 것은 죽음이 아닙니다."

나는 그에게 내게서 무엇을 보았는지 알려 달라고 말했다. 그리고 그가 본 것을 나도 보게 해 달라고 청했다. 그러자 도신 로시는 이렇게 답했다.

"당신은 무력해지는 것이 두려운 겁니다."

그의 눈은 정확했다. 나는 언젠가 내가 무력해질 것을 생각하면 견디기 힘들 정도로 숨이 막힐 지경이었다. 나는 도신 로시에게 그가 나를 구하러 오지 않아도 나는 그를 구하러 갈 사람이라고 말했다. 그러자 도신 로시는 빙그레 웃으며 언젠가는 내게도 도움이 필요하리라는 사실을 받아들이려면 수행이 더 필요하다고 조언했다.

사람은 자기 모습을 보지 못할 때도 있다. 최고의 스승과 코치는 우리가 보지 못하는 내면의 모습을 발견하고 끄집어내 우리에게 보여 준다. 혹은 마음 챙김을 실천하여 자신의 숨은 면모를 스스로 발견하는 경지에 다다를 수도 있다.

## 일상에서 마음 챙기기

제리 사인펠드 Jerry Seinfeld, 오프라 윈프리, 레이디 가가 Lady Gaga, 데이비드 린치 David Lynch, 레이 달리오 Ray Dalio 등 초월 명상 애호가들은 명상의 효과를 믿어 의심치 않는다. 명상을 엄격하게 수행하는 사람은 매일 두 번씩 20분간 실시한다지만, 며칠에 한 번 잠깐씩이라도 실천한다면 더 긍정적인 사람으로 변화할 수 있다. 마음 챙김에는 다음과 같은 이점이 있기 때문이다.

### 감정 조절

마음 챙김을 실천하면 감정을 조절하는 데 도움이 된다. 이는 마음 챙김을 통해 자신과 생각을 분리해서 보기 때문인 듯하다. 그러면 현상을 더 객관적으로 볼 수 있어 감정을 다스리기 수월해진다. 또 우리가 느끼는 기분이 곧 우리는 아니라는 사실을 되새길 수도 있다.

사람은 감정 그 자체가 아니라 흘러가는 사건과 감정을 경험하는 존재다. 그러니 우리가 사건과 감정을 떠안고 다닐 필요는 없다. 예를 들어, 나는 피곤하고 짜증스러울 때 컨디션이 최저점을 찍는다. 그래서 힘들 때면 나는 내 존재가 곧 피로와 짜증은 아니라는 사실을 상기한다. 피로와 짜증은 내가 일시적으로 경험하는 대상일 뿐 나를 정의하지는 않는다.

나는 오랫동안 꾸준히 명상한 결과 불교도가 말하는 바와 같이 '나는 지금 이대로도 완벽하고, 더 나은 사람이 될 수도 있다.'라는 깨달음을 얻었다. 여러분도 지금보다 조금 더 발전하면 그만큼 혜택을 누릴 것이다.

### 자비심과 자기연민

우리는 자신뿐 아니라 타인에게도 자비로워야 한다. 이는 누구나 유독 기분이 처지면서 부정적인 감정이 올라와 힘든 날이 있다는 사실을 인정하고 남을 함부로 의심하지 않음을 의미한다. 그야말로 끔찍했던 날에 자신의 기분을 헤아려 보고, 그때의 자신에게 필요했던 친절을 남에게 베풀자.

자기연민은 타인에게 자비를 베푸는 일보다 어렵지만, 그만큼 중요하다. 스트레스를 받거나 불안할 때 자신에게 아량을 베푼다면 자기연민을 실천하고 있다고 볼 수 있다. 일상에서 신체와 정신 그리고 영혼을 돌보며 삶의 균형을 유지하는 행위가 곧 자기연민이다.

### 인지 기능 향상

마음 챙김이 불러오는 놀라운 효과에는 인지 능력 향상이 있다. 마음 챙김 수행을 하면 내면의 술 취한 원숭이를 진정시키고 잠재울 수 있으므로, 더 명확하고 창의적으로 사고할 인지적 여유가 생기는 것으로 보인다.

### 스트레스 감소

마음 챙김의 여러 이점 가운데 하나를 고르라고 한다면, 많은 이들이 스트레스 감소를 꼽을 것이다. 스트레스와 불안은 ACDC, 즉 갈수록 빨라지는 지속적이고 파괴적인 변화가 일어나는 요즘 세상에 다들 너무나 흔히 겪는 증상이다. 따라서 교육계에서는 마음 챙김과 같이 스트레스를 줄이는 기법을 어린 학생들에게 가르쳐야 할 것이다.

## 챙겨야 하는 마음

제이슨 린더 Jason Linder 의 논문〈마음 챙김은 부정적인 사고 패턴을 어떻게 개조할 수 있는가 How Mindfulness Can Reshape Negative Thought Patterns 〉에서는 부정적인 사고 패턴에서 벗어나는 방법을 제시한다. 린더에 따르면 사람은 매일 1만 7,000가지에서 5만 가지에 달하는 생각을 하며, 그중 90%가 이전에 했던 생각의 반복이다. 자신에 관한 특정 생각을 반복하면 그 사실 여부와 관계없이 믿음이 그대로 굳어진다.

린더는 이러한 사고 패턴을 가리켜 '정신적 테이프 mental tape '라고 부른다. 마음 챙김을 수행하면 정신적 테이프의 유형과 형성 과정을 파악할 수 있으므로 기존의 사고 패턴에 덜 매몰된다. 요가 수행자 알리나 프락스 Alina Prax 는 그 현상을 다음과 같이 설명한다.

"우리는 평소에 자신이 숨을 쉬고 있다는 사실을 인지하지 못한다. 호흡은 자기도 모르는 사이에 저절로 이루어진다. 그러다 의식적으로 호흡하기 시작하면 그 순간 모든 것이 달라진다. 호흡하고 있음을 인식하면 무의식적으로 생활할 때 따라붙던 불안감이 해소된다. 많은 사람에게는 스트레스를 받으면 숨을 참는 건강하지 못한 습관이 있기 때문이다."

나는 웹사이트 '마인드풀니스 Mindfulness.com'에 올라온 〈부정적인 생각을 극복하는 4단계 방법 4 Steps to Overcome Negative Thoughts〉라는 글을 즐겨찾기에 등록해 두었다. 이 글을 읽으며 나는 부정적인 생각과 감정을 없애는 것이 아닌, 그것들을 인식하고 이름을 붙이는 것이 목표임을 되새기곤 한다. 이를 가리켜 '이름을 붙여 길들이기 Name It to Tame It' 기법이라고 한다. 부정의 근원이 무엇인지 명시하면 그것이 부채질하는 부정적인 생각과 감정의 힘을 약화할 수 있다.

《부정을 부정하라》는 주로 과학적인 사실에 기반한 내용이지만, 내가 이 책을 쓴 취지는 독자에게 실용적이고 실천하기 쉬운 전략을 보이기 위해서이다. 그러나 일부 연구는 더 깊게 살펴볼 만하다. 〈긍정심리학과 마음 챙김의 통합: 온라인 긍정적 마음 챙김 프로그램의 무작위 대조 시험 Integrating Mindfulness into Positive Psychology: a Randomised Controlled Trial of an Online Positive Mindfulness Program〉이라는 논문의 연구진은 중재 기법에 기반한 8주간의 온라인 긍정적 마음 챙김 프로그램의 효과를 기술했다.

연구진은 프로그램을 진행하기 전 참가자들이 느끼는 감사, 자기연민, 자기효능감, 의미, 자율성의 수준을 측정했다. 그 뒤 실험군에 속한 참가자에게만 긍정적 마음 챙김 프로그램을 완수하도록 지시했다. 프로그램을 마친 후, 두 집단은 프로그램 전에 측정했던 특성을 재측정했다.

그 결과 실험군이 모든 특성에서 대조군보다 높은 수치를 기록했다. 프로그램이 끝나고 한 달이 지난 후에도 실험군 참가자의 점수는 대조군보다 높게 나타나 마음 챙김의 효과가 상당히 오래 지속될 가능성을 내비쳤다.

"아무렇게나 행동하지 말고, 가만히 앉아 있어."[42]라는 말을 들어 본 적이 있을 것이다. 무작정 행동에 나서는 대신 잠시 멈춰서 마음속을 가만히 들여다보는 마음 챙김은 신체와 정신 건강에 이롭다는 사실이 입증되었다. 마음 챙김을 실천하면 스트레스와 불안, 우울증이 완화되면서 수면의 질이 높아진다. 이 외에도 주의력과 집중력 및 면역력 강화에도 도움이 된다. 그 방법은 요가, 명상, 관상 기도, 일기 쓰기, 현재 순간에 집중하기 등 매우 다양하다.

---

[42] '가만히 앉아 있지 말고 뭐라도 해.'라는 말을 뒤집은 표현. 옮긴이.

## 마음을 챙기는 유용한 방법

크리스마스가 돌아오면 사람들이 꺼내는 스노 글로브 snow globe 43를 아는가? 사람의 마음은 갖가지 내용물이 이리저리 부유하는 스노 글로브와 비슷하다. 그러나 명상하면 스노 글로브를 가만히 놓아두었을 때처럼 마음속 눈보라가 가라앉으면서 부정도 서서히 자취를 감춘다. 이때 우리는 자신과 연결할 기회를 얻는다.

명상을 한 번도 해 보지 않아서 도움이 필요하다면 명상 가이드를 제공하는 애플리케이션이 시중에 다양하게 출시되어 있다. 헤드스페이스 Headspace, 캄 Calm, 헬시 마인드 프로그램 Healthy Minds Program 은 명상 입문자에게 적합한 유명 애플리케이션이다. 그중 헬시 마인드 프로그램은 무료이지만, 헤드스페이스와 캄은 매년 약 70달러의 이용료를 내야 한다.

개인적으로는 불교 승려 출신 기업가가 개발한 헤드스페이스를 선호한다. 헤드스페이스의 명상 가이드에서는 방법을 자세하게 설명하여 수행자가 '내가 잘하고 있는 건가?'라는 의문에 주의를 빼앗기지 않도록 해 준다. 또 특정 개념을 설명하는 작은 애니메이션도 재생할 수 있어, 사용자의 이해를 도와 명상을 쉽게 따라 할 수 있도록 한다. 처음

---

43 구 또는 반구 형태의 유리 용기에 다양한 장식물과 눈을 표현하는 입자를 넣은 뒤, 투명한 액체로 채워 만든 장식품이다. 이를 흔들면 눈이 내리는 것처럼 보인다.

에는 5분짜리 명상 가이드로 시작했다가 익숙해지면 명상 시간을 차츰 늘리면 된다.

유튜브에서도 다양한 명상 가이드 영상을 찾을 수 있다. 영상의 길이와 함께 숙면을 위한 명상, 불안을 다스리는 명상, 초보자를 위한 명상 등 테마도 제각기 다르다. 다만 명상을 길게 한다고 해서 반드시 좋은 것은 아님을 기억하자. 이 외에도 마음 챙김을 실천하는 몇 가지 방법을 다음에 소개한다.

### 호흡에 집중하기

마음 챙김을 막 실천하기 시작했을 때는 내가 무얼 하고 있는지 몰랐다. 그러나 막상 해 보니 마음 챙김은 숨 쉬는 것만큼이나 간단했다. 편안한 자세로 앉아 눈을 감은 채 들숨과 날숨에 집중해 보자.

나는 마음 챙김 수련으로 호흡에 집중하는 수행만 몇 년을 실천했다. 따라서 호흡에만 오롯이 집중하면서 오랫동안 앉아 있기가 가능하다. 도신 로시는 이를 삼매경 samadhi 이라고 했다. 삼매경은 강한 집중 상태로, 마음 챙김을 수련하는 방법의 일종이다.

### 보디 스캔

보디 스캔 body scan 은 마음을 깨끗이 비우고 주의를 전환하기 위해 마음의 그릇인 몸에 집중하는 명상법이다. 이 기법은 편안한 자세로 앉거나 누워서 몸의 특정 부분에 주의를 집중하는 것이다. 주로 발가락이나 정수리부터 시작해서 몸에서 느껴지는 긴장, 이완, 고통, 온기 등의 감각을 인식하고, 몸을 따라 마음의 시선을 천천히 옮기며 각 부분에 차

레로 집중한다. 나는 머리끝부터 시작해 아래로 내려가는 방향이 금전운에 좋다고 해서 정수리에서 발끝으로 내려가는 편이다. 몸의 감각을 인식하고 있다면 제대로 한 것이다.

### 일상에서 마음 챙김 실천하기

불교도 사이에는 "깨달음을 얻기 위해 장작을 패고 물을 길어라. 깨달음을 얻은 후에도 장작을 패고 물을 길어라."라는 말이 있다. 이는 "하나를 보면 열을 안다."와 비슷하다.

우리는 온전히 집중하지 않고도 잠재의식만으로 이를 닦고 직장까지 무사히 운전한다. 그러나 마음을 자동 조종 장치에 내맡기지 말고, 의식의 스위치를 켜 보자. 자기 행동과 그 순간에 느끼는 감각, 떠오르는 생각을 알아차려 보자. 어떤 일이라도 그 과정의 모든 순간을 인식한다면, 마음 챙김을 수련할 수 있다.

### 판단하지 않고 바라보기

우리의 마음은 자극에 대한 반응을 결정하기 위해 상황을 판단한다. 반면 마음 챙김을 수련할 때는 내면의 평화를 찾고 수용적인 태도를 갖추는 것을 목적으로 한다. 따라서 대상을 판단하지 않고 그저 관찰해야 한다. 역사상 가장 위대한 사무라이였던 미야모토 무사시(宮本武蔵)는 인생의 계율 스물한 가지를 기록했다. 그중 첫 번째 계율은 "모든 것을 있는 그대로 받아들인다."이다. 이는 아무것도 판단하지 않는다는 뜻이다.

## 확실한 마음 챙김

　마음 챙김을 대상으로 한 연구 결과는 방대하다. 마음 챙김은 고통을 완화함과 동시에 특성 마음 챙김 trait mindfulness 44을 강화하며, 정신 건강을 증진한다. 이 외에도 스트레스를 조절하고 소진 증후군 burnout 을 방지하는 효과가 있다. 특히 이 책의 목적에 부합하는 이점을 꼽자면 반복하는 부정적 사고를 줄이는 데 효과적인 것으로 알려져 있다.

　여러분에게 딱 한 가지만 제안하겠다. 명상에 익숙지 않다면, 부정적인 생각을 줄이기 위해서라도 명상 애플리케이션으로 마음 챙김 연습을 시작해 보자. 마음 챙김은 누구나 실천할 수 있다.

---

44　명상이 아닌 일상에서 알아차림을 실천하는 경향. 옮긴이.

# 제11장
## 도움의 효과

    지금 속상하거나 불안하거나 화가 났다고 가정해 보자. 이때 내적 내러티브는 기가 막힌 솜씨로 우리를 부정적인 방향으로 몰아간다. 그리고 우리는 그러한 상태에서 벗어나려고 애를 쓴다. 부정적인 기분에 계속 머물러 있기에는 일도 해야 하고, 가족도 먹여 살려야 하고, 가족과 함께 즐거운 시간도 보내야 하기 때문이다.

    위와 같은 부정의 굴레에서 탈피하는 방법이 있다. 바로 도움이 필요한 사람을 찾아 돕는 것이다. 근처 식료품점에 들러 장을 보고, 구매한 식품을 지역 푸드뱅크에 기부해 보자. 아니면 풍선을 들고 양로원에 가서 어르신들을 찾아뵙고 말동무가 되어 드려도 좋다. 혹은 이미 다자녀 가정인데 최근에 또 출산하여 도움이 필요한 산모에게 다과를 대접하는 것은 어떨까?

    다른 사람을 돕기 시작하는 순간 우리는 자신의 걱정거리를 잊는다. 비록 효과는 잠깐일지언정 아주 짜릿한 경험임은 분명하다. 인간은 타인을 필요로 한다. 우리는 가족, 이웃, 집단, 마을에서 더 나아가 현대사회의 공동체 속에서 번성하고 발전할 수 있다. 그리고 공동체에 속함으로써 부정적인 감정에서 해방될 수 있다.

    뉴욕의 한 쇼핑센터에 갔다가 바닥에 쓰러진 한 여자를 본 적이 있다. 우리 부부는 그 여자와 아주 가까이에 있었고, 간호사인 아내는 지체하지 않고 환자를 돌보기 시작했다. 1~2분 정도가 지나고 다른 사람 두 명이 다가와 도울 일이 없겠느냐고 물었다. 이에 아내는 도와줄 사람을 불러 달라고 부탁했다. 이후에도 몇 명이 도움의 손길을 내밀었고, 나중에는 응급구조사가 출동해 환자를 치료했다.

그 가여운 여인은 열사병으로 쓰러졌기에 많은 이들의 관심이 필요할 만큼 심각한 상황은 아니었다. 그럼에도 그녀는 자신을 도와준 사람들에게 감사를 표했다. 이처럼 다른 사람을 돕는 일에 열중하는 순간에는 부정적인 감정을 느끼기가 쉽지 않다.

## 반려동물 입양하는 특별한 방법

부정적인 기분을 지우려고 돕는 대상이 꼭 사람이어야 할 필요는 없다. 사람이 아니더라도 지각이 있는 존재를 돌보면 같은 효과를 볼 수 있다. 몇 년 동안 나는 델라웨어 카운티 동물 보호 협회 Delaware County Humane Society 를 방문하여 그곳의 유기견을 모두 입양했다.

웬 뚱딴지같은 소리인가 싶겠지만, 나는 입양한 개들을 집에 데려가지 않는다. 우리 집에는 이미 강아지 두 마리와 고양이 두 마리가 살고 있고, 우리 가족은 지금 이대로 행복하다. 하지만 나는 이따금 개를 위한 일종의 보석 보증인을 자처해서 개들이 앞으로 평생 살 보금자리를 더 쉽게 찾을 수 있도록 입양비를 대신 지급한다.

최근에 개를 전부 입양했을 때는 직원들이 그 돈을 훈련이나 동물에게 필요한 다른 서비스 비용으로 사용해도 되겠느냐고 물었다. 나는 흔쾌히 고개를 끄덕이며 개 아홉 마리에 해당하는 비용으로 1,200달러가 조금 넘는 금액을 쾌척했다.

그날 델라웨어 카운티 동물 보호 협회에서는 내가 입양비를 선지급한 사연을 언급하며, 하얗고 커다란 핏불테리어와 함께 찍은 사진을 게시했다. 내 사연을 읽은 한 여성은 보호소에 찾아가 보호소에 있던 모든 고양이의 입양비를 댔다고 한다. 당시 그곳의 고양이는 아마 100마리도 넘었을 것이다!

나는 보호소에 있는 모든 개의 입양비를 대고 나면 확실히 기분이 좋아지면서 세상에 긍정적인 영향력을 미칠 수 있다는 사실을 다시금 실감할 수 있었다. 하지만 내 행동을 보고 누군가 영감을 얻는 모습을 지켜보는 것 역시 그에 못지않게 즐겁고 뿌듯했다. 이는 나의 단순한 행동 하나가 다른 사람의 삶에 큰 반향을 불러일으킬 가능성을 보여 준 좋은 사례였다.

## 노숙인에게 호의를 베푸는 이유

나는 로스앤젤레스에 살 때부터 노숙인에게 적선하기 시작했다. 하루는 식료품점으로 가던 중 대형 쓰레기통 옆에 누워 있던 노숙인 남자가 나를 향해 큰 소리로 외치기 시작했다. 그는 허리까지 오는 내 긴 머리칼을 보고 기타를 꺼내더니 함께 노래 한 곡 부르자고 제안했다. 나는 다음에 하자며 거절했지만, 남자는 다음 기회는 없다며 자신을 '행복한 오솔길 Happy Trails'이라고 소개했다.

그는 내게 돈을 요구했고, 나는 그 돈으로 어차피 술이나 사 먹을 테니 줄 수 없다고 대답했다. 그러자 남자는 술로 행복해질 수 있다면 왜 그 행복을 빼앗으려 하느냐고 맞받아쳤다. 그 일이 있고 나서 나는 노숙인에게 적선할 때, 그들이 그 돈을 어떻게 쓸지 신경 쓰지 않게 되었다.

어느 날 밤, 아내와 딸을 데리고 외식하러 나갔다가 돌아오는 길에 신호등 앞에 차를 세웠다. 거리를 보니 한 남자가 구석에 서서 퍼붓는 장대비를 피하고 있었다. 그때는 그 사람이 겨우 보일락 말락 할 정도로 칠흑같이 어두운 밤이었다. 나는 차에서 내려 수중의 현금 80달러를 그의 손에 쥐여 주었다. 남자는 돈을 세는 모습을 보이기에 부끄러웠는지 우리에게서 등을 돌린 채 지폐를 헤아렸다. 그는 다시 몸을 돌려 우리를 보면서 눈물을 글썽였다. 그리고 이렇게 소리쳤다.

"이제 집에 갈 수 있어요! 집에 갈 수 있게 됐어요!"

우리 딸은 나더러 남에게 왜 돈을 주었으며 그 사람이 그 돈으로 마약이나 술을 사지 않으리라는 것을 어떻게 알았느냐고 물었다. 나는 딸의 물음에 "그를 통제하려는 목적이 아니라, 그저 줄 수 있어서 줬을 뿐"이라고 대답했다.

나는 뉴스레터에 그 사연을 실었고, 얼마 지나지 않아 내 글을 읽은 고객이 화물차 기사 휴게소에 들렀다가 개를 데리고 다니는 노숙인 남자를 발견했다고 전했다. 고객은 그에게 목욕과 함께 한 끼 식사를 해결할 정도의 돈을 주겠다는 말을 건넸다. 그러나 노숙인은 개를 혼자 둘 수 없다며 거절했다. 고객은 자기가 개를 봐줄 테니 다녀오라고 했지만, 노숙인 남자는 처음에는 불편한 기색을 감추지 못했다고 한다.

그도 그럴 것이, 솔직히 누가 모르는 사람에게 자기 반려동물을 덥석 맡기겠는가? 그러나 결국 남자는 고객이 건넨 돈으로 샤워하고, 먹을거리와 개에게 줄 먹이를 사서 돌아왔다. 고객은 이 이야기를 동료 50명이 있는 자리에서 전하며 눈물을 보였다. 그는 이렇게 고백했다.

"뉴스레터에서 당신의 이야기를 읽기 전, 그 사람들을 그냥 지나친 제가 부끄럽습니다."

그러자 이야기를 듣던 사람들도 덩달아 눈시울을 붉혔다. 그 이유는 다들 도움이 필요한 사람을 그냥 지나쳐 본 경험이 있기 때문일 것이다. 눈앞에 도움이 필요한 사람이 있을 때, 용기를 내어 손을 내미는 행위는 강력한 공감과 자비심의 표현이다.

누군가는 내가 다른 사람을 돕는 이유를 궁금해한다. 바로 어머니 덕분이다. 혼자서 네 자식을 키운 우리 어머니는 입이 떡 벌어질 만큼 인정을 많이 베푸셨다. 나는 비록 어머니의 발끝에는 미치지 못하겠지만, 그럼에도 어머니처럼 살려고 노력한다.

내가 어릴 때, 어머니는 어디서 들으셨는지 우리 집 뒤편 아파트에 사는 이탈리아 여자가 형편이 어려워 세 자녀에게 줄 크리스마스 선물을 사지 못한다는 사정을 알게 되었다. 우리 집도 주머니 사정이 넉넉지 않기는 마찬가지였지만, 어머니는 그 집 아이에게 줄 선물과 음식을 마련하셨다. 어둠이 내려앉은 밤, 우리 가족은 이웃집에 선물을 전달했다. 이처럼 이타적인 본능은 우리 집안 내력이다.

할머니 역시 아들 넷과 딸 하나를 홀로 키워 낸 어머니였고, 밥을 못 먹고 다니는 사람을 보면 누구라도 저녁을 차려 주셨다. 내가 뇌 수술을 받은 지 1년이 되던 해에 할머니도 간단한 뇌 수술을 받으셨지만, 이조차 할머니가 가족에게 줄 닭을 튀기는 것까지 막지는 못했다. 이때만큼은 내가 그간 지켜 온 채식주의 식단과도 잠시 안녕이었다.

## 헬퍼스 하이

타인을 돕는 행위는 안녕감과 행복감을 높여 부정적인 기분을 긍정적으로 바꾼다. 우리는 사회적 동물이므로 다른 사람이 필요하고, 그 반대도 마찬가지다. 물론 타인을 돕는 행위가 자아존중감과 자부심을 높여 주는 것도 사실이기는 하다. 그러나 나는 인간의 공감과 연민이란 때로는 다른 사람에게 도움을 받아야 한다는 사실을 인지하는 데서 비롯한다고 생각한다. 이는 순서가 바뀐 호혜주의라고도 할 수 있다. 즉 사람은 자기도 미래에 다른 사람에게 도움받기를 기대하면서 타인을 돕는다는 것이다.

남을 도울 때 기분이 좋아지는 현상을 가리키는 말로 '헬퍼스 하이 helper's high'가 있다. 술이나 마약에 취하는 high 것과 달리 헬퍼스 하이는 아무리 취해도 안전하고 의료비 청구도 되지 않으니 전혀 걱정하지 않아도 된다.

우리가 다른 사람을 도울 때 인체에서는 기분을 좋게 하는 물질인 엔도르핀과 함께 신뢰와 공감을 촉진하고 스트레스를 줄이는 옥시토신 호르몬을 분비한다. 이뿐 아니라 쾌감을 유발하는 신경 전달 물질인 도파민도 체내로 방출한다. 이는 우리가 앞으로도 이타성을 발휘하도록 하는 긍정적 강화를 일으킨다. 따라서 친사회적 행동은 인위적인 중독 행동의 위험을 걱정하지 않고도 엔도르핀과 도파민이 주는 모든 혜택을 만끽할 수 있다.

우리가 약물을 사용하거나 소셜미디어를 둘러보는 등 중독성 행위는 과도한 도파민 분비를 유발한다. 이것이 주기적으로 반복되면 뇌에 부담을 주어 구조를 바꾼다. 그리고 도파민 수용체 세포 수를 줄여서 변화에 적응하려 한다. 결과적으로 현대인들은 중독성 행위 없이 쾌감이나 즐거움을 느끼기가 어려워졌다. 쾌감다운 쾌감을 느끼려면 엄청난 양의 도파민을 요구하기 때문이다.

소셜미디어 기업에서는 사용자가 자사 소셜 플랫폼에서 시간을 더 많이 보내게 하고자 도파민 피드백 고리를 활용한다고 털어놓은 바 있다. 달리 말해 소셜미디어는 애초에 사용자가 중독될 수밖에 없도록 설계된 시스템이라는 뜻이다.

자아존중감과 도파민 수치를 높이고 싶다면 사람들을 친절하게 대하며 친사회적으로 행동하자. 우리는 타인을 도움으로써 그들을 무시하지 않고 가치 있게 여긴다는 사실을 증명한다. 돈이 필요한 이를 마주칠 때, 그 사람을 도울 기회를 놓치지 않도록 평소에 현금을 챙겨 다니자. 단돈 몇 달러로 우리는 정신 및 신체 건강과 더불어 타인과의 강력한 유대감까지 가져다주는 헬퍼스 하이를 누릴 수 있다.

남을 돕는 전략은 우리가 문제에 직면했을 때 특히 효과적이다. 그러니 힘들고 지치는 날에는 하던 일을 잠시 멈추고 다른 이를 위해 좋은 일을 해 보자. 물론 좋은 일을 마치고 돌아와도 문제는 여전히 제자리에 있을 것이다. 그러나 스트레스가 심한 상황에서 문제를 해결하겠다고 무작정 달려드는 것은 바람직하지 않다. 오히려 그 반대의 상황에서 방법을 더욱 쉽게 찾을 수 있다.

그리고 우리에게는 몸을 누일 곳, 먹을거리, 초고속 인터넷, 우리를 사랑하는 사람들이 있다는 사실을 잊지 말자. 우리가 가진 것을 생각하면 상황이 그렇게까지 나쁘지만은 않을지도 모른다.

개인적으로 인간이 태어난 목적은 크기와 관계없이 긍정적인 변화를 일으키기 위해서라고 생각한다. 하버드 경영대학원에 다니던 시절, 어느 활동에 참여했을 때 나는 필리핀 출신 기업가와 파트너가 되었다. 당시 필리핀은 식량난을 겪고 있어 기아 문제가 매우 심각했다. 파트너는 중국에 가서 필리핀의 기후 조건에도 잘 자라면서 영양가도 높은 옥수수 품종을 확보하여 수십만 명의 생명을 구했다.

나는 그의 성과에 미치지는 못하지만, 우리 회사에 일자리를 제공할 고객사를 확보함으로써 수만 구직자의 취업을 도왔다. 그는 그만의 자원으로 할 수 있는 일을 했고, 이는 나 또한 다르지 않다.

## 실천하기

우리는 각자 가능한 시간과 장소에서 남을 도울 수 있다. 우리에게는 이미 부정이 차고 넘치는 세상에 긍정성을 전파해 변화를 일으킬 힘이 있다. 아래 목록을 참고하여 오늘 바로 할 수 있는 일을 생각해 보자.

- 동물 보호소에 기부하기
- 노숙인 쉼터나 무료 급식소에서 봉사 활동하기
- 친구, 가족, 이웃과 함께 비공식적으로 음식 기부하기
- 지역 여성 쉼터에 연락하여 돈이나 옷을 기부하는 방법 문의하기
- 음식이 필요한 사람의 집 앞에 식료품 꾸러미 두고 오기
- 아이들에게 글 읽는 법을 가르치는 봉사 활동하기
- 어린이 병원에 책이나 장난감 기부하기

여러분이 부정 단식을 시작하기에 앞서 한 가지 밝혀 둘 것이 있다. 내가 이 책을 쓴 이유는 사람들이 긍정적으로 변화하도록 돕기 위해서였다. 나 역시 독자로서 다른 사람들과 늘 책에 관해 이야기를 나눈다.

그런데 책을 주제로 지인들과 대화하다 보면 책을 다 읽고 책꽂이에 꽂는 순간 이전과 똑같이 살아가는 사람이 대다수라 놀라울 따름이다. 책을 읽기만 하고 새로이 얻은 정보와 전략을 활용하지 않으면 말짱 도루묵이다. 책의 내용을 삶에 적용하지 않으면 책을 읽지 않은 것과 다를 바가 없다. 이 사실을 꼭 마음에 새겨서 《부정을 부정하라》를 읽은

후에는 부디 배운 내용을 반드시 실천하여 삶의 리듬을 바꾸길 바란다.

## 사회에서 이타주의의 중요성

이타주의가 사회에 중요한 이유는 각 사회 구성원이 가진 것 또는 필요한 도움의 유형과 관계없이 서로 협력하고, 공통의 도덕적 가치를 중심으로 단결하기 때문이다. 이타주의는 도움이 필요한 사람들과 사회 전체에 이로울 뿐 아니라 선행을 베푸는 당사자 또한 긍정성을 키울 수 있으므로 모두에게 유익하다. 다른 사람을 도와서 사회에 이바지하는 방법은 다음을 포함한 여러 가지가 있다.

### 우리는 자선가다

꼭 워런 버핏 Warren Buffett, 샘 월튼 Sam Walton, 제프 베이조스 Jeff Bezos 같은 사람들만 자선을 베풀 수 있는 것은 아니다. 물론 수억 달러의 여유 자금이 없는 상황에서 여러분의 것을 남과 나누는 일은 크나큰 희생이라 느낄 수 있다. 설령 그렇더라도 자선을 베풀면 도움을 받는 사람에게 유익한 것은 물론이고 도움을 주는 사람도 기분이 좋아지는 긍정적인 효과를 누릴 수 있다.

### 가장 가치 있는 선물은 봉사다

돈을 기부하는 것은 시간을 할애하는 것보다 쉽다. 돈과 달리 시간은 유한한 자원이기 때문이다. 그러나 자원봉사자가 들인 시간은 행복감 증진, 삶의 만족도 상승, 우울감 완화 같은 정서적 혜택의 형태로 봉사자에게 되돌아온다.

### 작은 친절 베풀기

남에게 무언가를 베풀기에는 가진 것이 부족하다고 여길 이유는 없다. 사소한 친절이라도 도움을 받는 이에게는 더 크게 다가올 것이다. 그 작은 친절 하나가 그들에게 마음을 쓰는 이가 있다는 사실을 보여 주기 때문이다.

내가 개 아홉 마리분의 입양비를 낸 일은 파급 효과를 불러일으켰다. 일단 내 행동에 다른 사람이 자극받아 비슷한 일을 실천했고, 또 그 사람의 선행에 다른 이도 감명받아 좋은 일을 했을지도 모를 일이다. 이러한 파급 효과는 크고 작은 규모로 매일 일어난다.

예를 들어, 익명의 누군가 신장 이식이 필요한 내 친구 리사에게 신장을 기증한 것처럼 말이다. 낯선 사람에게 장기를 기증하는 것은 실로 엄청난 이타주의적 행위다. 그 일로 장기 기증자 매칭 목록이 재편되어 많은 사람에게 광범위한 영향이 미쳤을 것이다.

### 선행은 돌고 돈다

우주는 기묘한 곳이다. 우리는 굳이 보답을 바라며 행동할 필요가 전혀 없다. 우리가 베푼 친절이 어마어마한 혜택으로 돌아오기 때문이다. 우리도 언젠가 도움이 필요할 날이 올지 모르니, 오늘은 우리가 다른 사람에게 먼저 도움을 주자. 다른 사람을 위해 내가 할 수 있는 일이 있다는 것은 기분 좋은 일이다.

### 부정 편향 완화하기

부정 편향을 줄이려면 도움의 손길이 필요한 사람만 찾으면 된다. 사람은 남을 도울 때 자신에 관한 생각을 멈추므로 부정 편향도 자연히 사그라든다.

## 결국엔 나를 돕는 것

〈이타적 행위가 도움이 되는 때: 친사회적 행동의 자율적 동기가 도움을 주는 사람과 받는 사람의 행복에 미치는 영향 When Helping Helps: Autonomous Motivation for Prosocial Behavior and Its Influence on Well-Being for the Helper and Recipient〉이라는 논문에서는 '자율적 도움'이 스트레스와 부정적인 기분을 완화하여 도움을 주는 사람과 받는 사람 모두의 행복을 증진한다고 주장한다.

하지만 이타적 행위가 좋지 않을 때도 있다. 지도자가 아랫사람이 개인적으로 겪는 문제, 특히 업무와 관련된 문제를 도와주는 경우 부정적인 영향이 발생할 수 있다. 즉 지도자는 남을 도움으로 부정적인 영향을 받는다는 뜻이다. 해당 논문에서는 친사회적 영향력이 클수록 부정적인 영향이 줄어든다고 지적한다.

언젠가 부정적인 기분이 든다면 도움이 필요한 사람을 찾아 도움의 손길을 내밀어 보자. 우리의 관심이 필요한 사람과 문제는 끝도 없이 많다. 주위를 둘러보면 자원봉사자와 기부금이 절실한 노숙인 쉼터, 식료품이 필요한 푸드뱅크, 교회나 자선 단체가 가까이에 있을 것이다.

혹여 2시간 정도 시간을 낼 수 있다면 혈소판 성분 헌혈로 암 환자를 도울 수도 있다. 우리 회사에 다니는 한 직원은 머리카락을 길러 암 환자에게 기부한다. 이 책의 독자인 여러분이라면 타인을 돕기 위해 할 수 있는 일을 생각해 낼 수 있으리라 확신한다. 물론 여러분 역시 그 도움의 수혜자가 될 테니 말이다.

# 제12장
## 부정 탄식

    이제 비로소 부정 단식의 첫걸음을 내디딜 준비를 할 시간이다. 지금까지의 내용을 잘 읽어 왔다면 부정 단식을 성공적으로 완수할 준비가 되었을 것이다. 우선 자신의 부정을 이해해야 이를 극복할 힘도 생긴다. 우리는 각 장에서 자기 대화, 불평불만, 감사하지 않는 것 등 부정을 유발하는 내적 원인을 살펴보았다.

    부정 단식을 한두 차례 완수하고 나면 이전과 달리 부정의 파도에 쉽사리 휩쓸리지 않는 시점이 온다. 어쩌면 부정 단식의 일부 과정이 특별히 마음에 들어서 앞으로 평생 이어 가고 싶어질지도 모른다. 개인적으로는 되도록 정치 이야기를 피하고, 정치 문제에 지나치게 골몰하지 않으려고 한다. 그렇게 90일 동안 정치를 끊고 나니 공항에서 걷다가 마주친 텔레비전에서 CNN 출연자들이 벌이는 논쟁에도 관심을 두지 않고 곧바로 지나칠 수 있었다.

    본격적으로 부정 단식에 들어가기에 앞서 부정 단식을 중간에 멈춰도 괜찮다는 사실을 밝혀 둔다. 세상에서는 온갖 놀라운 사건이 시시각각 벌어지고, 그중에는 불행한 사건도 있다. 이때 우리의 목표는 자연히 부정적인 태도가 나오는 상황에서도 흔들리지 않고 긍정적 또는 중립적 태도를 유지하는 것임을 기억하자. 중요한 것은 우리의 사고방식을 삐딱하게 비틀고 삶의 질을 낮추는 부정의 원천을 제거하는 것이다.

어떤 상황을 마주하자마자 기분이 부정적으로 치우칠 때는 어렵게 생각할 것 없이 부정적인 기분이 들기 전에 멈춘 지점으로 되돌아가서 부정 단식을 계속 이어가면 된다. 인간은 생물학적이고 심리학적이고 사회적이면서 영적인 존재다. 즉 그만큼 복잡하고 복합적인 존재라는 뜻이다. 나는 이미 이 책의 서두에서 나는 마땅히 부정적인 반응을 보여야 할 때는 그렇게 해도 된다고 언급한 바 있다.

부정 단식을 진행하는 90일 동안은 부정의 원천을 최대한 많이 없애는 데 집중해야 한다. 부정의 원인을 뿌리 뽑고 나면 그 자리에 긍정적인 것을 심자. 너무 깊이 생각하지 않아도 된다. 자신이 살아가는 세상에서 부정이 어떤 형태로 나타나든 간에 그것을 피하기만 하면 된다. 때로는 부정을 유발하는 가장 큰 원흉이 다름 아닌 우리이므로 행동, 사고 패턴, 습관도 빼놓지 않고 살펴야 한다. 무엇보다 부정을 유발하는 원인은 촉발 사건 그 자체가 아니라 '촉발 사건에 관한 우리의 믿음'이라는 사실을 명심하자.

## 부정의 여러 원천

부정 단식을 준비할 때 가장 먼저 해야 할 일은 부정을 유발하는 원인을 밝히고, 그것을 '부정 자극 목록'에 기록하는 것이다. 이때 부정 자극 목록에 주변 사람의 이름은 기록하지 않아야 한다. 그 사람이 얼마나 짜증 나는 사람이건 간에 이 과정을 완전히 마칠 때까지 주변 사람을 부정 자극 목록에 적는 일은 피해야 한다.

부정 자극 목록을 작성하려면 일반적으로 사람들이 가장 많이 하는 불평이 무엇인지 생각해 보자. 다만 피하기 어려운 자극도 더러 있다는 사실을 염두에 두어야 한다. 목록에는 꾸준히 반복되는 자극과 더불어 평소에 사소하게 거슬리는 요소도 기록한다.

이제 우리는 모든 자극에 대처할 전략으로 단단히 무장했다. 자극이 발생하기 전에 대비하는 것이 무척 중요하므로 부정 자극 목록에는 항목별 자극을 회피하는 대책도 함께 기록해야 한다. 그러면 해당 자극이 발생했을 때가 되어서야 대처 방안을 궁리하느라 허둥대지 않아도 된다. 그 예로 내 부정 자극 목록을 소개한다.

### 정치와 과도한 정치적 성향

왜인지는 모르겠지만 어떤 사람들은 자기가 다른 사람의 정치 성향을 바꿀 수 있다고 믿으면서 그 사람들과 논쟁을 벌이느라 갖은 애를 쓴다. 나 역시 한때 정치가 곧 내 정체성이나 다름없는 사람 중 하나였으므로 이념에 잡아먹히는 것이 어떤 기분인지 잘 안다. 사람이 지나치게 정치에 골몰하면 자기와 관점이 다른 가족이나 친구를 비롯해 온 나라의 절반이 삐딱하게 보인다.

정치적인 논쟁의 덫에 걸려들어 공연히 얼굴을 붉히는 대신 유연하게 대처할 방안은 많다. 일단 정치 논쟁을 벌이는 사람 자체를 피할 수 있다. 하지만 그러한 사람을 피하지 못하는 상황이라면, "그 문제에 관해서는 제가 아직 잘 몰라서요. 알려 주셔서 감사합니다."라고 정중히 말하고 물러나자. 이후 그 자리를 빠르게 벗어나면 된다.

정치 매체와 소셜미디어 보지 않기는 상대적으로 쉽다. 관련 애플리케이션과 계정을 휴대전화에서 삭제하고, 정치 소식지, 이메일, 출판물의 구독을 취소한다. 또 부정 단식 기간에 케이블 뉴스 시청은 금물이다.

앞서 부정 자극 목록에 사람은 포함하지 않기로 했지만, 그래도 몇몇 사람이 머릿속에 떠오를 수 있다. 하지만 그들을 탓하기보다 우리를 부정적으로 몰아가는 경향이 있는 특정 정치적 주제를 피하자. 누구나 각자 유독 감정적인 반응을 일으키는 화젯거리가 있기 마련이다. 그러므로 자신을 특히 자극하는 문제가 무엇인지 파악하고 이에 관한 논쟁을 피하자.

그리고 부정 단식을 진행하는 90일 동안은 정치 성향을 지나치게 드러내는 사람들과 거리를 두어야 한다. 정확히 말하자면 그 사람들을 아예 무시하라는 말이 아니라 그들에게 휩쓸려 정치 논쟁의 늪에 빠지지 말라는 뜻이다. 대화의 주제를 바꾸거나 양해를 구한 뒤 그들보다 긍정적인 사람을 찾아가서 대화를 나누자. 부정 단식을 마칠 즈음이면 이 작업이 더 쉬워질 것이고, 여러분은 부정적 자극에 쉽사리 흔들리지 않는 단단한 사람으로 거듭날 것이다.

### 세계 문제

전쟁, 기근, 세계 곳곳에서의 독재자 집권 사례의 증가와 같은 지정학적 문제는 정치적으로 과열된 뉴스와 긴밀하게 연관되어 있다. 하지만 이는 공화당과 민주당을 지지하는 주 사이의 싸움보다 조금 더 먼 곳에서 펼쳐지는 경향이 있다. 우리가 바꾸지 못하는 온갖 문제에 집착해 봐야 기분만 더 나빠질 뿐이다. 따라서 자신의 힘으로 바꿀 수 없는 문제를 인정하고 흘려보내야 한다.

그렇다고 해서 세계 문제에 아예 관심을 끊어야 한다는 말은 아니다. 단지 균형 잡힌 올바른 시각을 유지해야 한다는 뜻이다. 정 마음이 쓰이는 문제가 있다면 해결을 위해 돈을 기부하되, 계속해서 그 문제에 정신적, 감정적 에너지를 쏟지는 말아야 한다.

해당 문제와 관련하여 상황이 어떻게 돌아가는지 알고 싶다면《이코노미스트 Economist》처럼 중립적인 뉴스 매체를 골라서 읽어 보자. 그리고 앞으로 90일간 관련 소식을 알아보는 데 쓸 시간을 제한해 두자. 부정적 자극에 대한 면역력이 강해지고 나면 다시 예전처럼 이 문제에 관심을 쏟아도 무방하다.

### 미디어의 자극

미디어는 어느 정도 가지치기가 필요한 영역이다. 가장 먼저 뉴스를 소비하지 않는다. 지역 소식 프로그램도 마찬가지로, 여러 사람이 테이블 앞에 둘러앉아 정치 토론을 벌이거나 한담을 나누는 아침 프로그램도 끊어야 한다. 특히 케이블 뉴스 프로그램은 정치 성향과 관계없이 모조리 끊어야 한다.

그다음으로 영화배우나 연예계 소식을 다루는 프로그램도 금물이다. 출근길에 직접 운전을 한다면, 그동안 긍정적인 콘텐츠를 듣자. 이 부분은 뒤에서 더 자세히 다룰 것이다.

### 실존적 두려움

핵무기의 위협과 기후 변화로 심각한 두려움을 느끼는 사람이 적지 않다. 우리 부부가 낳은 세 자녀 중 아이를 갖고 싶어 하는 자녀는 한 명뿐이다. 나머지는 아이를 낳기에 세상이 너무 흉흉하다고 걱정한다. 그리고 세계 인구가 이미 넘쳐나는 와중에 새로운 인구를 더하는 것이 잘못된 일이라 여긴다. 그러나 지구에는 언제나 위협이 끊이지 않았음에도 인류는 꿋꿋이 앞으로 나아간다.

이제 부정을 유발하는 자극 목록을 모두 작성했다면 지구에 존재하는 우리의 인생에서 마음에 드는 점을 모두 적어 보자. 우리에게 주어진 시간이 4,108주라는 사실을 사람들에게 상기시키는 이유는 따로 있다. 이왕지사 인생의 티켓을 끊은 만큼 남은 시간을 의미 있게 보내게 하기 위해서이다.

### 날씨와 자연재해

내가 사는 오하이오주에서는 흐린 날이 한 해의 절반이나 이어진다. 설령 지금 당장은 날씨가 마음에 안 들더라도 딱 12시간만 기다려 보면 기온이 대략 27℃를 오르락내리락한다. 테네시주와 오클라호마주에서는 토네이도가, 플로리다주와 남부 대부분은 허리케인이 휩쓸고 지나간다. 그런가 하면 캘리포니아주에서는 화재, 산사태, 지진이 발생한다. 미국 서부는 강수량이 부족해서 문제고, 동쪽 해안은 허리케인 철에 물난리가 나서 문제다.

날씨 때문에 부정적인 기분이 든다면 부정 단식은 필수다. 날씨가 언제나 흠잡을 데 없이 완벽하고, 자연재해가 전혀 일어나지 않는 지역은 지구상에 존재하지 않는다. 이왕이면 자연의 어마어마한 위력을 받아들이는 편이 나을 것이다.

**이동으로 인한 불편**

비행기나 기차를 이용하거나 퇴근길에 자가용을 운전하는 상황에 우리는 그동안 불평보다 더 생산적인 일을 할 수 있다. 예를 들어 운전 시간이 45분이라고 한다면, 그 시간에 좋아하는 라디오 스포츠 채널이나 팟캐스트, 음악 또는 오디오북을 청취하는 등 좋아하는 일을 할 수 있다. 특히 이 책이라면 더없이 좋다!

교통체증으로 도로에 발이 묶이거나, 공항 또는 기차역에서 교통편이 지연될 때 할 만한 가치 있는 일을 한번 적어 보자. 부정적인 기분을 긍정적으로 전환하려면 바로 꺼내 들 만한 무기를 미리 챙겨 두어야 한다.

**돈, 세금, 인플레이션**

우리는 경제가 지배하는 세상에 산다. 과거에는 지금보다 돈 문제가 덜했다고 생각한다면 오산이다. 돈은 살아가는 데 필수적인 자원이고, 인류가 지구상에 출현한 이래 사람들은 안식처, 온기, 식량, 초고속 인터넷, 배달 애플리케이션, 넷플릭스를 확보할 방법을 찾아내야만 했다. 세금을 충실히 납부하고 최대한 저축하면서 돈에 집착하지 않도록 노력하자. 연구에 따르면 사람이 일정 금액을 보유하고 나면 그 이상으로 돈을 많이 벌어도 더 행복해지지는 않다고 한다.

돈과 관련해서 내가 할 수 있는 조언은 지출 목록을 작성하고 예산을 세우면 돈 때문에 부정적인 기분에 빠지는 사태를 예방하는 데 도움이 된다는 것뿐이다. 예산을 지키기가 어렵다면 굳이 없어도 생활하는 데 지장이 없는 물건이나 요소가 있는지 점검해 보자. 그리고 잘 찾아보면 자원봉사나 야외 활동 등 무료나 소액의 비용으로도 즐길 수 있는 일이 얼마든지 많이 있다.

### 건강 유지하기

신체와 정신 건강은 바람직하고 생산적인 삶에 대단히 중요하다. 우리는 너무 바쁘다는 이유로 자신을 잘 돌보지 않을 때가 종종 있다. 그러나 건강은 행복한 삶을 구성하는 중추적인 요인이다. 여기서는 두 가지 목록을 작성해 보자.

먼저 자신을 제대로 돌보지 않으려고 할 때 뭐라고 변명하는지 기록한다. 그 예로 기껏 약을 처방받고도 꼬박꼬박 챙겨 먹지 않는 사람이 많다. 개중에는 자신보다 반려동물의 약을 오히려 더 잘 챙기기도 한다.

다음으로 자신을 더 잘 돌보기 위해 앞으로 어떻게 할 것인지 기록한다. 자신을 사랑하는 사람이라고 가정하고, 그러한 사람을 돌볼 때와 같은 수준의 관심과 사랑을 자신에게 베풀자.

### 시간 부족

내가 매일 하는 확언으로는 "나는 시간이 충분하다."가 있다. 이 확언은 마음속에 건네는 하얀 거짓말이다. 워낙 많은 일을 다루기 때문이다. 물론 내게도 남들과 똑같이 24시간이 주어진다는 사실을 알지만, 확언을 반복하다 보면 정말 시간이 충분해 보이기도 한다.

흔히 시간이 부족하다고 느끼는 이유에는 여러 가지가 있다. 담당 프로젝트가 너무 많거나, 일의 체계가 덜 잡혔거나, 한 주의 계획을 제대로 세우지 않았을 수도 있다. 이처럼 한 번에 감당할 수 있는 수준보다 더 많은 일을 떠맡는다면 여러분은 나와 같은 부류일 것이다.

이상의 내용에 따라 여러분의 시간이 부족한 이유를 기록해 보자. 추가로 행동 양식을 어떻게 바꿔야 할지도 써 보자. 그리고 주간 계획을 세워서 우선순위에 따라 건강, 인간관계와 더불어 가장 중요한 항목으로 계획표를 채우자.

### 업무상 문제를 비롯한 여러 가지 자극

일에는 보통 갈등이 따르기 마련이다. 고객과 마찰을 빚기도 하고, 매일 마주치며 일하는 사람들과 얼굴을 붉히기도 한다. 업무 중 다른 사람과 부딪힌다면 힘들기도 하거니와 부정을 자극하는 업무나 상황을 피하고 싶어도 그렇지 못할 수 있다. 그러므로 직장에서는 유독 부정적인 사람들과 최대한 마주치지 않도록 노력하자. 회의할 때는 메모지에 웃는 표정을 그린 뒤, 그것을 보면서 긍정성을 유지한다. 반면 누군가가 부정적인 말을 하면 기록한 후에 회의가 끝나고 줄을 죽죽 그어 지워 버리자.

### 사소한 자극들

유감스럽지만, 이 목록은 내가 대신 작성할 수 없다. 사람의 끓는점은 천차만별이므로 여기서는 내가 극복해야 할 사소한 자극만 소개하겠다. 여러분도 각자 사소하지만 크게 느끼는 힘든 일이 무엇인지 자기만의 목록을 작성해 보길 바란다.

* **행정 업무 및 내가 작성해야 하는 모든 문서 양식**

    **내**면의 목소리는 '끝이 있고 되돌릴 수도 없는 유일한 재화인 내 소중한 시간을 사람들이 앗아 가고 있어!'라고 외친다. 나는 행정 업무로 부정에 빠지는 일을 방지하기 위해 금요일을 '재정의 날'로 정해 두고, 내 인생에 몰려드는 모든 서류 작업을 일주일 중 단 하루에 몰아서 처리한다. 작업은 보통 두어 시간 정도면 끝나고, 일을 마치고 나면 개운한 기분이 든다.

* **소음 공해**

**한**때 로큰롤 밴드의 리더였던 사람이라면 과거에 소음 공해를 유발한 장본인인 만큼 소음 공해쯤은 마땅히 참을 줄 알아야 하는 것 아니냐고 흉을 볼지도 모르겠다. 하지만 비행기만 타면 기내 방송이 머리 바로 위 스피커에서 울리는 통에 나는 몇 년 전 뱅앤올룹슨(Bang & Olufsen)에서 아주 비싼 헤드폰을 구매해서 가지고 다닌다. 소음 문제는 이렇게 간단히 해결했다.

* **포트홀(Pothole)** [45]

**부**정을 자극한다기에는 너무 작은 요소라고 생각할 수도 있지만, 두 달 만에 타이어를 네 번이나 교체하고 나니 이조차도 나에게는 스트레스였다. 나는 문제의 자동차를 구매처에 되팔았다. 그리고 타이어와 휠이 튼튼한 차를 사서 길을 나섰다. 이 책을 쓰던 중 하루는 심하게 움푹 팬 곳을 지나다가 타이어가 터졌고, 나는 이 이상의 손상을 막고자 아예 다니는 길을 바꿔 버렸다.

---

45  도로에 움푹 팬 구멍.

* **청각과민증**

    **소**리에 지나치게 예민한 주변 사람으로 고생한 적이 있다면 양해를 구한다. 청각과민증은 음식을 먹을 때 쩝쩝거리는 소리 등 일상적인 청각 자극을 견디지 못하는 증상이다. 직접 겪어 보면 정말 끔찍하다. 사실 나는 이 문제에 아직 이렇다 할 해결책을 찾지 못했다.

* **내 신용카드 정보를 빼내려는 사기꾼 텔레마케터**

    **나**는 이제 이 문제로 부정을 자극받지 않는다. 금융사기 전화를 받으면 나는 화를 내는 대신 전화를 건 사람에게 남을 해치지 않는 다른 일을 찾아보라고 타이른다. 또 어머니가 걱정하실 테니 일을 마치면 어머니를 찾아뵈라고 이야기하곤 한다.

## 부정적인 사람들

　부정을 자극하는 사람들에게는 조심스럽게 접근해야 한다. 때로는 우리가 다른 사람의 부정을 자극하기도 하고, 다른 사람이 우리의 부정을 자극하기도 한다. 일단은 공감하는 마음을 품는 것부터 시작해야 한다. 우리는 모두 인류라는 한 가족의 일원이기 때문이다.

　주변을 둘러보면 부정에 심하게 물든 지인이 몇 명 눈에 띌 것이다. 어쩌면 우리가 사랑하는 사람이 바로 그 사람일 수도 있다. 혹은 명절에만 가끔 보는 친인척이 그런 사람일 수도 있다. 부정 단식 기간에는 부정적인 사람들에게서 최대한 멀찍이 떨어져 있어야 한다.

이때 피해야 할 사람으로는 기본적으로 부정적인 10대 청소년, 불평하는 사람, 감사할 줄 모르는 사람, 험담하는 사람 등이 있다. 앞선 바와 같이 전형적인 불평쟁이 외에 멍청한 사람들도 내 부정을 자극한다. 아마 다른 많은 이들도 나처럼 느낄 것이다. 《인간의 어리석음에 관한 법칙 The Basic Laws of Human Stupidity [46]》이라는 조그마한 책에서 저자는 어리석음의 세 번째 법칙을 다음과 같이 소개한다.

> "어리석은 사람은 자기에게 득 될 것이 없는데도, 혹은 오히려 손해를 보면서도 다른 사람에게 피해를 주는 사람이다."

이 정의를 알고 적용하면 부정을 자극할 가능성이 있는 어리석은 사람을 피하는 데 유용하다. 이 사람이 내게 손해를 입혔는가? 그러지 않았다면, 그는 아마 어리석은 사람이 아닐 것이다.

실제로 사람들은 대부분 멍청하지 않다. 그러나 그들은 부정적이며, 겁에 질려 있는 데다 불안에 떨고, 때로는 덜렁거리다가도 태만하며, 지쳐 있기도 하면서 산만하다. 대부분 사람은 자기 나름대로 최선을 다하고 있다. 다만 그들이 겪고 있는 부정이 문제를 일으킬 뿐이다.

불편감을 준 타인 행동의 진짜 이유를 알지 못한 채 악의적 행위라 치부하면 자신의 부정만 스스로 자극할 뿐이다. 우리의 부정에 불이 붙

---

[46] 카를로 마리아 치폴라(Carlo Maria Cipolla)의 저서.

는 이유는 촉발 사건 때문이 아니다. 부정을 유발하는 진짜 범인은 그에 관한 우리의 믿음이다.

## 긍정성 구성하기

나는 처음으로 부정 단식을 할 때 크나큰 실수를 저지른 적이 있다. 부정이 새어 나올 만한 틈은 모두 차단했으나 정작 긍정적인 요소는 하나도 더하지 않은 것이다. 어느 순간 내 정신이 살아오는 내내 부정에 단단히 찌들었다는 생각이 들었다. 그간 찌든 때처럼 쌓인 부정을 깨끗이 날려 보내려면 긍정성을 고압 호스로 콸콸 퍼부어야 했다.

이후 60일간 나는 스티븐 코비의 오디오북을 모두 들었다. 뒤이어 얼 나이팅게일 Earl Nightingale, 레스 브라운 Les Brown, 피터 드러커 Peter Drucker, 톰 피터스 Tom Peters, 짐 론, 켄 윌버, 토니 로빈스의 오디오북을 들었다. 그리고 명상 가이드, 《네 가지 약속 The Four Agreements [47]》을 비롯하여 브렌든 버처드 Brendon Burchard, 대런 하디 Darren Hardy, 멜 로빈스, 루이스 하우즈, 제이 셰티, 브레네 브라운, 조코 윌링크, 라이언 홀리데이로 재생 목록을 차츰 늘려갔다.

이 외에도 우리에게 긍정성을 불어넣어 줄 원천은 얼마든지 있을 것

---

[47] 외과 의사 출신의 돈 미겔 루이스(Don Miguel Ruiz)의 저서.

이다. 샤워할 때나 출근길, 자녀를 학교나 춤 공연에 데려다줄 때, 그 시간을 활용해 긍정적인 오디오 프로그램이나 팟캐스트를 듣자. 마음에 긍정성의 연료를 주입할수록 긍정적인 기분이 지속되는 시간이 길어지고, 부정적인 감정이 머무는 시간은 그만큼 줄어들 것이다.

### 내 사람들

《모임을 예술로 만드는 법 The Art of Gathering》의 저자 프리야 파커 Priya Parker 는 모임에 단순히 여러 사람이 한자리에 함께하는 것 이상의 의미가 있다고 주장한다. 사람들은 모임을 통해 공동체를 형성하고 의미를 공유하여 문제를 해결하는 것 밖에도 여러 가지 긍정적인 결과를 낸다.

비록 모임을 한다고 해서 그 울타리 바깥의 세상에 이렇다 할 변화가 일어나지는 않는다. 하지만 대가족의 일원이거나 친구가 많은 사람은 여럿이서 자주 모이는 경향이 있다. 우리 가족은 생일이나 부활절, 어버이날, 핼러윈, 추수감사절, 크리스마스, 새해 첫날을 맞이할 때 달마다 50명 이상이 모인다. 심지어 미식축구나 복싱 경기 관람 등 자잘한 행사를 이유로 모이기도 한다.

서로 한 가족이라면 우리는 그들에게, 그들은 우리에게 속한 존재다. 가족 중에 껄끄러운 사람이 있더라도 그 사실은 변하지 않는다. 또 한동안 얼굴을 보지 못한 친구가 있다면 그 친구는 흔쾌히 우리와 시간을 보내려고 할 것이다.

이 글을 쓰던 중 나는 열세 살 때 만나서 지금도 친한 친구 중 한 명인 래리의 전화를 받은 적이 있다. 래리는 심장 수술을 받은 이후 회복이 막 끝나 다시 소방서로 복귀했다는 소식을 전했다. 원래대로라면 일해야 할 시간이었지만, 나는 일을 제쳐 둔 채 래리가 운전하는 시간을 틈타 30분도 넘게 회포를 풀었다. 내게는 일보다 래리가 더 중요했다.

래리가 가출해서 나를 찾아왔을 때, 나는 래리를 먹여 주고 재워 준 적이 있다. 같이 캠핑했다는 소리다. 내가 가출해서 엘 카미노 자동차를 몰고 플로리다주 네이플스에 찾아갔을 때, 래리는 나와 함께 찾아온 사람이 마음에 들지 않는다는 핑계를 대며 나의 가출을 부모님께 알렸다.

## 우선순위

벤저민 프랭클린 Benjamin Franklin 은 이렇게 말했다.

> "늙는 것은 한순간이지만 지혜로워지는 것은 한참 걸린다."

일하고 돈 버는 데만 집중하다 보면 인생에서 더 중요한 요소인 사람들, 그리고 그들과 함께 나누는 경험을 가벼이 여기기 쉽다. 내가 가장 좋아하는 책 중에는 회계법인 KPMG 그룹의 최고경영자였던 유진 오켈리 Eugene O'Kelly 의 《인생이 내게 준 선물 Chasing Daylight 》이 있다.

어느 날 저자는 악성도가 높은 뇌종양인 교모세포종을 진단받았다. 치료할 방도는 없었다. 오켈리는 남은 6개월의 시간을 낭비하지 않기로 했다. 그는 동심원 5개를 그려 주변 사람을 가까운 정도에 따라 분류했다. 가장 큰 동심원에는 자신을 위해 일한 수만 명의 직원을 채워 넣었다. 그는 가장 작은 동심원인 직계 가족에 이르기까지 주변 사람을 한 명 한 명 돌아보기로 마음먹었다.

인생의 마지막 순간을 가족과 함께 보내려는 계획의 절반쯤 다다랐을 때, 오켈리는 자신이 실수했음을 깨달았다. 애초에 가족에게 바로 편지를 보내서 남은 시간을 가족과 함께 보냈어야 한다는 사실을 그제야 알아차린 것이다. 오켈리처럼 우리 역시 '지혜의 빛을 쫓고 chasing daylight' 있다. 인생의 우선순위를 정리하고 싶다면 언제나 사람이 우선이라는 사실을 잊지 말자.

### 기쁨 추구하기

우리는 언제나 기쁨을 찾으려고 노력해야 한다. 직장과 가정에서, 가족과 친구에게서, 그리고 매일 하는 일에서 즐거움을 찾자. 작가인 나는 사무실에 앉아 더듬더듬 자판을 두드리며 글을 쓴다. 그리고 아내는 글을 쓰다가 손목터널증후군이 심해진 나를 곁에서 든든히 보살핀다.

## 기록으로 시작해 변화하기

일기 쓰기는 부정 단식의 진행 상황을 파악하는 방법에 해당한다. 부정 단식을 하다 보면 어느 순간 부정적인 기분에 빠지는 때가 있을 것이다. 그때 무슨 생각을 했는지, 어떤 요소가 부정을 자극했는지 기록하자. 그러면 나중에 같은 자극이 발생할 때 효과적으로 대처할 수 있다.

부정적인 기분을 느껴도 괜찮다. 우리의 목표는 단 한 순간도 부정적인 태도를 보이거나 불쾌한 기분을 느끼지 않는 것이 아니라, 지금보다 '덜 부정적이고 더 긍정적인' 사람으로 거듭나는 것임을 명심하자. 부정적인 기분이 들면 자신을 판단하는 대신 그 감정을 인식하며 마음속에서 벌어지는 일을 기록하자. 부정의 원인을 종이에 적어서 포착하면 부정이 우리에게 뻗쳐 오는 마수에서 더 쉽게 벗어날 수 있다.

부정적인 순간뿐 아니라 긍정적이고, 낙관적이고, 기운이 넘치는 순간에도 일기를 쓰자. 긍정적인 사건과 감정을 기록해야 하는 이유는 좋은 일과 긍정적인 감정을 알아차릴 수 있기 때문이다. 긍정적인 기분이 들었을 때 주변에서는 어떤 일이 벌어지는가? 어느 행동이 긍정적인 기분을 유발한다면 그 행동을 더 자주 해 보자.

같이 있을 때 기분이 좋아지는 사람이 있다면, 그 사람과 함께 보내는 시간을 늘리자. 그 사람은 분명 긍정적인 친구일 테니 말이다. 이처럼 상황에 따른 감정을 기록하면, 이것이 곧 부정 단식 일기이자 자신에 관해 새로이 알게 된 사실을 기록한 일기가 될 것이다.

이 외에 수면, 수분 보충, 운동, 식단 등 평소 습관을 기록하고 파악하는 것도 도움이 된다. 이처럼 지극히 사소해 보이는 요소가 감정에 엄청난 영향력을 미칠 수 있다. 습관을 기록하는 방법으로는 습관 추적 일지를 구매해서 작성하거나 체크 박스에 표시하는 것 등이 있다. 아직 마음처럼 잘되지 않지만, 나는 깊이 자는 시간을 늘리기 위해 애플워치로 수면 상태를 추적한다. 또 내가 매일 마시는 물의 양도 기록한다.

## 말에서 떨어졌을 때 대처하는 법

내내 부정 단식을 잘 이어가다가도 때로는 말에서 떨어지듯 삐끗할 때도 있다. 이는 화가 치밀어 올라 어느 순간 긍정의 끈을 놓아 버리는 것을 말한다. 이런 일은 긍정적이기로는 둘째가라면 서러운 사람에게도 예외 없이 일어난다. 그들 역시 어쩔 수 없는 사람이기 때문이다.

부정 단식 도중 잠깐 흐트러졌다면 멈췄던 곳에서 다시 시작하거나, 아니면 한숨 푹 자고 다음 날 아침에 처음부터 다시 시작하면 된다. 실패했다고 낙담할 것 없다. 애초에 완벽해지려던 게 아니니 실패는 불가능하다. 우리의 목표는 더 긍정적이고, 덜 부정적인 사람으로 변화하는 것이다. 전보다 긍정적으로 변화했다고 느낀다면 이미 목표에 다다른 셈이다.

## 경로에 계속 머무르며 지속하기

부정 단식을 직접 해 본 사람으로서 장담하건대 부정 단식에 꾸준히 임하면 부정의 원천을 점차 내려놓을 수 있다. 이제 나는 정치를 두고 사람들과 절대 입씨름을 벌이지 않는다. 또 매체나 타인 또는 출처에서 비롯한 부정은 조금도 받아들이지 않는다.

부정 단식 기간이 끝났다고 해서 부정을 섭취하던 예전 식습관으로 굳이 돌아갈 필요는 없다. 나쁜 소식과 부정적인 사람들은 여전히 그 자리에서 부정을 뿜어내며 자신의 두려움으로 우리를 물들이려 할 것이다. 부정 단식을 해서 기분이 나아졌다고 한들 다시 부정적인 기분으로 돌아간다면 단식에 무슨 의미가 있겠는가? 기꺼이 열변을 토하며 세상의 온갖 나쁜 소식을 전하는 사람의 행렬은 끝이 없다.

  나는 여러분이 부정 단식을 성공적으로 완수하리라고 믿는다. 부정 단식을 마치고 나면 여러분이 살아가는 세상과 여러분의 인생이 한결 긍정적으로 보일 것이다. 이제 자기 대화를 통제할 힘이 생길 테고, 예전 같으면 우리 신경을 건드렸을 사람들에게 공감 능력을 발휘할 수 있을 것이다. 전보다 불평이 확연히 줄어들어 가진 것에 더욱 감사한 마음을 품으면서 부정적인 사건을 긍정적으로 재구성할 방법을 알게 되었을 테다.

  그리고 정치판이 어떻게 돌아가든 행복한 삶을 누리며 소셜미디어를 다른 관점에서 바라보게 될 것이다. 필요할 때는 부정적인 기분을 긍정적으로 바꾸면서 도움이 필요한 이들에게 손을 내미는 사람으로 변할 것이다. 부디 부정적인 성향을 대부분 걷어내기를 바란다.

  언제라도 부정적이거나 불안한 마음이 올라오고 스트레스를 받아 힘들 때는 다시금 부정 단식을 시작하자. 나는 첫 번째 부정 단식의 결과가 만족스러웠던지라 바로 이어서 두 차례를 더 진행했다.

# 참고문헌 및 출처

# A

Abramowitz, A., and Webster, S. (2018). "Negative Partisanship: Why Americans Dislike Parties But Behave Like Rabid Partisans," Advances in Political Psychology 39(Supp. 1), https://doi.org/10.1111/ pops.12479.

Albin, J., and Bailey, E. (2021). Idiot's Guides Cognitive Behavioral Therapy. New York: Penguin Random House.

Albrecht, N. J. (2018). "Teachers Teaching Mindfulness with Children: Being a Mindful Role Model," Australian Journal of Teacher Education 43(10), https://ro.ecu.edu.au/ajte/vol43/iss10/1.

Aubé, C., and Rousseau, V. (2016). "Yes, We Complain… So What?" Journal of Managerial Psychology 7(31): 1137–1151, https:// doi.org/10.1108/jmp-08-2015-0304.

# B

Barrett, P., Hendrix, J., and Sims, G. (2021). "How Social Media Fuels U.S. Political Polarization—What to Do about It," The Hill, https://thehill.com/opinion/campaign/572002-how-socialmediafuelsuspoliticalpolarizationwhattodoaboutit/.

Bellovary, A., Young, N., and Goldenberg, A. (2021). "Left- and Right-Leaning News Organizations' Negative Tweets Are More Likely to Be Shared," PsyArXiv, February 24, https://doi.org/10.31234/osf.io/2er67.

Best Day Psychiatry and Consulting. (n.d.). "The Effects of Bullying on Mental Health," https://bestdaypsych.com/the-effects-of-bullying-on-mental-health/.

Beyens, I., Pouwels, J. L., Driel, I. I., Keijsers, L., and Valkenburg, P. M. (2020). "Social Media Use and Adolescents' Well-Being: Developing a Typology of Person-Specific Effect Patterns," PsyArXiv, December 16, https://doi.org/10.31234/osf.io/ftygp.

Bieberstein, F., Essl, A., and Friedrich, K. (2021). "Empathy: A Clue for Prosocialty and Driver of Indirect Reciprocity." PLoS ONE 8(16), e0255071, https://doi.org/10.1371/journal.pone.0255071.

Bono, G., and Froh, J. (2009). "Gratitude in School: Digital Citizen Academy. (n.d.). "Finsta: Does Your Child Have a Secret

Instagram Account?" https://digitalcitizenacademy.org/ finsta-does-your-child-have-a-secret-instagram-account/.Benefits to Students and Schools," in R. Gilman, E. S. Huebner, and M. J. Furlong (Eds.), Handbook of Positive Psychology in Schools. London: Routledge/Taylor & Francis Group, pp. 77–88.

Brown, M. T., and Bussell, J. K. (2011). "Medication Adherence: Who Cares?" Mayo Clinic Proceedings 4(86): 304–314, https://doi.org/10.4065/mcp.2010.0575.

Burgis, L. (2021). Wanting: The Power of Mimetic Desire in Everyday Life. New York: St. Martin's Press. 최지희 옮김(2022), 《너 자신의 이유로 살라》, 토네이도.

# C

Caprariello, P. A., and Reis, H. T. (2013). "To Do, to Have, or to Share? Valuing Experiences Over Material Possessions Depends on the Involvement of Others," Journal of Personality and Social Psychology 2(104): 199–215, https://doi.org/10.1037/a0030953.

Centers for Disease Control and Prevention. (2022). "Benefits of Physical Activity," https://www.cdc.gov/physicalactivity/basics/pa- health/index.htm.

Cinelli, M., De Francisci Morales, G., Galeazzi, A., Quattriciocchi, W., Starnini, M. (2021). "The Echo Chamber Effect on Social Media," Proceedings of the National Academy of Sciences 118(9), https://doi.org/10.1073/pnas.2023301118.

Cipolla, C. M. (2021). The Basic Laws of Human Stupidity. New York: Doubleday. 장문석 옮김(2019), 《인간의 어리석음에 관한 법칙》, 미지북스.

Choraria, S. (2013). "Exploring the Role of Negative Emotions On Customer's Intention to Complain," Vision 3(17), 201–211, https://doi.org/10.1177/0972262913496725.

Cohen, G. L., and Sherman, D. K. (2014). "The Psychology of Change: Self-Affirmation and Social Psychological Intervention," Annual Review of Psychology 65(1): 333–371.

Cook, S., Hamilton, H. A. Montazer, S., Sloan, L., Wickens, C. M., Cheung, A., Boak, A., Turner, N. E., and Mann R. E. (2021). "Increases in Serious Psychological Distress Among Ontario Students Between 2013 and 2017: Assessing the Impact of Time Spent on Social Media," Canadian Journal of Psychiatry 8(66), 747–756, https://doi.org/10.1177/070674372 0987902.ftygp.

# D

Dell'Osso, L., Carpita, B., Nardi, B., Bonelli, C., Calvaruso, M., and Cremore, I. M. (2023). "Biological Correlates of Post-Traumatic Growth (PTG): A Literature Review," Brain Sciences 13(2): 305, https://doi.org/10.3390/brainsci13020305.

Department of Health, State Government of Victoria, Australia (n.d.). "Breathing the Reduce Stress," Better Health Channel, https://www.betterhealth.vic.gov.au/health/healthyliving/breathing- to-reduce-stress#.

Digital Citizen Academy. (n.d.). "Finsta: Does Your Child Have a Secret Instagram Account?" https://digitalcitizenacademy.org/finsta-does-your-child-have-a-secret-instagram-account/.

Dunbar, R. (1997). Grooming, Gossip, and the Evolution of Language. Cambridge, MA: Harvard University Press. 한형구 옮김 (2023), 《그루밍, 가십, 그리고 언어의 진화》, 강.

Dunbar, R. (2016). Human Evolution: Our Brains and Behavior. Oxford University Press. 김학영 옮김(2015), 《멸종하거나, 진화하거나》, 반니.

Durmus, G. (2023). "The Place of Gratitude in an Islamic Bank's Organizational Communication Culture," Journal of Erciyes Communication 10(1): 41–56, https://doi.org/10.17680/erciyesiletisim .1189243.

# E

Ellis, A., and Lange, A. (1994). How to Keep People from Pushing Your Buttons. New York: Citadel Press.

Emmons, R. A., and McCullough, M. E. (2003). "Counting Blessings Versus Burdens: An Experimental Investigation of Gratitude and Subjective Well-Being in Daily Life," Journal of Personality and Social Psychology 84(2): 377–389.

Epictetus. (1995). Discourses. Translated by Robin Hard. London: Everyman.

# F

Fischer, M. A., Stedmam, M. R., Lii, J., Vogeli, C., Shrank, W. H., Brookhart, M. A., and Weissman. J. S. (2010). "Primary Medication Non-adherence: Analysis of 195,930 Electronic Prescriptions," Journal of General Internal Medicine 4(25): 284–290. https://doi.org/10.1007/s11606-010-1253-9.

Fortney, L., Luchterhand, C., Zakletskaia, L., Zgierska, A., and Rakel, D. (2013). "Abbreviated Mindfulness Intervention for Job Satisfaction, Quality of Life, and Compassion in Primary Care Clinicians: A Pilot Study," Annals of Family Medicine

5(11): 412–420, https://doi.org/10.1370/afm.1511.

# G

Ge, Y., Li, W., Chen, F., Kayani, S., and Qin, G. (2021). "The Theories of the Development of Students: A Factor to Shape Teacher Empathy from the Perspective of Motivation," Frontiers in Psychology 12, https://doi.org/10.3389/fpsyg.2021.736656.

Georgiev, D., and Defensor, G. (2023). "How Much Time Do People Spend on Social Media in 2023?" Techjury, June 23, https://techjury.net/blog/time-spent-on-social-media/.

Gray, D. (2016). Liminal Thinking: Create the Change You Want by Changing the Way You Think. New York: Two Waves Books. 양희경 옮김(2017),《기적의 리미널 씽킹》, 비즈페이퍼.

Gross, J. J., and Levenson, R. W. (1993). "Emotional Suppression: Physiology, Self- report, and Expressive Behavior," Journal of Personality and Social Psychology 6(64): 970–986, https://doi.org/10.1037/0022-3514.64.6.970.

# H

Haider, A., and Asad, U. (2018). "Frequency of Somatic Complains Among Patients with Mental Illness," Annals of Psychophysiology 1(5): 6–16, https://doi.org/10.29052/2412-3188.v5.i1.2018.6-16.

Harari, Y. (2017). "The Meaning of Life in a World Without Work," Guardian, May 8, https://www.theguardian.com/technology/2017/may/08/virtual-reality-religion-robots-sapiens-book.

Hasyim, M. (2022). "Why Do Social Media Make People Feel Lonelier Instead of Connecting with Them?" Technoarete Transactions on Advances in Social Sciences and Humanities 1(2), https://doi.org/10.36647/ttassh/02.01.a005.

Held, B., and Bohart, A. (2002). "Introduction: The (Overlooked) Virtues of 'Unvirtuous' Attitudes and Behavior: Reconsidering Negativity, Complaining, Pessimism, and 'False' Hope," Journal of Clinical Psychology 9(58): 961–964, https://doi.org/10.1002/jclp.10092.

Hill, C. G., and Updegraff, J. A. (2012). "Mindfulness and Its Relationship to Emotional Regulation," Emotion 1(12): 81–90, https://doi.org/10.1037/a0026355.

Hill, W. D., Weiss, A., Liewald, D. C., Davies, G., Porteous, D. J., Hayward, C., McIntosh, A. M., Gale, C. R., and Deary, I. J.

(2019). "Genetic Contributions to Two Special Factors of Neuroticism Are Associated with Affluence, Higher Intelligence, Better Health, and Longer Life," Molecular Psychiatry 11(25): 3034–3052, https://doi.org/10.1038/s41380019-03873.

Hoffer, E. (1951). The True Believer: Thoughts on the Nature of Mass Movements. New York: Harper & Brothers. 이민아 옮김 (2024), 《맹신자들》, 궁리출판.

Hoppu, U., Puputti, S., Mattila, S., Puurtinen, M., and Sandell, M. (2020). "Food Consumption and Emotions at a Salad Lunch Buffet in a Multisensory Environment," Foods 10(9): 1349, https://doi .org/10.3390/foods9101349.

Huszar, F., Ktena, S. I., O'Brien, C., Belli, L., Schlaikjer, A., and Hardt, M. (2021). "Algorithmic Amplification of Politics on Twitter," Proceedings of the National Academy of Sciences 119(1), https://doi.org/10.1073/pnas.2025334119.

# I

Ivtzan, I., Young, T., Martman, J., Jeffrey, A., Lomas, T., Hart, R., and Eiroa-Orosa, F. J. (2016). "Integrating Mindfulness into Positive Psychology: A Randomised Controlled Trial of an Online Positive Mindfulness Program," Mindfulness 7, 1396–1407, https://link.springer.com/article/10.1007/s12671-016-0581-1.

# J

Joseph, S., and Linley, P. A. (2005). "Positive Adjustment to Threatening Events: An Organismic Valuing Theory of Growth through Adversity," Review of General Psychology 9(3): 262–280, https://doi.org/10.1037/1089-2680.9.3.262.

# K

Kelly, S. (2022). "TikTok May Push Potentially Harmful Content to Teens Within Minutes, Study Finds," CNN Business, December 15, https://www.cnn.com/2022/12/15/tech/tiktok-teens-study-trnd/index.html.

Kiken, L. G., Garland, E. L., Bluth, K. Palsson, O. S., and Gaylord, S. A. (2015). "From a State to a Trait: Trajectories of State Mindfulness in Meditation During Intervention Predict Changes in Trait Mindfulness," Personality and Individual Differences 81(July): 41–46, https://doi.org/10.1016/j.paid.2014.12.044.

Kim, K. (2019). "The Relationship between Perceived Stress and

Life Satisfaction of Soldiers: Moderating Effects of Gratitude," Asia-Pacific Journal of Convergent Research Interchange 4(5): 1–8, https://doi.org/10.21742/apjcri.2019.12.01.

Kishimi, I., and Koga, F. (2018). The Courage to Be Disliked: The Japanese Phenomenon That Shows You How to Change Your Life and Achieve Real Happiness. New York: Atria Books. 전경아 옮김(2022),《미움받을 용기》, 인플루엔셜.

Kleinman, Z. (2021). "Political Trolling Twice as Popular as Positivity, Study Suggests," BBC.com, June 21, https://www.bbc.com/ news/technology-57558028.

Kowalski, R., and Limber, S. (2013). "Psychological, Physical, and Academic Correlates of Cyberbullying and Traditional Bullying," Journal of Adolescent Health 53(1) Supplement, S13–S20, https://doi .org/10.1016/j.jadohealth.2012.09.018.

Kross, E. (2021). Chatter: The Voice in Our Head, Why It Matters, and How to Harness It. New York: Crown. 강주헌 옮김(2021),《채터, 당신 안의 훼방꾼》, 김영사.

Kross, E., Verduyn, P., Sheppes, G., Costello, C. K., Jonides, J., and Ybarra, O. (2021). "Social Media and Well-Being: Pitfalls, Progress, and Next Steps," Trends in Cognitive Sciences 1(25, November 10): 55–66, https://doi.org/10.1016/j.tics.2020.10.005.

# L

Lanaj, K., and Jennings, R. E. (2020). "Putting Leaders in a Bad Mood: The Affective Costs of Helping Followers with Personal Problems," Journal of Applied Psychology 4(105): 355–371, https:// doi.org/10.1037/apl0000450.

Laub, Z. (2019). "Hate Speech on Social Media: Global Comparisons," Council on Foreign Relations, June 7, https://www.cfr.org/ backgrounder/hate-speech-social-media-global-comparisons.

Leahy, R. (2002). "Pessimism and the Evolution of Negativity," Journal of Cognitive Psychotherapy 16(3): 295–316, doi: 10.1891/ jcop.16.3.295.52520.

Lickteig, B. (n.d.). "Social Media: Cyberbullying, Body Shaming, and Trauma," Child Advocacy Center of Lapeer County, https://caclapeer.org/socialmediacyberbullyingbodyshaming and-trauma/.

Linder, J. (2019). "How Mindfulness Can Reshape Negative Thought Patterns," Psychology Today, April 18, https://www.psychologytoday.com/us/blog/mindfulnessinsights/201904/how mindfulness- can-reshape-negative-thought-patterns.

Linehan, M. (2021). "Marsha Linehan on radical acceptance," Kinsale CBT, https://www.kinsalecbt.com/2021/01/14/marsha-linehan-on-radical-acceptance/.

Liu, L. (2016). "A Poetic Duet: While Sleep Is the Best Meditation, Writing Is the Best Medication," Medium, October 22, https://lauraliuk3.medium.com/writingisthebestmedication 59ab40e5934a.

# M

Magal, N., Hendler, T., and Admon, R. (2021). "Is Neuroticism Really Bad for You? Dynamics in Personality and Limbic Reactivity Prior to, During and Following Real-life Combat Stress. Neurobiology of Stress," Neurobiology of Stress 15, 100361, https://doi.org/10.1016/j.ynstr.2021.100361.

Matthews, D. (2023). "Why the news is so negative—and what we can do about it," Vox, March 22, https://www.vox.com/the-highlight/23596969/bad-news-negativity-bias-media.

McIntyre, K. (2020). "Tell Me Something Good: Testing the Longitudinal Effects of Constructive News Using the Google Assistant," Electronic News 1(14): 37–54, https://doi.org/10.1177/1931243120910446.

Mickelson, C. A., Mantua, J. R., Burke, T. M., Choynowski, J., Bessey, A. F., Naylor, J. A., Krizan, Z., Sowden, W. J., Capaldi,

V. F., and McKeon, A. B. (2020). "Sleep Duration and Subjective Resilience to Sleep Loss Predict Functional Impairment in Elite Infantrymen During Military Training. Sleep," Supplement 1(43): A74–A75, https://doi.org/10.1093/sleep/zsaa056.187.

Mindfulness.com. (n.d.). "4 Steps to Overcome Negative Thoughts," https://mindfulness.com/mindfulliving/overcome-negativethoughts.

Mindfulness.com. (n.d.). "Name It to Tame It: Label Your Emotions to Overcome Negative Thoughts," https://mindfulness.com/mindful- living/name-it-to-tame-it.

Mrazek, M. D., Franklin, M. S., Phillips, D. T., Baird, B., and Schooler, J. W. (2013). "Mindfulness Training Improves Working Memory Capacity and GRE Performance While Reducing Mind Wandering," Psychological Science 5(24): 776–781, https://doi .org/10.1177/0956797612459659.

# N

Nietzsche, F. (1997). Twilight of the Idols. Indianapolis: Hackett Publishing Company. 최순영 옮김(2018),《우상의 황혼》, 부북스.

Niezink, L. W., Siero, F. W., Dijkstra, P., Buunk, A. P., and Barelds, D. P. H. (2012). "Empathic Concern: Distinguishing between Tenderness and Sympathy," Motivation and Emotion 36(4), 544–549, https://www.ncbi.nlm.nih.gov/pmc/articles/PMC3491184/.

# O

Olés, P., Brinhaupt, T. M., Dier, R., and Polak, D. (2020). "Types of Inner Dialogues and Functions of Self-Talk: Comparisons and Implications," Front. Psychol. 11(Mar 6): 227, https://doi.org/10.3389/ fpsyg.2020.00227.

# P

Parker, P. (2020). The Art of Gathering: How We Meet and Why It Matters. New York: Penguin. 방진이 옮김(2019),《모임을 예술로 만드는 법》, 원더박스.

Pasdiora, M., Brei, V., and Nicolao, L. (2020). "When Repetitive Consumption Leads to Predictions of Faster Adaptation," Journal of Consumer Behavior 5(19): 450–462. https://doi.org/10.1002/cb.1823.

Perry, T. (2004). "The Case of the Toothless Watchdog," Ethnicities 4(4): 501–521, https://doi.org/10.1177/1468796804047471.

Peterson, J. (2018). "Rule 2: "Treat Yourself Like Someone You Are Responsible for Helping," 12 Rules for Life: An Antidote to Chaos. Random House Canada, pp. 31–66.

Prax, A. (2020). "How to Release Anxiety Using Breath," Yogapedia .com, March 30, https://www.yogapedia.com/2/9598/breath/ breathing-techniques/how-to-release-anxiety-using-breath.

# R

Rancour P. (2017) "The Emotional Freedom Technique: Finally, a Unifying Theory for the Practice of Holistic Nursing, or Too Good to Be True?" Journal of Holistic Nursing 35(4): 382–388. doi: 10.1177/0898010116648456.

Robertson, R., Green, J., Ruck, D., Ognyanova, K. Wilson, C., and Lazer, D. (2023). "Users choose to engage with more partisan news than they are exposed to on Google Search," Nature 618, 342–348, https://www.nature.com/articles/s41586- 023-06078-5.

Robinson, K. (2007). "Do Schools Kill Creativity?" TED, https://youtu.be/iG9CE55wbtY.

Rolston, A., and LloydRichardson, E. (n.d.) "What Is Emotion Regulation and How Do We Do It?" Cornell Research Program on Self- Injury and Recovery, https://selfinjury.bctr.cornell.edu/perch/ resources/what-isemotionregulationsinfobrief.pdf.

Rozado, D., Hughes, R., and Halberstadt, J. (2022). "Longitudinal Analysis of Sentiment and Emotion in News Media Headlines Using Automated Labelling with Transformer Language Models," PLoS ONE 17(10, October 18), https://doi.org/10.1371/journal .pone.0276367.

Rozin, P., and Royzman, E. B. (2001). "Negativity Bias, Negativity Dominance, and Contagion," Personality and Social Psychology Review 5(4): 296–320, https://doi.org/10.1207/S15327957PSPR0504_2.

Ruiz, D. M. (1997). The Four Agreements: A Practical Guide to Personal Freedom. San Rafael, CA: AmberAllen Publishing. 유향란 옮김(2012), 《네 가지 약속》, 김영사.

# S

Salmela, M., and Nagatsu, M. (2017). "How Does It Really Feel to Act Together? Shared Emotions and the Phenomenology of We- Agency," Phenomenology and the Cognitive Sciences

16(3): 449–470, https://philpapers.org/rec/SALHDI.

Schlosser, M., Jones, R., Demnitz-King, H., and Marchant, N. L. (2020). "Meditation Experience Is Associated with Lower Levels of Repetitive Negative Thinking: The Key Role of Self-Compassion." Curr Psychol 5(41): 3144–3155. https://doi.org/10.1007/s12144-020-00839-5.

Seligman, M. (2006). Learned Optimism: How to Change Your Mind and Your Life. New York: Penguin Random House. 우문식·최호영 옮김(2012),《낙관성 학습》, 물푸레.

Seligman, M. (2018). The Hope Circuit: A Psychologist's Journey from Helplessness to Optimism. New York: PublicAffairs,

Seppälä, E., Bradley, C., and Goldstein, M. R. (2020). "Research: Why Breathing Is So Effective at Reducing Stress," Harvard Business Review, September 29, https://hbr.org/2020/09/research-why- breathing-is-so-effective-at-reducing-stress.

Smith, K. B. (2022). "Politics Is Making Us Sick: The Negative Impact of Political Engagement on Public Health During the Trump Administration," PLoS ONE 17(1), https://doi.org/10.1371/journal .pone.0262022.

Solon, O. (2017). "Ex-Facebook President Sean Parker: Site Made to Exploit Human Vulnerability," Guardian, November 9, https:// www.theguardian.com/technology/2017/nov/09/facebooksean parker-vulnerability-brain-sychology.

Spencer, C. (2021), "Some Americans Take Better Care of Their Pets Than Themselves: Poll," The Hill, July 1, https://thehill.com/changingamerica/wellbeing/longevity/561119some-americans take-better-care-of-their-pets-than/.

Steig, C. (2020). "Oprah, Ray Dalio and Lady Gaga swear by this simple meditation technique," CNBC.com, January 7, https://www.cnbc.com/2020/01/06/celebswhodotranscendentalmeditation oprah-ray-dalio-lady-gaga.html.

Stumpf, T., Califf, C., and Lancaster, J. (2022). "Digital Nomad Entrepreneurship and Lifestyle Design: A Process Theory," Proceedings of the 55th Hawaii International Conference on System Sciences 2002, https://doi.org/10.24251/hicss.2022.634.

# T

Taleb, N. (2012). Antifragile: Things That Gain from Disorder. New York: Random House. 안세민 옮김(2013),《안티프래질》, 와이즈베리.

Tedeschi, R. G., and Calhoun, L. G. (2004). "Posttraumatic Growth: Conceptual Foundations and Empirical Evidence," Psychological Inquiry 15(1): 1–18, https://doi.org/10.1207/s15327965pli1501_01.

Terry, P. C., Karageorghis, C. I., Curran, M. L., Martin, O. V., and Parsons-Smith, R. L. (2020). "Effects of Music in Exercise and Sport: A Meta-analytic Review," Psychological Bulletin 146(2): 91–117, https://doi.org/10.1037/bul0000216.

Thoma, M. V., Zemp, M., Kreienbühl, L., Hofer, D., Schmidlin, P. R., Attin, T., Ehlert, U., and Nater, U. M. (2014). "Effects of Music Listening on Pre-Treatment Anxiety and Stress Levels in a Dental Hygiene Recall Population," International Journal of Behavioral Medicine 22(4): 498–505, doi:10.1007/s12529-014-9439-x.

Trust for America's Health. (2022). "Pain in the Nation: The Epidemics of Alcohol, Drug, and Suicide Deaths 2022," https://www.tfah.org/report-details/pain-in-the-nation-2022/.

Utami, M. S., Shalihah, M., Adhiningtyas, N. P., Rahmah, S., and Ningrum, W. K. (2020). "Gratitude Cognitive Behavior Therapy (G-CBT) to Reduce College Students' Academic Stress," Jurnal Psikologi 47(2), August 24, https://jurnal.ugm.ac.id/jpsi/article/view/43730.

# V

**V**anhaecke, T., Bretin, O., Poirel, M., and Tap, J. (2002). "Drinking Water Source and Intake Are Associated with Distinct Gut Microbiota Signatures in US and UK Populations," Journal of Nutrition 152(1, Jan 11): 171–182, doi: https://pubmed.ncbi.nlm.nih.gov/34642755/.

**W**einstein, N., and Ryan, R. (2010). "When Helping Helps: Autonomous Motivation for Prosocial Behavior and Its Influence on Well- being for the Helper and Recipient," Journal of Personality and Social Psychology 2(98): 222–244, https:// doi.org/10.1037/a0016984.

# W

**W**aldinger, R., and Schulz, M. (2023). The Good Life: Lessons from the World's Longest Scientific Study of Happiness. New York: Simon and Schuster. 박선령 옮김(2023), 《세상에서 가장 긴 행복 탐구 보고서》, 비즈니스북스.

**W**alsh, D. M. J., Morrison, T. G., Conway, R. J., Rogers, E., Sullican, F. J., and Groarke, A. (2018). "A Model to Predict Psychological- and Health-Related Adjustment in Men with Prostate

Cancer: The Role of Post Traumatic Growth, Physical Post Traumatic Growth, Resilience and Mindfulness," Frontiers in Psychology 9, https:// www.ncbi.nlm.nih.gov/pmc/articles/PMC5818687/.

Wang, C., Bannuru, R. , Ramel, J., Kupelnick, B., Scott, T., and Schmid, C. H. (2010). "Tai Chi on Psychological Well-being: Systematic Review and Meta-analysis," BMC Complement Altern Med 1(10), https://doi.org/10.1186/1472-6882-10-23.

Wang, J., Nansel, T., and Iannotti, R. (2011). "Cyber and Traditional Bullying: Differential Association with Depression," Journal of Adolescent Health 48(4): 415–417, https://doi.org/10.1016/j .jadohealth.2010.07.012.

Wang, S., Hu H., Wang, X., Dong, B., and Zhang, T. (2021). "The Hidden Danger in Family Environment: The Role of Self-Reported Parenting Style in Cognitive and Affective Empathy Among Offenders." Frontiers in Psychology 12, https://www.frontiersin.org/articles/10.3389/fpsyg .2021.588993/full.

Winnick, M. (2016). "Putting a Finger on Our Phone Obsession," People Nerds (dscout blog), June 16, https://dscout.com/people-nerds/mobile-touches.

Wise, R., and Robble, M. (2020), "Dopamine and Addiction," Annual Review of Psychology 4(71): 79–106, https://pubmed.ncbi.nlm.nih.gov/31905114/.

# Y

Yang, P. (2023). "Relationship Between Social Media and Cyberbullying," Lecture Notes in Education Psychology and Public Media 1(5): 812–817, https://doi.org/10.54254/2753-7048/5/2022945.

Yim, J. (2016). "Therapeutic Benefits of Laughter in Mental Health: A Theoretical Review," Tohoku Journal of Experimental Medicine 239(3): 243–249, https://pubmed.ncbi.nlm.nih.gov/27439375/.

# Z

Zeng, Z. (2023). "The Theories and Effect of Gratitude: A System Review," Journal of Education, Humanities, and Social Sciences 8, 1158–1163.

Zeidan, F., Emerson, N. M., Farris, S. R., Ray, J. N., Jung, Y., McHaffie, J. G., and Coghill, R. C. (2015). "Mindfulness Meditation-based Pain Relief Employs Different Neural Mechanisms Than Placebo and Sham Mindfulness Meditation-induced Analgesia," Journal of Neuroscience 46(35): 15307–15325, https://doi.org/10.1523/jneurosci.2542-15.2015.

Zou, L., Sasaki, J. E., Wei, G., Huang, T., Yeung, A. S., Neto, O. B., Chen, K. W., Hui, S. S. (2018). "Effects of Mind–Body Exercises (Tai Chi/Yoga) on Heart Rate Variability Parameters and Perceived Stress: A Systematic Review with Meta-analysis of Randomized Controlled Trials," JCM 11(7): 404, https://doi.org/10.3390/jcm7110404.

Zyoud, S. H., Sweileh, W. M., Awang, R., and Al-Jabi, S. W. (2018). "Global Trends in Research Related to Social Media in Psychology: Mapping and Bibliometric Analysis," International Journal of Mental Health Systems 1(12), https://doi.org/10.1186/s1303301801826.